St. Petersburg

Zeit für das Beste

Highlights – Geheimtipps – Wohlfühladressen

»Puschkin. Tjutschew. Nekrassow. Blok. Achmatowa.
Mandelstam ... Das sind alles Pseudonyme.
Der Autor ist Petersburg.«

Lidija Tschukowskaja

BRUCKMANN

УЧИСЬ

St. Petersburg

Zeit für das Beste

Lothar Deeg
Olaf Meinhardt

BRUCKMANN

Seite 1: Eingang zur Bar »Purga«
Vorangehende Doppelseite: Blick über die Newa auf die Isaakskathedrale
Oben: Saal in der Eremitage
Mitte: Empfangsdamen im »Grand Hotel Europe«
Unten: Der Winterpalast

INHALTSVERZEICHNIS

Oben: Gleich neben dem Schlossplatz: das Restaurant des Hotels »Pushka Inn«
Mitte: Über die Sowjet-Ära wächst Gras: Ein alter »Wolga« dient als Werbeträger.
Unten: Frisch vermählt: ein Hochzeitspaar vor der Auferstehungskirche

DIE TOP TEN

PETER-UND-PAUL-FESTUNG (S. 30)

Das Bollwerk auf einer kleinen Newa-Insel ist die Keimzelle der Stadt – und heute eine geschichtsträchtige Fußgängerzone. In der feierlichen Kathedrale mit ihrer prägnanten Goldnadel liegen fast alle russischen Zaren begraben, während gleich nebenan Hochverräter im Verlies schmorten. Und mitten in der Stadt gibt es hier einen schönen Strand.

EREMITAGE (S. 48)

Die Kunstsammlung der Romanow-Zaren, gepaart mit der architektonischen Pracht ihrer Hauptresidenz, ergibt ein Museum von Weltrang. Die Eremitage im Winterpalast ist eigentlich zu groß, um sie an einem Tag besichtigen zu können. Und das Museum wächst immer weiter: Im Generalstabsgebäude hat nun auch moderne Kunst ein Zuhause.

EHERNER REITER (S. 56)

Mit der Gründung von St. Petersburg stieß Peter der Große für sein Land ein Fenster nach Europa auf – koste es, was es wolle. Seine Nachkommen setzten dem Modernisierer ein angemessenes Denkmal von enormer Wucht und Dynamik: Der visionäre Zar galoppiert über den größten je von Menschenhand bewegten Steinbrocken.

AUFERSTEHUNGSKIRCHE (S. 80)

Diese für das streng europäische Stadtbild Petersburgs ungewöhnliche Kirche ist eine Schmuckschatulle. Im Innern sind die Wände auf 7000 Quadratmetern Fläche mit Mosaiken verkleidet. Was man der grellbunten Zwiebelturm-Komposition aber nicht ansieht: Sie erinnert an einen Zarenmord – und ist nur wenig älter als 100 Jahre.

MARIINSKI-THEATER (S. 138)

Opern und Ballette wusste man in Russland schon immer perfekt zu inszenieren. Doch seitdem Maestro Waleri Gergijew das Mariinski-Theater führt, hat es sich zum Olymp der musikalischen Bühnenkunst gemausert. Zusätzlich zum altehrwürdigen Haupthaus arbeitet seit 2013 eine hochmoderne neue Bühne. Und einen hervorragenden Konzertsaal gibt es auch noch!

KULTURSZENE AM LIGOWSKI (S. 188)

In der Tradition von russischer Avantgarde und sowjetischem Underground blüht am Ligowski Prospekt ein Biotop der unangepassten und nichtkommerziellen Kunst. Die Künstlerkommune Puschkinskaja 10, das Loft-Project Etashi in einer Ex-Brotfabrik und eine lebhafte Klubszene in alten Lagerhäusern verkörpern die alternative Seite von St.Petersburg.

METROLINIE 1 (S. 210)

St. Petersburgs U-Bahn ist zwar in erster Linie ein Massenverkehrsmittel, doch die erste Linie ist auch ein Gesamtkunstwerk! Die 1955 eröffneten Stationen sind im pompösen Sowjet-Barock der Stalin-Zeit gehalten: Ruhmeshallen des Kommunismus und Paläste fürs Proletariat sollten sie sein. Hier hat man Gelegenheit zu einer unterirdischen Zeitreise.

PETERHOFS FONTÄNEN (S. 234)

Gold und Wasser sind die bestimmenden Elemente am Zarenlustschloss Peterhof. Mit seiner Version von Versailles wollte Peter der Große demonstrieren, dass Russland nun zu den seefahrenden Großmächten gehört. Ein großer Park voller Springbrunnen, Kaskaden und Wasserspiele umrahmt die prunkvolle Residenz am Ostseeufer.

BERNSTEINZIMMER (S. 246)

Das mythenumrankte Original ist seit 1945 verschwunden, doch als Rekonstruktion ist das Bernsteinzimmer seit 2003 wieder an Ort und Stelle zu bewundern. Im riesigen Katharinenpalast von Zarskoje Selo ist das zwischen Deutschland und Russland hin- und hergerissene Weltwunder nur eines von vielen atemberaubend schönen Interieurs.

SCHLOSSPARK PAWLOWSK (S. 254)

Die ideale Landschaft, von Menschen gemacht, aber dennoch naturbelassen wirkend – nichts weniger wollten die an der Zarenresidenz von Pawlowsk tätigen Gartenarchitekten schaffen. Platz dafür war einiger vorhanden, und der Schlosspark sprengt denn auch die Dimensionen eines üblichen Spaziergangs. Vor allem im Herbst entfaltet er seinen Charme.

Oben: Perfekte Prachtentfaltung: die Raffael-Loggien in der Neuen Eremitage
Unten: Die Kasaner Kathedrale ist die russisch-orthodoxe Hauptkirche der Stadt.

Kennen Sie St. Petersburg?

Mit einem Alter von gerade einmal 311 Jahren gehört St. Petersburg zu den jüngsten Städten Europas – und mit seinen fünf Millionen Einwohnern zu den fünf größten. Dennoch ist es das absolute Gegenteil einer gesichtslosen Neubauwüste. Das elegante, in seiner Weitläufigkeit kaum überschaubare historische Zentrum steht voller prächtiger Paläste, Kathedralen und Museen – und jeder Winkel atmet Geschichte. Denn zwei Jahrhunderte lang war diese von den besten Baumeistern Europas gestaltete Stadt das Machtzentrum des Russischen Reichs.

Die Zeitgenossen des Reformerzaren Peters des Großen (1672–1725) hielten dessen Idee für irrwitzig, im abgelegenen und unwirtlichen Newa-Delta für sein halb orientalisches Riesenreich eine Haupt- und Hafenstadt als »Fenster nach Europa« zu errichten. Doch heute darf man Peter für sein skrupellos durchgezogenes Experiment dankbar sein. Aus seiner urbanen Utopie ist eine lebhafte Wirtschafts- und Kulturmetropole geworden, stolz auf ihre imperiale, aber auch revolutionäre Vergangenheit – und immer offen für neue kreative Einfälle.

Die schweren Wunden, die dieser Stadt in der ersten Hälfte des 20. Jahrhunderts geschlagen wurden, sind verheilt. Und auch den tristen Grauschleier der Sowjetzeit hat das einstige Leningrad längst abgeschüttelt. St. Petersburg leuchtet wieder: mit seinen Palastfassaden im Zauberlicht der »Weißen Nächte«, mit prachtvollen Zarenschlössern und weiten Stränden vor der Stadt, mit ehr-

Steckbrief St. Petersburg

Lage: St. Petersburg liegt im Nordwesten Russlands an der Ostsee, je etwa 150 Kilometer östlich der Grenzen zu Finnland und Estland.

Fläche: 1439 km^2. Das eigentliche Stadtgebiet misst 30 km in Nord-Süd-Richtung und 20 km in West-Ost-Richtung.

Stadtwappen:

Einwohner: Mit 5,132 Mio. Menschen ist St. Petersburg die zweitgrößte Stadt Russlands und die viertgrößte Europas. 80 Prozent der Bevölkerung bezeichnen sich als ethnische Russen, etwa die Hälfte von ihnen ist russisch-orthodoxen Glaubens. 5 bis 10 Prozent sind Muslime.

Zeitzone: Moskauer Zeit (MSK), + 2 Std. im Winter und + 1 Std. im Sommer gegenüber Mitteleuropa.

Geografie: St. Petersburg liegt am 60. Breitengrad und ist damit die nördlichste Millionenstadt der Erde. Das Stadtzentrum liegt auf 20 Inseln im Delta der Newa, die so viel Wasser wie der Rhein führt, aber nur 74 Kilometer lang ist. Die Innenstadt liegt nur 2 bis 5 Meter über dem Meer. Seit 2011 kann bei Hochwassergefahr ein Flutschutzdamm vor der Stadt abgeriegelt werden.

Staat und Verwaltung: Die Stadt St. Petersburg ist eines der 85 Föderationsgebiete der Russischen Föderation. An der Spitze der Stadtverwaltung steht der Gouverneur, im September 2014 wurde Gennadi Poltawtschenko wiedergewählt.. Das städtische Parlament heißt Gesetzgebende Versammlung und besteht aus 50 Abgeordneten. Das umliegende Leningrader Gebiet ist politisch selbstständig, wird aber aus St. Petersburg verwaltet.

Wirtschaft und Tourismus: St. Petersburg ist mit vier Werften und zahlreichen Großbetrieben im Maschinen- und Fahrzeugbau sowie der Metallverarbeitung ein bedeutender Industriestandort. In der Stadt gibt es 111 Hochschulen. Mit ca. 6 Mio. Besuchern jährlich spielt der Tourismus eine wichtige, aber keine entscheidende ökonomische Rolle.

Der erst 1913 geweihte Kronstädter Dom ist der Hagia Sophia nachempfunden.

AUTORENTIPP!

DIE FÜNF SCHÖNSTEN GEBÄUDE

Menschikow-Palais. Der heimliche Herrscher über die Hauptstadt liebte es prächtig – und ließ sich als Erster einen Palast errichten. Di–Sa 10.30 bis 18 Uhr, So 10.30–17 Uhr, Universitetskaja nab. 15, www.hermitage.ru

Isaakskathedrale. Der monumentalste Bau des alten Petersburg: außen dunkler Granit, im Inneren heller Marmor und viel Gold. Do–Di 10–19 Uhr, Mitte Sept. – Ende April ab 11 Uhr, Isaakjewskaja Pl., www.cathedral.ru

Witebsker Bahnhof. Der prachtvolle Jugendstilbau wurde mit allen Details aus dem Dampflok-Zeitalter herübergerettet. Tgl. 0–24 Uhr, Sagorodny Pr. 52, www.rzd.ru

Chinesischer Palast. Die Luxus-Datscha von Katharina der Großen betört mit feinsten Interieurs aus dem Rokoko. Mi–Mo 12–14.30, 16.15–16.45 Uhr, Lomonossow, Dworzowy Pr. 44, www.peterhofmuseum.ru

Nikolaus-Marine-Kathedrale. Kronstadts Kirche ist nur 100 Jahre alt, strahlt aber eine Würde aus wie die Hagia Sophia. Mi–Fr 11–18 Uhr, Sa 11–19 Uhr, So 9.30–18 Uhr, Kronstadt, Jakornaja Pl. 1

Aufgeklappte Newa-Brücke

würdig-noblen Hotels und zeitgeistig-modernen Restaurants – sowie mit hochkarätigen Kunstschätzen in den reich bestückten Museen.

Die Stadtstruktur

Die Dimensionen dieser Stadt werfen Erstbesucher anfangs oft aus ihrer Städtereise-Routine: Da erwartet man eine typisch verdichtete City – und trifft unvermittelt auf die sprichwörtliche »russische Weite«: Der Fluss Newa, der die historische Innenstadt in eine Nord- und Südhälfte spaltet (nachts, wenn die Brücken hochgeklappt werden, ist das wirklich so!), erweist sich als großflächiges Gewässer. Dies könnte auch einer der Ströme Sibiriens sein. Selbst die monumentalen Paläste am Ufer erscheinen, von der anderen Flussseite aus betrachtet, als flache Bebauung.

Und die Enden des Newski Prospekts, der schnurgerade einmal durchs Stadtzentrum führenden Magistrale, würden sich irgendwo in der Ferne verlieren, hätte man sie nicht mit der Turmnadel der Admiralität und dem Obelisken vor dem Moskauer Bahnhof markiert. In Petersburgs Skyline dominiert die Horizontale. Nur wenige, umso schärfere Vertikalen setzen darin Akzente.
Eine kleine, gemütliche Altstadt, einen historischen Siedlungskern mit engen Gassen, das gibt es hier nicht. Petersburgs städtebauliches Prinzip war neben der Erschließung der Uferlinien das des »Prospekts« – was so viel wie Durchblick oder Perspektive bedeutet. Entlang solcher Blickachsen wuchs die Stadt schnell raumgreifend in dem weiten Newa-Delta.

Der Naturraum

Platz war hier am östlichsten Zipfel des Baltischen Meeres schließlich im Überfluss vorhanden, sonst

aber wenig. Natürliche Erhebungen gab es keine – genauso wenig wie Steine zum Bauen, fester und fruchtbarer Boden oder wenigstens ein angenehmes Klima. Das einst aus 100 Inseln bestehende, waldige Sumpfland wurde noch dazu bei steifem Westwind häufig von der Ostsee überschwemmt. Denn wie Venedig oder Amsterdam liegt St. Petersburg faktisch auf Höhe des Meeresspiegels.

Eigentlich kein geeigneter Ort, um eine Stadt zu bauen. »Menschen sind keine Fische, sie leben nicht im Wasser«, soll Alexander Menschikow (1673–1729), des Zaren engster Weggefährte, noch als Gegenargument vorgebracht haben. Doch Russland lag Anfang des 18. Jahrhunderts im Krieg mit Schweden, das die Ostseeküsten beherrschte – und die Newa-Mündung war schon seit tausend Jahren die einzige Zufahrt zu Russlands Binnenwasserwegen (und andere Wege gab es im Lande faktisch nicht). Zar Peter I. wollte dieses Tor wieder selbst kontrollieren. Gleichzeitig brauchte er einen Zugang zum Meer, um das Reich aus seiner Isolation und Rückständigkeit zu befreien – eine andere Ortswahl gab es also nicht.

Die Stadtgründung

Kaum hatte Peter der Große die Schweden zurückgeschlagen, gründete er am 16. Mai 1703 auf der Haseninsel die Stadt St. Petersburg. So steht es in vielen Quellen zur Stadtgeschichte. So ähnlich war es auch, aber nicht ganz. Erstens: Das Datum ist nach dem Julianischen Kalender notiert, der damals noch in Russland galt. Nach dem heutigen Gregorianischen Kalender war dies der 27. Mai. Zweitens: Peter der Große war zu diesem Zeitpunkt gar nicht vor Ort, er war 200 Kilometer weiter östlich auf Dienstreise. Drittens: An diesem Tag wurde keine Stadt gegründet, sondern mit dem Bau einer Festungsanlage begonnen. Vier-

Oben: Zar Peters erste Behausung in der neuen Stadt blieb seit 1703 unangetastet.
Unten: In den Weißen Nächten bleibt der Himmel im Norden fast taghell.

Oben: Brücken, Uferstraßen und Kirchenkuppeln bestimmen das Stadtbild.
Mitte: Die Museumsvielfalt ist immens: das Marinemuseum.
Unten: Früher kam so das Wasser ins Haus: ein Denkmal vor dem Wassermuseum.

tens: Die Baustelle hatte keinen Namen. Übergenaue Historiker können leider die schönsten Legenden zerstören. Tatsache ist: Am 29. Juni – der Zar war wieder zugegen – wird bei der Weihe einer kleinen hölzernen Peter-und-Paul-Kirche in den Festungswällen das neue Bollwerk als »Sankt-Peterburg« bezeichnet. Sechs Wochen nach der Geburt erfolgte also die Taufe.

Dies war (in gut einem Dutzend verschiedener Schreibweisen, vom holländisch klingenden Piterburch über das deutsche Petersburg bis zum lateinischen Petropol) zunächst aber nur der Name der Inselfestung. An den Bau einer Stadt, geschweige denn einer Hauptstadt, dachte in diesem Moment noch niemand. Mit der Zeit ging dann der Name des Gotteshauses auf die es umgebende Festung über, während die Festung ihren Namen an die vor den Wällen entstehende Siedlung abtrat. Das »Sankt« war dabei immer wichtig – es sollte bezeugen, dass der Heilige Petrus Namenspatron der Stadt ist. Das weitverbreitete Missverständnis, Petersburg sei nach seinem Gründer benannt, dürfte Peter dem Großen aber durchaus geschmeichelt haben – vermutlich war es von ihm auch so gewollt. Schon 1712 erhob er sein ganz am Rande des Reichs gelegenes »Paradies« anstelle von Moskau in den Rang der Hauptstadt.

Die Stadt wächst

Dank Peters diktatorischer Machtfülle ging alles recht schnell. Er zwang die adeligen Bojaren zur Niederlassung an der Newa. Er warb in ganz Europa Gelehrte, Beamte und Offiziere an – russischen Handwerkern und Leibeigenen wurde der Umzug hingegen befohlen. Die Arbeitskräfte hausten in Erdlöchern und Strohhütten und starben in Massen. Um auf dem weichen Sumpfboden überhaupt etwas Kapitales bauen zu können, mussten Tausende Pfähle in den Boden geschlagen werden. Den Kritikern der Stadtidee schien Petersburg – diese teuflische Negierung alles Althergebrachten – nicht auf Baumstämmen, sondern auf Knochen errichtet zu sein. Gottes Zorn werde es eines Tages schon wieder ins Meer spülen.

Doch die von allen administrativen, technischen und kulturellen Errungenschaften Europas faszinierten Zaren steckten solche Kritik weg. Die Ufer wurden befestigt, der Hafen ausgebaut, Kanäle ausgehoben, Kirchen und Residenzen errichtet. In St. Petersburg bekam Russland erstmals eine wissenschaftliche Akademie und ein Museum. Auch das Stadtbild wurde nach modernsten Überlegungen reglementiert. Der aus dem Tessin gebürtige Architekt Domenico Trezzini (1670–1734) entwarf nicht nur einen urbanen Bebauungsplan, sondern auch Musterhäuser für die verschiedenen Gesellschaftsschichten. »Es ist ein unvorstellbares Wunder, dass eine so schöne Stadt in so kurzer Zeit errichtet werden konnte«, notierte 1812 die französische Schriftstellerin Madame de Staël (1766–1817). Zu diesem Zeitpunkt hatte St. Petersburg bereits mehr Einwohner als Moskau.

Die Kulturmetropole

Man sieht es St. Petersburg bis heute an, dass es eine geplante und keine gewachsene Stadt ist – eine jener künstlichen Hauptstädte wie Washington, Brasilia oder Canberra. Doch an seinen Ufern konzentrierte sich 200 Jahre lang nicht nur die Macht über das größte Land der Erde, sondern auch dessen ganzer Reichtum – und er fand seinen Niederschlag in einmaligen Kunstschätzen, Palästen und Kathedralen. Parallel zum Finanz- und Industriestandort St. Petersburg blühte im 19. und frühen 20. Jahrhundert auch das kulturelle Leben auf. Das russische Ballett

Oben: Der Dom von Kronstadt steht auf der Insel Kotlin.
Mitte: Im Boutiquehotel »Alexander House« gleicht kein Zimmer dem anderen.
Unten: Die Skulpturen sind nur ein Bruchteil der über 60.000 Exponate der Eremitage.

AUTORENTIPP!

DIE FÜNF SCHÖNSTEN MUSEEN

Eremitage. Eine Schatzkammer mit künstlerischem Kulturgut aller Zeiten und Länder in fantastischen Palasträumen. Di–So 10.30–18, Mi bis 21 Uhr, Dworzowaja Pl. 2, www.hermitagemuseum.org

Russisches Museum. Von mittelalterlichen Ikonen bis zum »Schwarzen Quadrat« Malewitschs reicht das Spektrum des Kunstmuseums. Mi, Fr–Mo 10–18, Do 13– 21 Uhr, Inshenernaja Ul. 4, www.rusmuseum.ru

Erarta. Modern präsentierte Werkschau zeitgenössischer russischer Künstler, vom Gemälde bis zur Videoinstallation. Mi–Mo 10–22 Uhr, 29. Linie 2, www.erarta.com

Kriegsmarinemuseum. Russlands maritime Vergangenheit verfügt über ein nagelneues Museumsgebäude. Mi–So 11–18 Uhr, Pl. Truda 5, www.navalmuseum.ru

Die Penaten. Die Malervilla von Ilja Repin bietet unmittelbare Einblicke in das Leben eines leicht verschrobenen Genies. Mi–So 10.30–18, im Winter bis 17 Uhr, Repino, Primorskoje Chaussee 411, www.nimrah.ru

Im Kirow-Museum liegt der russische Bär unterm Tisch des lokalen Parteichefs.

wurde zu einer weltweit geachteten Qualitätsmarke, Petersburger Komponisten wie Tschaikowsky, Rimski-Korsakow und Mussorgski machten Furore – und Schriftsteller und Poeten wie Puschkin, Dostojewski, Gogol und Achmatowa wurden von der rätselhaften Aura dieses Ortes inspiriert. Aus Peters Hirngespinst war eine Paris, London, Berlin und Wien ebenbürtige europäische Metropole geworden.

Dass Petersburg seit bald einem Jahrhundert nicht mehr Hauptstadt ist, kann rückblickend auch als Gewinn gelten. Wäre die 1914 in Petrograd umbenannte Stadt (der bisherige Name klang den Russen nach Kriegsausbruch zu deutsch) von der neuen Sowjetmacht 1918 nicht degradiert worden, hätte sie wohl kaum die Dichte und Schlüssigkeit ihres vorrevolutionären Stadtbilds bewahrt. Deshalb konnte die gesamte historische Innenstadt, ein Areal von etwa 30 Quadratkilometern Fläche und heute bewohnt von 700 000 Menschen, 1990 von der UNESCO als Weltkulturerbe anerkannt werden.

Baustile

Barock und Klassizismus, Historismus und Jugendstil sind die beherrschenden Stilrichtungen im Petersburger Stadtensemble. Architekturfans sollten nicht versäumen, sich auch die Zeugnisse des vom Geist der Revolution beseelten Konstruktivismus der 1920er-Jahre anzusehen, denn auch in Russland gab es eine Art Bauhaus-Ära. Bauten im Zuckerbäckerstil der Stalin-Zeit, Betonorgien aus den Breschnew-Jahren, sozialistische Standardplattenbauten wie auch neue, über 20-stöckige Wohntürme aus der Putin-Ära gibt es natürlich auch reichlich. Man sieht sie, wenn man zu den prachtvollen Zarenschlössern im Umland hinausfährt.

Die Petrograder Seite

Petersburgs Keimzelle ist die Peter-und-Paul-Festung, entsprechend entstand das erste Stadtzentrum gleich dahinter auf der »Petersburger Seite«, seit 1914 Petrograder Seite genannt. Dieser noch organisch gewachsene Stadtkern hatte jedoch kein langes Leben. Die Petrograder Seite degenerierte zu einer Vorstadtzone mit Gärten und Kasernen. Erst nachdem 1903 eine ganzjährig benutzbare Brücke über die Newa geschlagen worden war, bekam sie in einem großbürgerlichen Bauboom ihr heutiges Gesicht. Die Insel mit ihren vielen Jugendstilbauten ist heute eines der begehrtesten Wohnviertel in der Stadt: citynah, aber nicht so überlastet, mit historischem Charme, aber ohne die Enge mancher Stadtteile aus dem 19. Jahrhundert.

Die Festung mit der Peter-und-Paul-Kathedrale und dem schönen Ausblick von den Mauern gehört zum Pflichtprogramm selbst eines kurzen Petersburg-Besuchs. Was man in ihrem Umkreis noch ansehen möchte, kann nach Interessenslage entschieden werden: Lieber das martialisch wirkende Artilleriemuseum oder das originelle Häuschen Peters I.? Letzteres ist nicht mehr und nicht weniger das erste Haus der Stadt. Ebenfalls zur Petrograder Seite gehören schöne Parkanlagen: der Botanische Garten und die stille Jelagin-Insel. Wie die Haseninsel mit der Festung ist auch dieses Eiland autofrei – ein Bonus, der den meisten anderen Sehenswürdigkeiten der Stadt leider fehlt.

Die Wassili-Insel

Dieser Stadtteil wurde am stärksten durch Peters Planungseifer geprägt. Hochrepräsentative Bauten wuchsen am Newa-Ufer und an der Inselspitze, der Strelka, empor: der Menschikow-Palast, die Kunstkammer und die Zwölf Kollegien, später

Oben: Historische Bausubstanz auf Augenhöhe: Mini-Petersburg auf der Petrograder Seite
Unten: Grünzone: Die Jelagin-Insel ist der schönste Ruhepol im Newa-Delta.

Oben: Heute brennen die Feuer auf den Rostra-Säulen nur an hohen Feiertagen.
Mitte: Die historische Innenstadt steckt voller kunstvoller Details.
Unten: Der Georgs-Saal im Winterpalast war zur Zarenzeit formell das Reichszentrum.

dann die Börse, flankiert von zwei Leuchtfeuern, den Rostra-Säulen. Hier wirkt St. Petersburg geradezu unwirklich, wie eine auf dem Wasser schwebende Fata Morgana – Besucher sollten sich Zeit nehmen für dieses Areal. Hier spürt man am ehesten die besondere Aura der Stadt.

Das Land dahinter teilte man in streng rechtwinklige Häuserblocks auf, die Linien. Aus der Idee, hier ein Kanalnetz anstelle von Straßen anzulegen, wurde zwar nichts. Und auch das Stadtzentrum verlagerte sich noch einmal, hinüber auf das linke Newa-Ufer. Die Wassili-Insel blieb aber bis heute ein wohlgeordneter, dicht bebauter Stadtbezirk. Die »Wasska« hat mit der gemütlichen Fußgängerzone zwischen der Metrostation Wassileostrowskaja und dem Bolschoi Prospekt auch so etwas wie eine eigene Stadtmitte – kein Wunder, denn die von 200 000 Menschen bewohnte Insel ist bis heute nur bescheiden mit dem Rest der Stadt verbunden. Nur eine Metrolinie und vier Brücken halten die Verbindung. Und wer nach dem Besuch von Eremitage und Russischem Museum mit ihren riesigen Sammlungen an Kunstwerken früherer Generationen endlich auch einmal zeitgenössische Werke en gros sehen will, der ist auch reif für die Insel: An der hintersten, der 29. Linie, befindet sich mit dem Museum Erarta ein großartiger Neuzugang in der Petersburger Kulturlandschaft.

Das Stadtzentrum

Südlich der Newa drücken sich vier Inseln eng aneinander: die Admiralitätsinsel, die Kasaner Insel, die Spasskaja-Insel und die Namenlose Insel, die wohl so heißt, weil sie so groß ist, dass kaum jemand sie als Insel wahrnimmt. Die Inselnamen muss man sich nicht merken, sie sind auch den meisten Petersburgern nicht geläufig. Jedem bekannt sind aber die Wasserläufe Moika, Kanal Gribojedowa und Fontanka, die den Zentralbereich der Stadt gliedern – und der Obwodny Kanal, der im Süden das alte Petersburg von einem breiten Gewerbegürtel und zugleich dem Festland abgrenzt.

Auf diesem Archipel fand das Petersburger Stadtzentrum ab etwa 1740 schließlich seine endgültige Heimat. Hier entstanden aufwendige Prestigebauten von Staat und Kirche: die als Privatbesitz der Dynastie betrachteten Paläste der Romanows, die ihnen an Pracht kaum nachstehenden Stadtpalais der reichsten Adelsgeschlechter wie der Scheremetjews, Jussupows, Naryschkins und der Stroganows und auch jene der Günstlinge der im 18. Jahrhundert regierenden Zarinnen Anna, Elisabeth und Katharina II.

Schlossplatz und Eremitage

Aber wo liegt St. Petersburgs Stadtmitte nun genau? Ist es der grandiose Schlossplatz vor dem Winterpalast, der Hauptresidenz der Zaren, hochelegant eingerahmt vom Halbrund des Generalstabs? Dieser Paradeplatz ist die gute Stube von St. Petersburg – mit der Staatlichen Eremitage in der Rolle des Vitrinenschranks voller alter Fotoalben, Familiensilber und Reisesouvenirs.

In der Tat befindet sich in der Eremitage eine der weltweit größten Sammlungen an Bildern, Skulpturen, Kunsthandwerk und sonstigem hochkarätigem Kulturgut – aus den verschiedensten Erdteilen und aus mehreren Jahrtausenden. Schließlich besteht dieses unüberschaubar große Museum seit 250 Jahren und verwaltet nichts weniger als die kulturelle Erbmasse der russischen Monarchie, angereichert durch nach der Revolution verstaatlichte Privatkollektionen, etwas »Beutekunst«, archäologische Funde – und seit geraumer Zeit auch wieder Neuanschaffungen.

Oben: Im Kunstmuseum Erarta ist auch Platz für ungewöhnliche Installationen.
Unten: Erarta zeigt ausschließlich Werke zeitgenössischer russischer Künstler.

Der Newski Prospekt

Oder ist die Stadtmitte die Admiralität, diese stadtplanerische Nabe, auf deren goldene Nadel sternförmig drei große Prospekte zulaufen? Der wichtigste von ihnen ist der Newski Prospekt – aber es ist schwer zu sagen, welcher Abschnitt an dieser prächtigen, viereinhalb Kilometer langen Hauptstraße nun dominiert. Vor der Kasaner Kathedrale ist der Newski am würdigsten. Auf Höhe des Gostiny Dwor, dem traditionsreichen Kaufhaus in einer für diesen Zweck völlig untypischen Schale, ist der Newski besonders breit und lädt zum Flanieren ein. Und am Platz des Aufstands am Moskauer Bahnhof ist er am geschäftigsten, sowohl was den Verkehr als auch was die Umsätze angeht. Ganz am Ende des Newskis steht dann noch das Alexander-Newski-Kloster als das religiöse Zentrum von St. Petersburg.

Petersburgs Anatomie

Die Suche nach einem Mittelpunkt hilft nicht weiter – denn man befindet sich mitten im Organismus St. Petersburg: Das Dreigestirn der großen Plätze Schlossplatz, Isaaksplatz und Senatsplatz bildet die Herzkammern des auf Repräsentation ausgerichteten imperialen Petersburgs. Die weite Wasserfläche der Newa, die sich zwischen Schlossufer, Peter-und-Paul-Festung und Strelka erstreckt, ist die Lunge der Stadt – ein luxuriöser Freiraum mit viel Luft zum Durchatmen. Der Newski Prospekt war und ist das bürgerliche Rückgrat, zu Zarenzeiten einen Bückling machend, zu Sowjetzeiten verkrampft, heute jedem Trend hinterhertanzend.

Wer hingegen die Seele Petersburgs sucht, geht wohl am besten auf den harmonischen Platz der Künste, wo sich Philharmonie, ein Opernhaus und das Russische Museum mit seinen Kunstschätzen scheinbar um eine Puschkin-Statue versammelt

Oben: Im Pavillon-Saal der Eremitage ist selbst der Fußboden ein Exponat.
Mitte: Russlands größtes Kunstmuseum ist ein wahrer Tanz der Musen.
Unten: Der Auftakt jedes Eremitage-Besuchs: die feierliche Jordan-Treppe

haben. Das gilt aber nur für die hellen Seiten dieser Seele – wer auch ihre finsteren Teile erkunden möchte, sollte wohl, wandelnd auf den Spuren Dostjewskis und seiner tragischen Romanhelden, das Heumarkt-Viertel aufsuchen.

Petersburg-Literatur

Apropos Dostojewski: Wer sich vor oder während einer Petersburg-Reise einlesen möchte, kann natürlich zu den russischen Klassikern greifen. Fjodor Dostojewskis Hauptwerke *Schuld und Sühne* und *Der Idiot* spielen hier. Vergleichsweise leichter Stoff sind dagegen die fünf *Petersburger Novellen* von Nikolai Gogol, während das vorrevolutionäre »Petersburg« von Andrej Bely sehr komplex ist. Von der literaturwissenschaftlichen Seite her machte sich schon 1922 Nikolai Anziferow in *Die Seele Petersburgs* (erstmals auf Deutsch erschienen 2003) auf die Suche nach dem Genius loci der Stadt, während *Sankt Petersburg. Schauplätze einer Stadtgeschichte*, 2007 herausgegeben von Karl Schlögel, Benjamin Schenk und Markus Acke-

Oben: Es gibt sie noch in Petersburg, die Orte und Momente wie aus einer anderen Zeit.
Unten: Im »Literaturnoje Kafe« trank Alexander Puschkin seine letzte Tasse Kaffee.

Oben: Das Kirow-Museum verschafft einen Rückblick auf die Stalin-Zeit.
Mitte: Das Arbeitszimmer des Dichters – im Puschkin-Museum
Unten: Über dem Peterstor, dem Zugang zur Festung, prangt Russlands Wappenvogel.

ret, aus Historikerperspektive versucht, »die Stadt zu lesen«. Und richtig spannende Lektüre sind zwei Biografien zu den beiden »großen« Herrschern in der Geschichte Petersburgs: *Peter der Große* (1984) von Robert K. Massie und *Katharina die Große* (1969) von Zoé Oldenbourg.

So himmelschreiend hoffnungslos und ungerecht wie zu Dostojewskis Zeiten ist das Leben heute in der Stadt natürlich nicht mehr – wenngleich die schlimmsten historischen Phasen der Stadt zu diesem Zeitpunkt noch bevorstanden: In der ersten Hälfte des 20. Jahrhunderts stand sie gleich zweimal am Abgrund.

Die Revolution und ihre Folgen

1913 hatte die Romanow-Dynastie noch mit gehörigem Pomp ihr 300. Thronjubiläum gefeiert. Doch schon der Revolutionsversuch von 1905 hatte gezeigt, dass die immer schärfer werdenden sozialen Gegensätze und das wachsende Selbstbewusstsein von Bürgertum und Intelligenzija mit dem absoluten Herrschaftsanspruch der Monarchie auf Dauer nicht mehr vereinbar waren. Ausgelaugt vom nicht enden wollenden Krieg mit Deutschland und Österreich erlebte Russland dann 1917 einen doppelten Umsturz: Erst dankte Kaiser Nikolaus II. (1868–1918) aufgrund der Februarrevolution ab. Im Oktober jagten dann unter Lenins Führung die linksradikalen Bolschewisten die bürgerliche Regierung aus dem Amt. Zu Sowjetzeiten waren die »Stätten der Revolution« Pflichtprogramm für Touristen – heute ist davon eigentlich nur noch der alte Panzerkreuzer »Aurora« als wirklich interessantes Objekt übrig geblieben.

Mehr noch als unter dem Umzug der kommunistischen Führung ins zentraler gelegene Moskau litt

Petrograd unter der Emigration und Exekution der bisherigen Elite. Aufgrund eines brutalen Bürgerkriegs zwischen »Weißen« und »Roten« entstand eine schreckliche Hungersnot, Seuchen griffen um sich. Es schien, als würde die Stadt nun doch untergehen. Ihre Bevölkerung sank von 2,4 Millionen im Jahr 1916 auf 740 000 Menschen 1920.

Die Blockade

Nach Lenins Tod 1924 benannte man Petrograd in Leningrad um. Unter den Sowjets erschien die einst so weltgewandte Stadt wie eine Provinzmetropole in einem verschlissenen, zu großen Purpurmantel. Kaum hatte sie Ende 1937/38 den »Großen Terror« Stalins durchlitten, kam es noch viel schlimmer: Im Zweiten Weltkrieg kesselte die deutsche Wehrmacht Leningrad ein. Man wollte es aushungern, um selbst im Falle einer Kapitulation nicht mit der Frage der Ernährung der Bevölkerung konfrontiert zu sein. »Der Führer ist entschlossen, die Stadt Petersburg vom Erdboden verschwinden zu lassen. Es besteht nach der Niederwerfung Sowjetrusslands keinerlei Interesse am Fortbestand dieser Großsiedlung«, hieß es in einer »Geheimen Kommandosache« vom September 1941. Die einzige dünne und verletzliche Verbindung zum russischen Hinterland blieb die »Straße des Lebens« über den Ladogasee, auf der Nachschub und Lebensmittel in die Stadt gebracht und ein Teil der Bewohner evakuiert werden konnten. Als im Januar 1944 der Belagerungsring endgültig gesprengt wurde, hatte die Blockade eine Million Menschen das Leben gekostet. Der Großteil der Opfer war verhungert.

Natürlich ist kein Gast gezwungen, sich auch diesem allerfinstersten Kapitel der Geschichte Petersburgs zu widmen. Wer dennoch statt der Besichtigung einer Kathedrale oder eines Barockpalasts den Weg zum Blockadedenkmal am Siegesplatz oder

Oben: 65 Jahre trug die Stadt seinen Namen. Heute steht Lenin nur noch auf Sockeln.
Mitte: Im Dostojewski-Museum ist eine Totenmaske des Dichters ausgestellt.

Oben: Die Greifen auf der Bankbrücke sind eines der Wahrzeichen Petersburgs.
Mitte: Wiedergeborenes Weltwunder: Das Bernsteinzimmer wurde rekonstruiert.
Unten: Klassische Kunst als Lehrmaterial in der Kunstakademie

zum Piskarjowskoje-Friedhof einschlägt, wird es nicht bereuen – so schwer es auch fällt. Deutsche Besucher sind dort nicht minder willkommen als alle anderen. »Vergeben ja, aber nicht vergessen« lautet im russischen Selbstverständnis das Motto bei der Aufarbeitung der Kriegserinnerungen.

Die Zarenschlösser

Rückblickend ist es ein weiteres Wunder, dass die zerschossene und ausgelaugte »Heldenstadt Leningrad« nicht auf die Schnelle mit Betonpflastern und Billigbauten wieder halbwegs funktionsfähig gemacht wurde – nein, man reparierte und rekonstruierte sorgfältig die beschädigten alten Gebäude. Obwohl sie ja eigentlich völlig unproduktive Luxusrelikte eines überwundenen Gesellschaftssystems waren, wurden auch die in Ruinen liegenden Zarenlustschlösser von Peterhof, Zarskoje Selo und Pawlowsk maximal originalgetreu wieder hergestellt – samt ihrer edlen Park- und Fontänenlandschaften. Dies hat Jahrzehnte in Anspruch genommen, zum Teil dauert der Prozess auch noch an. Wer zu den Zarenresidenzen hinausfährt – und dies sind zweifellos mit die schönsten und wertvollsten Eindrücke eines Petersburg-Aufenthaltes! – sollte also immer im Hinterkopf behalten, dass diese Pracht vor 70 Jahren so gut wie nicht mehr existierte. Übrigens – auch Peterhof, Oranienbaum, Puschkin und Pawlowsk sind anerkanntes Weltkulturgut.

Petersburg heute

St. Petersburg achtet und liebt seine Geschichte, sie ist identitätsstiftend. Bester Beweis dafür war das lokale Referendum 1991, als eine Mehrheit für die Rückkehr zum ursprünglichen Namen votierte. Das Stadtbild als Ensemble wie auch als Summe unzähliger kleiner und großer Denkmäler wird von Gesetzen wie auch Bürgerinitiativen geradezu argwöhnisch geschützt. Natürlich gab und gibt es kleine und größere Bausünden – wer eine bemerkt, kann sich sicher sein, dass die Petersburger sich darüber bereits die Köpfe heiß geredet haben. Denn sie wissen, was sie an ihrer einzigartigen, zugleich jungen und alten Stadt haben. Sie sind sehr stolz auf sie. Und erst recht freuen sie sich, wenn Gäste kommen, um sie sich genau anzusehen.

Wer sich als Tourist aber nur auf die Postkartenansichten und die staatlichen Kulturflaggschiffe wie Eremitage und Mariinski-Theater beschränkt, der wird das heutige Petersburg nicht erleben: die üppigen Lebensmittelmärkte mit orientalischem Einschlag etwa. Die alternativ angehauchte moderne Kunstszene. Oder die von Jahr zu Jahr wachsende Begeisterung für das einst verpönte Radfahren – auch ohne Radwege und Helme! Die morbide Aura der Hinterhöfe, wo der glamouröse Newski Prospekt Lichtjahre entfernt zu sein scheint. Die offen gelebte Frömmigkeit in den Kirchen und die pure Konsumfreude in den neuen riesigen Shoppingmalls. Die Energie der lokalen Rockszene – und die Inbrunst, mit der man zugleich den ganzen Kanon der klassischen Musik pflegt.

Zum Petersburg-Erlebnis gehört auch der neue, mondän-schicke Lebensstil mit Nobelboutiquen, Gastro-Bars und Dachrestaurants, den die vielen Gut- und Besserverdiener in der Stadt mittlerweile ganz selbstverständlich zelebrieren. Man muss ja nicht auch mit einem dicken schwarzen Geländewagen vorfahren, nur weil es das heute bei den Russen typische Statusgehabe so angeraten sein lässt. St. Petersburg ist die europäischste Stadt Russlands. Es ist aber auch eine russische Stadt in Europa – westlich geprägt, aber eben trotzdem anders. Und das ist gut so – wäre es sonst so interessant, hier zu sein?

Oben: Eine Petersburger Besonderheit ist der Sandstrand mitten in der Stadt.
Mitte: Auf dem Schlossplatz wird bei vielen Gelegenheiten gefeiert.
Unten: Tolle Akustik in moderner Schale: der Neubau des Mariinski-Theaters

Geschichte im Überblick

1240 Der Nowgoroder Fürst Alexander Jaroslawitsch schlägt an der Mündung der Ischora in die Newa die Schweden. Dafür erhält er den Ehrennamen Newski (»von der Newa«).

1611 Schweden besetzt den Nordwesten Russlands. Das Newa-Gebiet und die Ostseeküste bilden die Provinz Ingermanland. An der Mündung der Ochta in die Newa entsteht im Schutz der Festung Nyenschanz die Stadt Nyen.

1703 Nach der Einnahme von Nyenschanz durch die Russen wird am 27. Mai auf der Haseninsel im Newa-Delta mit dem Bau der Festung Sankt-Petersburg begonnen.

1712 Peter I. erklärt St. Petersburg anstelle von Moskau zur Hauptstadt des Russischen Reichs. Domenico Trezzini beginnt mit dem Bau der Peter-und-Paul-Kathedrale und der Errichtung von Steinmauern um die Festung.

1721 Nach dem Sieg im Großen Nordischen Krieg erklärt Peter I. Russland zum Kaiserreich und sich selbst zum Imperator (Kaiser). Die Bezeichnung »Zar« bleibt aber geläufig.

1725 Nach dem Tod Peters I. übernimmt seine Ehefrau Katharina I. den Thron. St. Petersburg hat etwa 40 000 Einwohner.

1727 Der faktisch regierende Graf Alexander Menschikow wird entmachtet und nach Sibirien verbannt. Der neue Kaiser Peter II. verlegt die Hauptstadt wieder nach Moskau.

1730 Nach dem Pockentod Peters II. kehrt Kaiserin Anna mit dem Hof nach St. Petersburg zurück.

1741 Kaiserin Elisabeth besteigt den Thron. Unter ihrer Herrschaft werden von Bartolomeo Rastrelli Peterhof, der Katharinenpalast, das Smolny-Kloster und der Winterpalast neu errichtet oder ausgebaut.

1762 Peter III. wird Kaiser, aber noch im gleichen Jahr durch ein Komplott unter Beteiligung seiner Gattin gestürzt. Sie besteigt als Katharina II. (»die Große«) den Thron und herrscht bis 1796.

1801 Nach der Ermordung von Kaiser Paul I. in der Michaelsburg besteigt dessen Sohn Alexander I. den Thron.

1824 Beim höchsten Wasserstand der Petersburger Geschichte erreicht der Pegel 421 cm.

1825 Dekabristenaufstand: Adelige und Offiziere rebellieren gegen den neuen Zaren Nikolaus I. und das konservative autokratische Regime.

1837 Der gefeierte junge Dichter Alexander Puschkin kommt bei einem Duell ums Leben. Russlands erste Bahnlinie von St. Petersburg nach Zarskoje Selo wird in Betrieb genommen.

1855 Alexander II., ein Sohn von Alexander I., besteigt den Thron. Er wird 1861 zum »Befreier-Zar«, da er die Leibeigenschaft abschafft.

1881 Alexander II. wird bei einem Attentat getötet. Sein Sohn und Nachfolger Alexander III. lässt am Ort des Anschlags die Auferstehungskirche errichten.

1894 Russlands letzter Monarch Nikolaus II. kommt in Nachfolge seines Vaters Alexanders III. auf den Thron.

1905 In Russland bricht aufgrund des verlorenen Krieges gegen Japan eine Revolution aus. Am »Blutsonntag« wird ein Sternmarsch von Arbeitern zum Winterpalast von Soldaten zusammengeschossen. Der Zar billigt die Einberufung eines Parlaments, der Duma.

1914 St. Petersburg wird nach Ausbruch des Ersten Weltkriegs in Petrograd umbenannt.

1917 In der Februarrevolution wird die Monarchie gestürzt, die neue bürgerliche Regierung führt aber den Krieg weiter. Die kommunistischen Bolschewiken unter ihrem Führer Wladimir Uljanow, genannt Lenin, putschen sich in der Oktoberrevolution an die Macht.

1918 Die Sowjetregierung verlegt die Hauptstadt wieder nach Moskau.

1924 Nach dem Tod Lenins wird die Stadt in Leningrad umbenannt.

1941 Deutsche und finnische Truppen kesseln im Zweiten Weltkrieg die Stadt ein und beginnen eine Hungerblockade. Die Belagerer stehen im Süden beinahe am Stadtrand.

1944 Hitlers Wehrmacht muss sich vor Leningrad zurückziehen. Die 870 Tage dauernde Belagerung hat eine Mio. Einwohner das Leben gekostet, in der Stadt leben noch 500 000 Menschen.

1955 Die erste Metrolinie geht in Betrieb.

1979 Im Finnischen Meerbusen beginnt der Bau einer Flutschutzbarriere. Das zwischenzeitlich wegen Geldmangels und ökologischer Bedenken gestoppte Projekt wird erst 2011 fertig.

1991 Bei einem Referendum votieren 54 Prozent für die Rückbenennung in St. Petersburg. Die Masse der Bevölkerung ist wegen Inflation und Wirtschaftskrise verarmt.

2003 Der aus St. Petersburg gebürtige Präsident Wladimir Putin lässt mit großem Aufwand den 300. Stadtgeburtstag feiern.

2008 Der Petersburger Fußballklub Zenit gewinnt den Super Cup der UEFA.

2014 Am Flughafen Pulkovo wird die Abfertigung aller Flüge in ein neu errichtetes Terminal verlegt. Mit der Manifesta 10 eröffnet die erste große Kunstschau im sanierten Generalstabsgebäude.

КАФЕ
КРОНВЕРК

DAS ZENTRUM DER ZAREN

Stadion "Petrovskiy"
Стадион „Петровский"
Sportivnaya
Спортивная
Bolshoy pros.
Zverinskaya ul.
Tatarskiy per.
Knyaz-Vladimirskiy Sobor
Князь-Владимирский Собор
Khramov per.
Lyubanskiy per.
Apart-Hotel Kronwerk
Зверинская ул.
Mytninskiy pereulok
Кронверкский прос.
ul. Tuchkovoy damby
prosp. Dobrolyubova
per. Talalikhina
ul. Yablochkova
Blokhina ul.
ул. Яблочкова
Kronverkskiy pros.
Kronverkskaya nab.
Dvorets sporta "Yubileyny"
Дворец спорта "Юбилейный"
Proviantskaya ul.
Le Menu
Tuchkov most
просп. Добролюбова
Kronverks most
Tradition
Zoologicheskiy per.
Mytninskaya nab.
МАЛАЯ НЕВА
Mytninskaya pl.
Мытнинская пл.
Letutschi Gollandez
nab. Makarova
MALAYA NEVA
Birzhevoy most
Средний просп.
Sredniy prosp.
Tuchkov per.
Volkhovskiy per.
наб. Макарова
Muzey Kuindzhi
Куинджи
Sokos Palace Bridge
Club Easy Fit
Birzhevaya liniya
nab. Makarova
Strelka Vasilyevskogo ostro
Prjalka
Kadetskaya i 1 linii
ulitsa Repina
Kwartira Nr
Tiflisskaya ul.
Birzhevaya pl.
Биржевая пл.
Strelka
8
Тучков пер.
pl. Akad. Sakharova
пл. Акад. Сахарова
Birzhevoy proezd
Börse (Birsha)
SENNOI OKRUG
СЕННОЙ ОКРУГ
Mendeleevskaya liniya
Voenno-Morskoy
Военно-Морской
2-3 linii
Sv. Ekateriny
Св. Екатерины
Кадетская и 1 линии
Zoologisches Museum
Биржевой проезд
Staraja Tamoshnja
Zwölf Kollegien
Restoran
Kunstkammer
Bolshoy prospekt
Большой проспект
улица Репина
Hotel Stasov
Grad Petrow
Университетская наб.
Schlossbrücke
Dvortsovy most
Dvorets Petra II
Дворец Петра II
Bellini
7
2-3 линии
4-5 линии
Menschikow-Palast
Universitetskaya nab.
BOLSHAYA NEVA
Akademicheskiy per.
Rumyantsevskaya pl.
Румянцевская пл.
Admiralteyskaya naberezhnaya
Chernomorskiy per.
Admiralität
pl. Trezini
пл. Трезини
5
Ehemer Reiter (Medny wsadnik)
Senat i Sinod
Сенат и Синод
Senatskaya pl.
Сенатская пл.
БОЛЬШАЯ НЕВА
Blagoveshchenskiy most
Благовещенский мост
KOLOMNA
КОЛОМНА
Aleksandrovskiy sad
Admiralteyskiy pro
Gorokhovaya
Rezeptoria
Tandoor
Pub Radio Ireland
Angliyskaya naberezhnaya
Английская набережная
улица
Deluxe Hotel
Four Seasons Lion Palace
Mix. Wosnes
Zamyatin per.
Галерная
Manezh
Mal.
Konnogvardeyskiy bulvar
Конногвардейский бульвар
Isaaks-kathedrale
6
Voznesenskiy prosp.
W St. Petersburg
Via dell'Oliva
Galernaya ulitsa
ulitsa Yakubovicha
улица Якубовича
Rosphoto
Astoria
ul. Truda
Nikolaevskiy dvorets
Nabokov-Museum
Teplo

Alyje parusa
Kamennoostrovskiy pr.
Каменноостровский пр.
Hotel Esperans
Hotel Astery
Troitskaya pl.
Троицкая пл.
Jakitoria
Ananov
Петроградская наб.
2
Peters Häuschen
Dom Politkatorschan
Petrovskaya nab.
Кронверкская наб.
Vostochny Artilleriyskiy most
proliv
PETROGRADSKI
РЕТРОГРАДСКИЙ
Ioannovskiy most
Hubschrauberstartplatz
Velikoknyazheskaya usypalnitsa
Великокняжеская усыпальница
Leningradskoje Kafe
Glockenturm der Peter-und-Paul-Kathedrale
Peter-und-Paul-Festung
1
Der sibirische Linkshänder
Troitskiy most
Троицкий мост
Dreifaltigkeitsbrücke
HEBA
NEVA
Prachechny most
Dvortsovaya nab. Дворцовая наб.
Sommerpalast von Peter I.
nab. reki Fontanki
Fontanka
Suvorovskaya pl.
Суворовская пл.
Дворцовая наб.
Marmorpalais
Sommergarten
3
Letniy sad
Hotel Ermitage
Миллионная улица
Aptekarskiy per.
Marsovo pole
Марсово поле
nab. Lebyazhyey kanavki
Bortsam revolyutsii
Oborony i blokady Leningrada
Обороны и блокады Ленинграда
1001 notsch
Moshkov per.
Art-Cluster Architektor
Ermitage-Theater
Fortezia-Piter
Winterpalast Peters I.
Rustaveli
Boutique Hotel
Marsovo pole
Фонтанка
Millionnaya ulitsa
Мойка
Malo-Konyushenny most
Panteleymonovskiy most
nab. reki Moyki
наб. реки Мойки
Moyka
набережная реки Фонтанки
4
Puschkin-Museum
Konyushennaya pl.
Конюшенная пл.
Novokonyushenny most
Amber Palace
Pushka Inn
Mikhaylovskiy sad
Inzhenerny (Mikhaylovskiy) zamok
NEP; Rasputin
Kapella
Kempinski Hotel Moika
ZENTRALNY
ЦЕНТРАЛЬНЫЙ
Zamkovaya ul.
Troizki most (Café)
Griboedova
канал Грибоедова
Грибоедова
Садовая улица
Dvortsovaya pl.
Дворцовая пл.
nab. reki Moyki
наб. реки Мойки
Volynskiy per.
Bol. Konyushennaya ulitsa
Generalstab
Inzhenernaya ul.
Инженерная ул.
Cholst-Maslo
pl. Iskusstv
пл. Искусств
Grand Cafe Literaturnoje
prosp.
Mal. Konyushennaya ul.
nab. kanala Griboedova
наб. канала
Italyanskaya ul.
Итальянская ул.
Kirpichny per.
ulitsa
Taleon Imperial Hotel
Mikhaylovskaya ul.
Kazanskiy most
M
Nevskiy Prospekt
Невский Проспект
Moyka
Невский просп.
M
Kazanskiy sobor
Казанский собор
Kazanskaya ul.
Казанская ул.
Detskaya filarmoniya
Детская филармония
Gostiny Dvor
Гостиный Двор
Dom Shtegelmana (Aleksandrovskiy sirotskiy dom)
Дом Штегельмана (Александровскийсиротский дом)
Bolshoy Gostiny Dvor
Большой Гостиный Двор
Sehenswürdigkeit, Denkmal
Aktivität, Ausgehen, Theater
Museum, Galerie
Shopping
Restaurant, Bar, Café
Übernachtungsmöglichkeit
Kirche
0
200 m
N

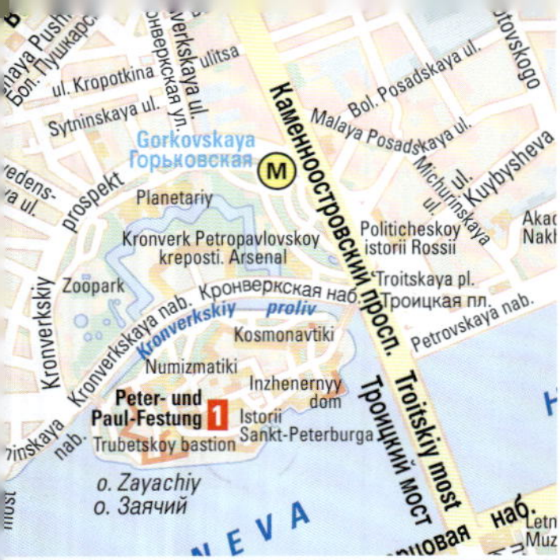

Seite 26/27: Die markanteste Kuppel von St. Petersburg: die Isaakskathedrale
Oben: Die Peter-und-Paul-Kathedrale ist 122,5 Meter hoch.
Unten: Am Petertor hängt Russlands Staatswappen, der doppelköpfige Adler.

1 Peter-und-Paul-Festung

Der harte Kern der Stadt

Peters Burg ist der Ausgangspunkt der Geschichte von St. Petersburg: Auf einem unscheinbaren Newa-Eiland ließ Zar Peter I. im Nordischen Krieg 1703 eilig eine Festung anlegen. Äußere Feinde sollten jedoch nie bis vor ihre Tore kommen, dafür wurde sie zum Kerker für innere Feinde und zur Familiengruft der Romanow-Dynastie. Als Museumskomplex ist das Bollwerk heute die größte Fußgängerzone der Stadt.

Die finnische Urbevölkerung nannte sie Janisaari, die Haseninsel. Die über das Newa-Delta herrschenden Schweden sprachen von Lust-Eiland, der Vergnügungsinsel. Den im Frühjahr 1703 hier anlandenden Russen gefiel das verkrautete Inselchen aber aus einem ganz anderen Grund: Von hier aus konnte man mit Kanonen die Newa-Mündung kontrollieren. Und die Insel war klein genug, um sie komplett zu befestigen: Einem Feind bliebe dann kein Platz, sich vor den Wällen einzugraben.

MAL EHRLICH

ROTE SEGEL VERDECKT

Alljährlich Ende Juni steckt die Stadt Riesensummen in das Schulabgängerfest »Aliye parusa« (Rote Segel): eine überbordende Weiße-Nacht-Party. Doch als Tourist Zaungast zu sein, ist schwierig: Zum Open-Air auf dem Schlossplatz kommt man nur als Abiturient. Und bei der finalen Musik-Feuerwerk-Lasershow über der Newa stehen die Zuschauer in Zwanzigerreihen – vom Hauptakt, dem Segelschiff mit den feuerroten Segeln, sieht man nur die Mastspitzen.

Baubeginn

Gesagt, getan, am 16. Mai 1703 wurde mit dem Bau einer Festung begonnen. Zar Peter I. (1672–1725), der bei praktischen Dingen gern mit gutem Beispiel voranging, übernahm auf einer der sechs aus Holz und Erde errichteten Bastionen selbst die Bauleitung. Noch im gleichen Jahr kam der junge Tessiner Baumeister Domenico Trezzini (ca. 1670–1734) als erster professioneller Architekt auf die Großbaustelle. Er übernahm den Ausbau der Festung – unter militärischen wie künstlerischen Aspekten. Am besten betritt man das Bollwerk wie zu Peters Zeiten von Osten her über die hölzerne Johannisbrücke. Das erste Tor führt durch den Johannes-Ravelin, ein um 1730 geschaffenes Vorwerk. Linker Hand hinter dem Tor befindet sich ein Kassensaal, in dem Eintrittskarten für die diversen Museen auf der Insel verkauft werden.

Peterstor

Nun folgt das erste Meisterwerk Trezzinis, das Peterstor (1714–1718). Es verbindet die praktische Funktion einer Sicherung der Passage durch die gut 20 Meter dicken Mauern mit der repräsentativen eines Triumphbogens: Diese Aussage vermittelt das über der Durchfahrt installierte hölzerne Relief, das die Legende vom Absturz des fliegenden Zauberers Simon Magus aufgrund der Gebete des Hl. Petrus zeigt. Das war als Allegorie auf den Triumph über den Schwedenkönig Karl XII. (1682 bis 1718) zu verstehen – dessen Bezwinger Zar Peter I. übrigens in römischer Uniform dezent vorn in der rechten Personengruppe steht.

Spaziergang über die Festungsmauern

Links des Tores versteckt sich der Eingang zur Poterna: Hier gelangt man durch einen 97 Meter

AUTORENTIPP!

DEN GLOCKEN GANZ NAHE

Der Glockenturm der Peter-und-Paul-Kathedrale ist nicht nur wegen seiner goldenen Nadel etwas Herausragendes. In den Etagen darunter wurde schon zu den Zeiten von Peter dem Großen ein Carillon installiert: ein Glockenspiel, bei dem der Musikant an einem Spieltisch mit Hebeln und Pedalen sitzt. Derartige mechanische Wunderwerke waren vor allem in Holland und Belgien verbreitet – und Zar Peter schätzte alles, was von dort kam. Beim Aufstieg passiert man eine Ausstellung zur Baugeschichte der Kirche und erreicht schließlich eine Plattform in 43 Meten Höhe. Dort kann man nicht nur die Glocken aus verschiedenen Epochen inspizieren, sondern auch den Blick sehr weit schweifen lassen.

Glockenturm der Peter-und-Paul-Kathedrale. Nur Führungen, 1. Mai – 15. Sept. Do–Di 11.30, 13, 14.30, 16 Uhr

AUTORENTIPP!

ABHEBEN ZUM FOTO-SHOOTING
Wem die Festungsmauern und selbst der Glockenturm der Peter-und-Paul-Kathedrale noch nicht hoch genug sind – für den perfekten Blick über St. Petersburgs historische Innenstadt muss man vorübergehend die Bodenhaftung verlieren. Eine spektakuläre Möglichkeit bieten dazu Hubschrauberrundflüge, die an Sommerwochenenden etwa alle halbe Stunde auf den Wiesen hinter der Peter-und-Paul-Festung starten. 10 bis 15 Minuten dauert der Flug, der in Form einer Acht die Newa auf- und dann abwärts führt, denn bebautes Gebiet darf nicht überflogen werden. Zum Einsatz kommen laute, aber geräumige Mi-8-Hubschrauber mit hinreichend großen Fenstern zum Fotografieren. Kleine Kinder dürfen bei etwas Verhandlungsgeschick kostenlos mit.

Hubschrauberstartplatz am Nordtor der Peter-und-Paul-Festung.
Mai–Okt. Sa, So und Feiertage 11.30–18 Uhr

langen engen Gang in den Festungsmauern zu einer Kasematte, in der Kunstausstellungen gezeigt werden. Neben dem Ausgang, nun schon im Innern der Festung, befindet sich der Aufgang zum Aussichtssteg auf den Mauern. Dieser 350-Meter-Spaziergang über die Dächer ist bei schönem Wetter sehr zu empfehlen – der Blick über die Newa und die Prachtbauten ringsum ist einmalig. Wer zufällig mittags hier oben sein sollte, muss gewappnet sein: Punkt 12 Uhr wird tagtäglich auf der Naryschkin-Bastion, wo der Steg endet, aus einer Artilleriekanone ein Blindschuss abgefeuert. Das ist eine alte Petersburger Tradition.

Peter-und-Paul-Kathedrale

Doch zurück zu Trezzini: Nachdem St. Petersburg zur russischen Hauptstadt erhoben worden war, erhielt er den Auftrag zum Bau ihres ersten Wahrzeichens, der Peter-und-Paul-Kathedrale (1712 bis 1733) genau in der Mitte der Festung. Trezzinis Schöpfung imponiert vor allem durch ihren Glockenturm. 122,5 Meter ist er hoch, gekrönt von einem goldenen Engel, der ein Kreuz hält. Zu Peters Zeiten war die goldene Nadel zwar elf Meter niedriger, aber dennoch erschien dieser Bau damals als wahrer Wolkenkratzer. Die Kathedrale war zudem der Stein gewordene Ausdruck von Peters Politik, Russland zu europäisieren: Eine barocke Saalkirche hatte man in dem an Kuppelbauten gewohnten Russland noch nicht gesehen.

Grabkirche der Romanows

Gleich rechts vom Eingang befinden sich in einer Seitenkapelle die Gräber der 1918 in Jekaterinburg ermordeten letzten Zarenfamilie. Ihre Gebeine wurden hier erst 80 Jahre später feierlich bestattet. Denn die Peter-und-Paul-Kathedrale ist zugleich die Familiengruft der Romanows. Fast alle Zaren

Gang um die Festung

Bei einem Spaziergang um die Festung außerhalb der Mauern genießt man wunderschöne Ausblicke auf die Newa und die Stadt, entdeckt hübsche Details und erlebt zugleich die Haseninsel als Reservat für so manche wunderliche Freizeitbeschäftigung der Einheimischen.

Ⓐ **Hasen-Skulptur** – Damit auf der Haseninsel wenigstens ein Pate zugegen ist, wurde 2003 auf einem Holzpfeiler links von der Johannisbrücke eine Hasenfigur aufgestellt. Der Legende zufolge soll sich ein solches Langohr vor einem Hochwasser in den Stiefel von Peter dem Großen gerettet haben.

Ⓑ **Eisbad** – An der Südostecke der Festung hacken sich im Winter die »Walrösser« ein Loch ins Eis. So nennen sich russische Abhärtungs-Freaks, die auch bei heftigem Frost schwimmen gehen.

Ⓒ **Solarium** – Die windgeschützte Westseite der Herrscherbastion wird optimal von der Nachmittagssonne beschienen. Deshalb wärmt sich der dunkle Granit auch im Winter etwas auf. Selbst wenn die Newa noch vereist ist, stehen deshalb entblößte Sonnenanbeter an der Wand, um ein paar UV-Strahlen zu absorbieren.

Stellenweise bleibt nur ein schmaler Pfad zwischen Wasser und Granit.

Ⓓ **Newa-Tor** – Im Durchgang sind historische Hochwassermarken in die Wand eingelassen. Vom Anleger dahinter starten Bootsrundfahrten durch die Stadt.

Ⓔ **Strand** – Die weite Sandfläche vor der Festung ist ein sauberes und beliebtes Strandbad, auch wenn das Baden in der Newa nicht unbedingt zu empfehlen ist. Hier finden häufig Veranstaltungen wie Open-Air-Konzerte, Sandskulpturen-Festivals oder Beachvolleyball-Turniere statt.

Ⓕ **Westspitze** – Foto-Pflichtstopp! Vom Uferweg der kleinen Parkanlage bietet sich ein besonders schöner Panoramablick auf Strelka, Winterpalast und Admiralität.

Ⓖ **Gorodki-Bahnen** – An der Außenmauer des Alexejew-Ravelins wird von Sport-Traditionalisten mit geworfenen Stöcken gekegelt. »Gorodki« war noch vor 100 Jahren in Russland ein weit verbreiteter Volkssport.

Ⓗ **Hubschrauberlandeplatz** – Bei Start und Landung von Rundflug-Helikoptern heißt es gehörig Abstand halten: Die Staubstürme sind beträchtlich.

AUTORENTIPP!

KUNST EN MINIATURE
Wer leichtfertig behauptet, Kamele gingen nicht durchs Nadelöhr, den belehrt der Omsker Miniaturkünstler Anatoli Kowenko eines Besseren: In der ständigen Ausstellung seiner Werke in der Peter-und-Paul-Festung hat eine ganze Karawane in einem Nadelöhr reichlich Platz – denn die Höckertiere sind nur einen Viertelmillimeter groß. In diesen Dimensionen bewegt sich das Schaffen des »sibirischen Linkshänders«: Schach spielende Stechmücken, ein Napoleon-Porträt im Kirschkern, eine Balalaika, ganz aus Gold – aber nur acht Millimeter lang und mit Saiten aus Schmetterlingsflügelhaar... Bücher schrumpfen gar auf das Guinness-Rekord-Maß von einem Quadratmillimeter. 40 Werke sind zu besichtigen – praktischerweise unter Mikroskopen.

Der sibirische Linkshänder (Sibirski lewscha). Wagenremise in der Peter-und-Paul-Festung, tgl. 10–19 Uhr

Schemjakins Peter-Denkmal: ein Sitzriese mit Tentakel-Fingern

der Dynastie sind hier beigesetzt – die Gräber der beiden »Großen« Herrscher Peter I. und Katharina II. (1729–1796) befinden sich vorn rechts vor der prächtigen goldenen Ikonostase. Was wie Sarkophage aussieht, sind aber nur Grabdeckel: Die Särge liegen 2,5 Meter tiefer. Weitere Gräber gibt es in der 1908 als Anbau errichteten Großfürstengruft.

Vor der Kathedrale steht das Bootshaus (1761). Es wurde eigens zur Aufbewahrung des »Großvaters der russischen Flotte« errichtet – einer einfachen Segeljolle, mit der Peter I. in seiner Jugend nahe Moskau erste seemännische Erfahrungen gesammelt hatte.

Peter I. der Monströse

Gar nicht heroisch wirkt der gealterte Peter der Große hingegen als Figur eines 1991 neben der Kirche aufgestellten Denkmals des Bildhauers Michail Schemjakin (geb. 1943): Peters Kopf ist kahl und klein, Finger und Beine hingegen sind krakenhaft lang – kein Wunder, dass dieses Bildnis des verklärten Stadtgründers bis heute umstritten ist.

Kommandantenhaus

In der Festung gibt es zahlreiche Ausstellungen zu besichtigen. Zu empfehlen sind drei Museen, in denen es nochmals geballte Ladungen Geschichte zu studieren gibt: Im Kommandantenhaus neben der Kathedrale befindet sich eine Ausstellung zur Stadtgeschichte bis 1918. Jeder Raum ist einem Thema gewidmet, man darf in Schubladen schauen oder an alten Telefonapparaten lauschen.

Gefängnis

Eher einschüchternd ist hingegen die Besichtigung des Gefängnisses in der Trubezkoi-Bastion.

Der Arrest in der Hauptstadtfestung war immer den für die jeweiligen Herrscher gefährlichsten Personen vorbehalten. Einer der ersten prominenten Insassen war Zarewitsch Alexej (1690–1718), Sohn Peters des Großen aus erster Ehe. Der als Hochverräter zum Tode verurteilte einstige Thronfolger starb vermutlich an den Folgen der Folter.

Der heute erhaltene Gefängnisbau stammt aus dem Jahr 1872. Hier saßen in strenger Einzelhaft Aufrührer und politische Gefangene wie Lenins Bruder Alexander Uljanow, Maxim Gorki und Leo Trozki ein. Wer ihnen nachfühlen mag, kann eine Zellentür hinter sich schließen. Nach der Oktoberrevolution 1917 übernahmen die Kommunisten die finsteren Verliese, kerkerten führende Vertreter des alten Regimes ein und exekutierten viele von ihnen. Erst 1921 wurde das Gefängnis geschlossen.

Waffenklirren im Kronwerk

Historisch ebenfalls ein Teil der Festung ist das Kronwerk am anderen Ufer des Kanals. Auf den Befestigungen, die die »Petropawlowka« zur Landseite hin abschirmten, wurde zwischen 1850 und 1860 in Hufeisenform ein mit Ziegelsteinen verkleideter massiver Bau für ein Munitionsdepot errichtet. Die historisierende Architektur mit mittelalterlichen Stilelementen passt gut zur aktuellen Nutzung, denn schon bald wurden vorrangig militärische Raritäten eingelagert.

Dieses Museum der Artillerie, Pionier- und Fernmeldetruppen ist heute das größte Militärmuseum der Welt. Während die Ausstellungsbereiche, in denen es um den Zweiten Weltkrieg geht, noch immer ahnen lassen, wie sowjetische Museen aussahen, vermittelt der Saal mit alten Lanzen, Schwertern und ersten Vorderladern die Aura einer uralten Waffenkammer.

Oben: Die Naryschkin-Bastion bildet den Endpunkt des Wegs über die Festungsmauer.
Mitte: In der barocken Kathedrale befinden sich die Gräber der meisten Romanow-Zaren.
Unten: Die Altartüren in der Ikonostase

Infos und Adressen

SEHENSWÜRDIGKEITEN

Peter-und-Paul-Festung (Petropawlowskaja krepost). Insel tgl. 6–21, Festung tgl. 8.30–20 Uhr frei zugänglich, Tel. 812/230 64 31, www.spbmuseum.ru

Sehenswertes in der Festung. Peter-und-Paul-Kathedrale tgl. 10–19, Sa – 17.45 und So ab 11 Uhr; Gefängnis in der Trubezkoi-Bastion tgl. 10–19 Uhr; Museum zur Geschichte Petersburgs-Petrograds 1703–1918 und Ausstellung »Die Geschichte der Peter-und-Paul-Festung« Do–Mo 11–19, Di 11–18 Uhr. Von Okt.–April gilt zudem für alle o.g. musealen Objekte Di – 17 Uhr, Mi geschlossen. Aussichtssteg auf der Festungsmauer und Poterna tgl. Mai–Sept. 10–21 Uhr, Okt.–April 11–18 Uhr; Möbelsammlung 18. bis Anfang 20. Jahrhundert, Führungen Mo, Di, Do, Fr 12 und 15 Uhr; Sammlung Porzellan und Glas des 18. bis 21. Jahrhunderts, Führung nur Mo 15 Uhr, Anmeldung Tel. 498 05 38.

Die Inselfestung beherrschte einst den Verkehr auf der Newa.

Kommerzielle Ausstellungen in der Festung. Festungsmauer auf der Newa-Seite: »Die Geheimnisse da Vincis«, »Welt der Drachen«, »Panoptikum – Horror des Petrinischen Petersburgs«; südlich der Kathedrale: »Mittelalterliche Folterwerkzeuge«, Wagenremise; zwischen Peterstor und Kathedrale: »Historisches Mosaik: Wachsfiguren«, Artillerie-Zeughaus, alle Ausstellungen tgl. 10–19 Uhr

Artilleriemuseum (Musej artillerii). Mi–So 11–18 Uhr, letzter Do im Monat geschl., Kronwerkskaja Nab., Tel. 812/610 33 01, www.artillery-museum.ru

ESSEN UND TRINKEN

Alyje parusa. Dreistöckiger Café-Restaurant-Pavillon mit Dachterrasse gleich hinter der Festung. So–Do 9–24, Fr/Sa 9–6 Uhr, Kronwerkskaja Nab. 3 a, Tel. 923 49 39, www.parkking.ru

Korjuschka. Der schicke Ganzjahres-Glaspavillon an der Festungsmauer lockt ein illustres Publikum an, denn billig ist der exquisite Blick von der Haseninsel über die Newa auf Winterpalast und Strelka nicht zu haben. Auf der Speisekarte steht kaukasische Küche mit Raffinessen. Tgl. 12–1 Uhr, Petropawlowskaja Krepost 3 (im Park auf der Westspitze), Tel. 812/777 92 91, www.ginzaproject.ru/spb

Le Menu. Vorrangig Fisch kommt hier auf den Tisch. Aber auch Vegetarier werden in dem gemütlichen kleinen Speisecafé auf ihre Kosten kommen. Abends dezente Livemusik. Tgl. 9–23 Uhr, Kronwerkski Pr. 79/Ecke Pr. Dobrolujubowa, Tel. 812/933 52 29, www.le-menu.ru

Leningradskoje Kafe. Der einzige Gastronomiebetrieb innerhalb der Festung ist eine günstige, solide Cafeteria ganz im Stil der 1950er-Jahre. Artillerie-Zeughaus (zwischen Peterstor und Kathedrale). Tgl. 10–20 Uhr.

Letutschi Gollandez. Der »Fliegende Holländer« ist in der Tat ein Segelschiff – zumindest sieht dieses am Newa-Ufer fest vertäute Gastro-Objekt so aus. An Bord sind drei noble Restaurants. Tgl. 10–24 Uhr, Mytninskaja Nab. gegenüber Haus 5, Tel. 812/313 88 66, www.gollandec.ru

ÜBERNACHTEN

Apart-Hotel Kronwerk. Die nüchternen Zimmer bis zur Drei-Zimmer-Suite verfügen alle über eine kleine Küche. Das Viertel ist romantisch, weniger die Lage des Hotels in den zwei obersten Etagen eines Business-Center. Ul. Blochina 9, Tel. 812/703 36 63, www.kronverk.com

Tradition. Kleines, sehr stilvolles Hotel in exklusiver Lage. Viele der Zimmer haben einen freien Blick auf die Newa oder die Festung. Fremdsprachig gewandtes Personal – auch die Webseite gibt es auf Deutsch, Pr. Dobroljubowa 2, Tel. 812/405 88 55, www.traditionhotel.ru

VERANSTALTUNGEN

Rund um die Festung:

Weihnachtsvolksfest. Traditionelles mit Väterchen Frost, 7. Januar

Butterwoche (Masleniza). Auf den Wiesen hinter der Festung mit volkstümlichem Jahrmarkt: März

Carillon-Festival. Das Glockenspiel der Kathedrale wird von Profis als Konzertinstrument präsentiert: Juli

Sandskulpturen-Festival. Kunst am Strand der Haseninsel: August

Der »Fliegende Holländer« ist ein nobles Restaurantschiff mit perfekter Aussicht.

INFORMATION

Der östliche Zugang zur Peter-und-Paul-Festung ist nur fünf Gehminuten von der Metrostation Gorkowskaja (Linie 2) entfernt. Von der Station Sportiwnaja (Linie 5) sind es 15 Minuten zum westlichen Zugang. Die Straßenbahnlinien 6 und 40 halten in der Nähe beider Zugangsbrücken. Neben der Tankstelle am östlichen Zugang befindet sich ein städtischer Infokiosk.

City-Riviera: Die Haseninsel bietet einen Sandstrand mitten in der Stadt.

2 Peters Häuschen

Keimzelle einer großen Idee

Das älteste Haus einer Stadt kann man vielerorts besichtigen, das erste Haus allerdings so gut wie nie. Doch in St. Petersburg ist es bis heute erhalten. Denn Zar Peter der Große höchstpersönlich legte Wert darauf, jenes schlichte Blockhaus zu bewahren, in dem er die ersten Monate nach der Stadtgründung verbrachte. Heute ist es ein kleines Museum – und zugleich dessen wichtigstes Exponat.

Das Peter-Ufer (Petrowskaja nabereshnaja) östlich der Peter-und-Paul-Festung ist heute eine breite Uferstraße, zur Newa abgegrenzt von einer soliden Mauer aus Granit. Als diese Anfang des 20. Jahrhunderts angelegt wurde, stellte man zwei in der damals russisch dominierten Mandschurei erworbene markante Löwenfiguren auf. Direkt dahinter, in einem kleinen Hain alter Bäume, duckt sich ein einstöckiges Ziegelgebäude. Wer denkt, dies sei das Häuschen von Peter dem Großen, irrt: Denn jenes steht – wie bei einer Matrioschka – darin!

Oben: Das Haus im Haus: Zar Peters Hütte wurde wie eine Reliquie eingekapselt.
Unten: Betrat der schlaksige Herrscher sein Arbeitszimmer, musste er den Kopf einziehen.

MAL EHRLICH

ZUFALLSGÄSTE UNERWÜNSCHT

Wenn auf den Satz »Wir wollten nur mal schauen« der Türsteher gleich pampig dazwischenfährt: »Hier gibt es nichts zu schauen, hier gibt es zu essen«, dann sollte man besser weiterziehen, es wäre ohnehin eine Enttäuschung. Derartiges geschieht vor allem in Lokalen, die auf Großereignisse wie Hochzeiten oder Firmenpartys ausgerichtet sind. Dazu gehört beispielsweise das Restaurant-Segelschiff »Blagodat« an der Dreifaltigkeitsbrücke.

Die Baubude des Zaren

Genau acht Tage nach der Stadtgründung im Mai 1703 verfügte Zar Peter I. (1672–1725), am sumpfigen Ufer der »Birkeninsel« nach seinen Vorstellungen einen »Palast« zu bauen. Doch ein Prunkbau schwebte Peter I. nicht vor – dafür hatte er weder Zeit noch Bedarf! Schon vier Tage später wurde die neue Behausung des jungen Herrschers feierlich eingeweiht, und der Zar bezog sogleich sein neues Domizil: Es verfügte nur über zwei Zimmer, dazu eine sieben Quadratmeter große Schlafkammer. Öfen zur Beheizung waren nicht vorhanden.

Die aus erbeuteten schwedischen Schiffen entnommenen Türen hatten nur 1,82 Meter Höhe – dabei war Peter I. ein Riese von 2,05 Metern. Auf dem First ließ er stolz einen Mörser und zwei brennende Kanonenkugeln anbringen – die Holzimitate sollten ein Zeichen seiner Zugehörigkeit zur Truppe der Kanoniere sein. Und weil dem Zar der Bau einer festen Stadt vorschwebte, wurde sein Blockhaus bald darauf von außen rot angemalt – mit einem Ziegelsteinmuster darauf.

Do-it-yourself-Mobiliar

Diese erste Residenz des Stadtgründers kann besichtigt werden – allerdings nur von außen: Die Glasfenster im vom Zaren so hoch geschätzten holländischen Stil sind partiell entfernt, und man darf ungeniert in dessen asketische Gemächer schauen. Auf dem Tisch des Speisezimmers stehen praktisches Metallgeschirr und Trinkpokale der ersten russischen Glasfabrik. In der Schlafkammer hängt sein roter Uniformrock, für das damalige Russland ein höchst neumodisches Kleidungsstück. Und im Kabinett, mit seinen 23,5 Quadratmetern der größte Raum, liegt auf dem Tisch eine Tabakpfeife des Herrschers. Beachtung verdient der Schreibtischstuhl: Der Zar hat ihn eigenhändig

AUTORENTIPP!

ZWEIFACHE OPFER

Die Geschichte der sechsstöckigen grauen Wohnanlage am Dreifaltigkeitsplatz ist noch ungewöhnlicher als ihre Optik im Stil des Konstruktivismus. Das »Haus der politischen Zwangsarbeiter« (1929–1933) wurde als Kommune im Geist der neuen Zeit für die Opfer des Zarenregimes gebaut: Die 144 Wohnungen hatten Bäder, aber keine Küchen. Denn verpflegt wurden die Bewohner in einer Kantine, auch gab es eine Bibliothek und eine Wäscherei. Doch schon ab 1935 kroch die Angst durch das Haus. Die einstigen Wegbereiter der Revolution wurden reihenweise nachts abgeholt und verschwanden in Kerkern und Lagern. Deshalb steht heute der einzige Gedenkstein für Stalin-Opfer in der Stadt gerade vor diesem Haus: Es ist ein Findling von den Solowezki-Inseln, wo das erste Gulag eingerichtet wurde.

Dom Politkatorschan. Troizkaja Pl.

Anschauliche Stadtgeschichte: Ein Modell zeigt Petersburg anno 1706.

AUTORENTIPP!

FRÜHSTÜCK IM ZIMMER

In anderen russischen Städten sucht man sie oft vergebens – doch in St. Petersburg sind Mini-Hotels eine zu Hunderten verwirklichte Geschäftsidee. In großzügig dimensionierten Altbauwohnungen haben Privatleute kleine Pensionen eingerichtet. Das Spektrum reicht von schlichten Bed & Breakfast-Zimmern mit Etagenbad bis hin zum stilvoll möblierten Schlafsalon mit allem Komfort. Online-Buchung, WLAN und Visa-Unterstützung gehören auch bei den kleinen zum Standard. Ein typisches Mini-Hotel ist das »Astery«, dass sich in einem Hinterhof unweit der Festung versteckt: sechs nette Gästezimmer (das größte verfügt sogar über einen Jacuzzi), ein Gang, ein Rezeptionstisch – und fertig. Mangels Frühstücksraum wird auf dem Zimmer serviert.

Hotel Astery. Mitschurinskaja Ul. 19, Tel. 812/232 97 82, www.astery.ru

An der Stelle dieses Hauses aus der Stalin-Zeit standen die ersten Regierungsbauten.

angefertigt. Ein Eigenbau ist auch das vor dem Haus aufgebockte Segelboot.

Peter I. lebte in dieser Hütte nur einige Monate im Sommer 1703. Als er das nächste Mal auf seine geliebte Großbaustelle kam, hatte man für ihn bereits am anderen Newa-Ufer den ersten Winterpalast errichtet. Doch zwischen der Festung und dem Zarenhäuschen entwickelte sich in diesen Gründerjahren das erste Zentrum der neuen Stadt. Ein Modell in der kleinen Ausstellung zeigt diesen Abschnitt im Zustand von 1706. Man sollte diesen Anblick im Kopf behalten, um ihn anschließend auf dem nahen Dreifaltigkeitsplatz mit dem Ist-Zustand abzugleichen.

Seit Peter I. unter Denkmalschutz

Schon 1723 hatte Peter I. verfügt, über dem ersten Haus seiner Traumstadt ein »Futteral« zu errichten, damit es der Nachwelt erhalten bleibe. Damit wurde dieses Kleinod der Petersburger Anfangsjahre zum ersten der unter staatlichen Denkmalschutz gestellten Gebäude Russlands. Nach Peters Tod richtete man im Kabinett eine Kapelle ein. Sie bestand bis 1929. Das heutige Gebäude um das Häuschen wurde 1846 errichtet.

Das erste Stadtzentrum

Der Dreifaltigkeitsplatz (Troizkaja ploschtschad) neben der Peter-und-Paul-Festung ist heute eine gepflegte Parkanlage, der man nicht mehr im Geringsten ansieht, dass hier besonders geschichtsträchtiger Boden ist: Das Areal am Zugang zur Festungsbaustelle war in den Anfangsjahren Petersburgs der lebhafteste und einzige Platz der jungen Stadt. In seiner Nordostecke stand die erste Kirche von »Sankt Piterburch«. Ihr Bau war von

Peter dem Großen noch am Tag der Stadtgründung angeordnet worden. Das Kirchlein brannte mehrfach ab oder wurde durch Hochwasser zerstört, aber immer wieder neu aufgebaut. 1933 verfügten die Kommunisten dann unwiderruflich den Abriss der geschichtsträchtigen Holzkirche.

In der Platzecke gegenüber, wo genau 300 Jahre nach dem ersten Kirchenbau eine kleine Kapelle errichtet wurde, befand sich hingegen der erste Hafen der Stadt. Ein Kanal zum Frachttransport führte ins Gostiny Dwor – und wie dessen heutiger Nachfolger am Newski Prospekt waren auch diese ersten Markthallen ein Karree aus zweistöckigen Arkaden. Neben der Brücke zur Festungsinsel lockte die »Austeria«, das erste Gasthaus der Stadt. Dort hob der feierfreudige Stadtgründer nach dem Sonntagsgottesdienst mit Skippern und Schiffbauern gern den Wodkabecher.

An der Ostseite des Platzes wurden zwischen 1714 und 1720 sechs zweistöckige Fachwerkreihenhäuser mit hohen Walmdächern errichtet. Der ebenfalls nicht mehr erhaltene Komplex beherbergte die Kollegien, die wichtigsten Instanzen der Regie-

Oben: Peter-Ufer: Hier residiert der Präsidenten-Statthalter für Nordwestrussland.
Unten: Die Kapelle auf dem Dreifaltigkeitsplatz, errichtet zum 300. Stadtgeburtstag

Oben: Die Dreifaltigkeitsbrücke ist die eleganteste aller Newa-Querungen.
Mitte: Einst das Stadtzentrum – heute ist der Dreifaltigkeitsplatz eine Ruhezone.
Unten: Blick von der Brücke

rung. Denn 1712 hatte Peter der Große die unfertige Traumstadt mit Meereszugang auch noch zur Hauptstadt seines riesigen Reiches erklärt. Von diesem Platz aus wurde es damals verwaltet – doch nicht lange: Schon in den 1720er-Jahren verlagerte sich das Stadt- und Machtzentrum auf Peters Geheiß westwärts auf die Wassili-Insel. Dort war der neue imperiale Anspruch architektonisch besser zu verwirklichen als in den spontan gewachsenen Strukturen des Dreifaltigkeitsplatzes.

Dreifaltigkeitsbrücke

Vom Platz führt eine elegante Brücke hinüber auf das südliche Newa-Ufer mit dem heutigen Stadtzentrum. Der Verkehr auf der 1903 eingeweihten Dreifaltigkeitsbrücke (Troizki most) ist immens. Dennoch empfiehlt es sich, den Weg zumindest einmal zu Fuß zurückzulegen, egal, bei welchem Wetter. Von der 580 Meter langen Flussquerung bietet sich ein besonders eindrucksvoller und zugleich ungestörter Blick auf das klassischste aller Petersburger Stadtpanoramen: Die Festung, die von zwei Brücken eingerahmte Strelka mit der Alten Börse und das Schlossufer mit der Eremitage gruppieren sich um die weite Wasserfläche – und im Hintergrund grüßen golden die Nadel der Admiralität und die Kuppeln der Isaakskathedrale.

Angesichts der Aussicht sollten die Details der Brücke nicht übersehen werden: Geländer, Laternen und vor allem die Pfeiler der Straßenbahnoberleitung zeigen deutliche Jugendstilprägung. Ursprünglich hatte die von französischen Ingenieuren geplante Brücke ein Segment, das zum Durchlassen von Schiffen horizontal um 90 Grad gedreht werden konnte. In den 1960er-Jahren wurde an seiner Stelle der heutige hochklappbare Brückenbogen eingebaut – was das filigrane Erscheinungsbild des ganzen Bauwerks sogar noch verbesserte.

Infos und Adressen

SEHENSWÜRDIGKEITEN

Dreifaltigkeitsbrücke (Troizki most). April–Nov. tgl. 1.35–4.50 Uhr hochgeklappt

Häuschen Peters des Großen (Domik Petra I.). Mi, Fr–Mo 10–18, Do 13–21 Uhr, letzter Mo im Monat geschlossen, Nab. Petrowskaja 6, Tel. 812/595 42 48, www.rusmuseum.ru

ESSEN UND TRINKEN

Direkt hinter dem Häuschen Peters des Großen steht ein 1964 errichteter elitärer Wohnblock, der im Erdgeschoss drei Restaurants mit schönem Ausblick beherbergt:

Jakitoria. Japanische Küche mit gutem Sushi-Angebot. Tgl. 11–6 Uhr, Petrowskaja Nab. 4, Tel. 812/970 48 58, www.yakitoriya.spb.ru

Wolna. Schickes Restaurant für moderne Cuisine aus aller Welt mit Schwerpunkt Ostasien. Tgl. 12 bis 24 Uhr, Petrowskaja Nab. 4, Tel. 812/322 53 83, www.volna.su

0,75. Restaurant für Weinliebhaber und Freunde der gehobenen europäischen und vor allem italienischen Küche. Mo–Do 12–24, Fr/Sa bis 1 Uhr, Petrowskaja Nab. 4, Tel. 812/232 45 20, www.075-rest.ru

ÜBERNACHTEN

Hotel Esperans. Untypisch: ein Mini-Hotel in einem Upper-Class-Neubau. Ul. Mitschurinskaja 6, Tel. 812/927 57 20, www.esperanshotel.ru

EINKAUFEN

Ananov. Nobeljuwelier Andrej Ananow arbeitet im Stil des legendären Hofjuweliers Fabergé. Sein Salon gleicht einer Schatzkammer. Mo–Fr 10–17 Uhr, Ul. Mitschurinskaja 7, Tel. 812/235 83 38, www.a-ananov.com

INFORMATION

Das Areal am Troizkaja-Platz ist in wenigen Gehminuten von der Metrostation Gorkowskaja (Linie 2) erreichbar. Die Straßenbahnlinie 6 fährt von hier auch zu den Metrostationen Sportiwnaja (Linie 5) und Ploschtschad Lenina (Linie 1).

Betreten verboten, aber durch die Fenster darf man in Peters Häuschen schauen.

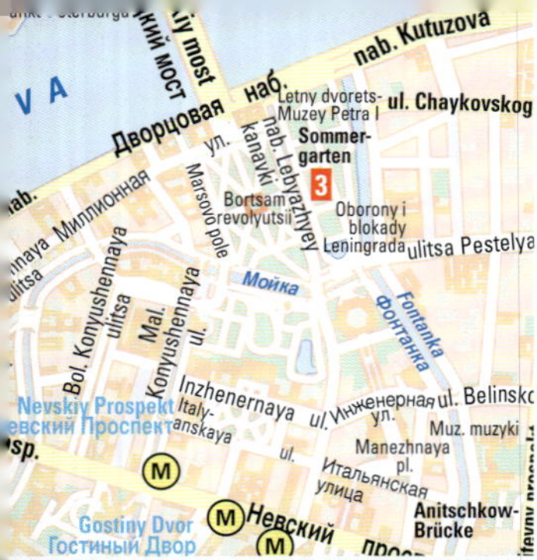

Oben: Gebautes Understatement: Peters erster Sommerpalast war nur von außen schlicht.
Unten: Russlands ältester Park: Schattige Alleen durchziehen den Sommergarten.

3 Sommergarten

Russlands ältester Park

Im Vergleich zu den riesigen Parkanlagen um die prächtigen Zarenschlösser vor der Stadt ist der Sommergarten klein. Aber seine historische Bedeutung ist umso größer: Der Park im Herzen Petersburgs wurde noch von Stadtgründer Peter I. persönlich mitgestaltet und ist damit Russlands älteste Grünanlage. Wegen der vielen Skulpturen gleicht ein Spaziergang durch den Garten einem Museumsbesuch.

Der Sommergarten (Letny sad) ist eine tiefgrüne Insel inmitten der lebhaften, vom Verkehr übermäßig heimgesuchten Innenstadt Petersburgs – im wahrsten Sinne des Wortes, denn der älteste, schönste und wertvollste Park der Stadt wird auf allen vier Seiten von Wasser umflossen. Ein Besuch tut also Lunge, Seele und Augen gut. Auch einer Auffrischung der klassischen Bildung ist er förderlich, denn über den Park verteilt findet man etwa 90 klassische Skulpturen, die zumeist griechische Gottheiten und Philosophen sowie allegorische Darstellungen und einige wenige historische Persönlichkeiten zeigen. Die Originale sind inzwischen allesamt durch Kopien ersetzt.

Schon kurz nach der Gründung Petersburgs hatte Zar Peter I. (1672–1725) ein Auge auf das Areal am Beginn des Newa-Arms Fontanka geworfen. Er bestimmte es zu seinem Sommersitz, ließ Erde aufschütten, Wege und Beete anlegen, Springbrunnen aufstellen und einen kleinen Hafen graben. In den Jahren 1710 bis 1714 wurde daneben für den Herrscher der zweistöckige Sommerpalast als erstes Steinhaus der Stadt errichtet.

Peters Hightech-Datscha

Das Gebäude mit seinem rechteckigen Grundriss erscheint nur auf den ersten Blick unangemessen schlicht. Die Fassade zieren 29 Reliefs mit allegorischen und mythischen Darstellungen, das Innere wurde mit Eichen- und Nussbaumholz ausgekleidet. Und auch technisch war die Residenz ihrer Zeit weit voraus. Sie verfügte über sechs Toiletten mit Wasserspülung, und im Kabinett des Seefahrtbegeisterten Herrschers stand eine Wetterstation (hergestellt in Dresden 1713), die ihm vom Dach permanent Windrichtung und -stärke übermittelte. Diese und viele andere Aspekte und Objekte aus seinem Privatleben sind – bis hin zu dessen Schlafanzug auf dem Himmelbett – bei einer Besichtigung zu bewundern.

Lustgarten

Der angrenzende Lustgarten war nicht nur Schauplatz von Peters berühmt-berüchtigten »Assembleen«, hemmungslosen Trinkgelagen, bei denen Zuspätkommende zur Strafe zwei Liter Wein ex schlucken mussten, sondern auch ein Ort der Erbauung: Der Zar ließ sich vor allem aus Italien feinste Marmorstatuen liefern, die er in dem streng geometrisch organisierten Park aufstellte. 30 Springbrunnen plätscherten fröhlich, nachdem um 1720 ein 23 Kilometer langer Kanal zur Wasserversorgung aus dem Hinterland angelegt worden war.

Gitter mit Weltruf

1777 zerstörte ein Hochwasser viel von der Pracht in der Tiefe des Parks, doch etwa zur gleichen Zeit sorgte der Architekt Juri Velten (1730–1801) für einen anderen Höhepunkt: Das von rosa Marmorsäulen getragene Gitter, das den Park zur Newa hin abgrenzt, galt damals als

AUTORENTIPP!

ELEKTROBEAT UNTER STUCK

Die Millionen-Straße bekam ihren Namen wegen der begüterten Hausbesitzer, darunter viele Deutsche. Einer davon war Architekt Andrej Stackenschneider (1802–1865), dessen Anwesen in den 1850er-Jahren allsamstäglich Treffpunkt der künstlerischen Intelligenzija war. Geschichte wiederholt sich: Seit 2013 ist der einst völlig heruntergekommene Altbau wieder ein Mekka der Kreativen. Als »Art-Cluster« befinden sich im Haus vier Bars, hippe bis schräge Boutiquen, Studios, eine Galerie und ein Hostel. Im Hof gibt es einen vegetarischen Imbiss. Magnet ist der große Tanzklub »Stackenschneider« (Do 24–6, Fr/Sa 22–8, So 8–16 Uhr, www.stackenschneider.ru) im zweiten Obergeschoss. Die Bar »Bureau« (So–Do 12–2, Fr/Sa 22–6 Uhr, Tel. 960/258 57 20) fungiert tagsüber auch als Coworking-Zone.

Art-Cluster Architektor. Millionnaja Ul. 10

Das Marsfeld war einst ein Exerzierplatz. Im Hintergrund steht die Michaelsburg.

Oben: Die Spaliere im Sommergarten sind eine Rekonstruktion alter Gartenarchitektur.
Mitte: Klassische Skulpturen im Sommergarten
Unten: Die Ewige Flamme auf dem Marsfeld erinnert an die Oktoberrevolution.

ästhetisches Weltwunder und Inbegriff architektonischer Perfektion bei der harmonischen Verknüpfung von Natur und Stadt.

Der Sommergarten steht heute unter den Fittichen des Russischen Museums. Es sorgte mit einer gründlichen Sanierung in den Jahren 2009 bis 2012 für eine Neu- bzw. Rückgestaltung des Parks unter musealen Aspekten. Die wiederhergestellten blickdichten Spaliere entlang der Wege haben aber viele Petersburger entsetzt. Sie vermissen jetzt den gemütlichen alten Park ihrer Jugendzeit, in dem die halbe Stadt flanierte und flirtete.

Marsfeld

Ebenfalls grün, aber mangels hoher Bäume frei überschaubar ist das benachbarte Marsfeld, einstiger Exerzier- und Paradeplatz. In seiner Mitte wurde gleich nach der Oktoberrevolution ein Mahnmal für hier bestattete, gefallene Kommunisten errichtet. Seit 1957 brennt innerhalb des Granit-Karrees eine ewige Flamme.

Es lohnt sich auch noch, einen Blick in den Innenhof des nahen Marmorpalais (1768–1785) zu werfen. Dort steht ein bezeichnend klobiges Reiterstandbild des reaktionären Zaren Alexander III. (1845–1894): Der Reiter ist stur, das Pferd störrisch. Es zierte von 1909 bis 1937 den Platz vor dem Moskauer Bahnhof.

Infos und Adressen

SEHENSWÜRDIGKEITEN

Sommergarten (Letny sad). Eingänge vom Newa-Ufer (Dworzowaja nab.) und Moika-Ufer aus. Mai–Sept. 10–22 Uhr, Okt.–März 10–20 Uhr, Di und im April geschlossen, So ab 16 Uhr Promenadenkonzerte von Militärmusikern, www.rusmuseum.ru

Sommerpalast von Peter I. (Letny dworez Petra I). Der Palast im Sommergarten war bei Redaktionsschluss wegen Renovierungsarbeiten geschlossen.

Marmorpalais (Mramorny dworez). Pompöse Filiale des Russischen Museums für Sonderausstellungen und Heim des Museum Ludwig, einer Stiftung des gleichnamigen Kölner Mäzenatenpaars mit einem Querschnitt durch die internationale moderne Kunst. Mo, Mi, Fr–So 10–18, Do 13–21 Uhr, Millionnaja Ul. 5, Tel. 812/595 42 48, www.rusmuseum.ru

Der Sommergarten im Herbst

Nahe am Wasser gebaut: Peters Sommerpalast steht direkt an der Newa.

ESSEN UND TRINKEN

Rustaveli. Georgische Küche in einem winzigen, romantischen Häuschen am Kanalufer. Tgl. 11 Uhr bis zum letzten Gast, Nab. reki Moiki 9, Tel. 812/947 48 27.

1001 notsch. Alteingesessenes orientalisches Restaurant. Tgl. 12 Uhr bis zum letzten Gast, Millionnaja Ul. 21, Tel. 812/570 17 03, www.1001night.org

ÜBERNACHTEN

Hotel Ermitage. Etwas versteckt gelegenes, kleines Vier-Zimmer-Hotel gehobener Qualität. Millionnaja Ul. 11, Tel. 812/600 20 80, www.ermitage-hotel.com

Boutique Hotel 3 Mosta. Das Hotel verfügt über ein Restaurant auf einer voll verglasten Dachterrasse. Nab. reki Moiki 3, Tel. 812/315 02 00, www.3mosta.com

INFORMATION

Zum Sommergarten gelangt man von der Metrostation Gostiny Dwor (Linie 3, weiter mit Bus 49) oder Gorkowskaja (Linie 2, weiter mit Bus 46).

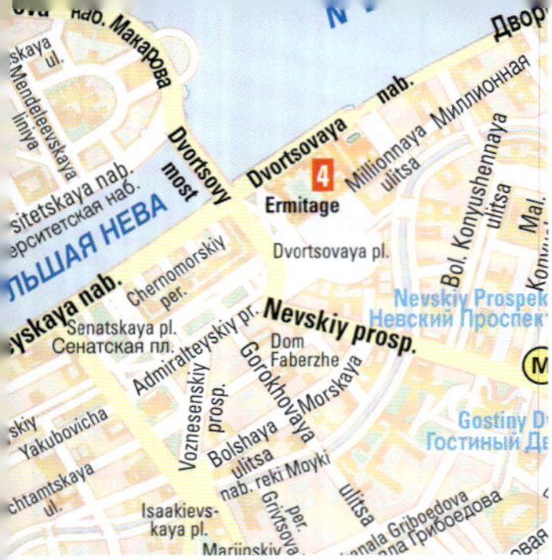

Oben: Einst Zentrum des Zarenreichs, heute Hauptgebäude der Eremitage: der Winterpalast
Unten: Mehr als eine Quadriga: Den Torbogen am Schlossplatz krönt ein Sechsspänner.

4 Eremitage

Kunstpalast am Schlossplatz

Für Kulturinteressierte ist die Eremitage zweifellos die größte Attraktion Petersburgs. Der Grundstock des schier unüberschaubar großen Museums geht auf die Sammlungen der russischen Zaren zurück – und deren Hauptresidenz, der Winterpalast, ist das Heim dieses Kunstgiganten. Schon die prunkvolle Atmosphäre und das herrschaftliche Umfeld am Schlossplatz garantieren unvergessliche Eindrücke.

Wenn man zur Eremitage geht, sollte man zumindest beim ersten Mal den Weg vom Newski Prospekt durch die Bolschaja Morskaja Uliza wählen. Ein Knick in der Straße versperrt bis zuletzt den Blick auf den Schlossplatz – um ihn dann umso theatralischer durch einen riesigen doppelten Torbogen freizugeben. Hier herrscht faktisch vollkommene architektonische Harmonie, denn nur drei fein aufeinander abgestimmte Gebäude gleicher Höhe flankieren das Areal: der Winterpalast (1754–62) an der nördlichen Stirnseite, rechts davon das Stabsge-

MAL EHRLICH

NUR GEISTIGE KOST!

Museumsbesuche machen hungrig, erst recht, wenn sie mit solchen Marathondistanzen wie in der Eremitage verbunden sind. Doch das Angebot an körperlicher Nahrung steht dort in einem krassen Missverhältnis zur üppigen geistigen Kost. Es gibt lediglich eine spröde, kleine Cafeteria im Erdgeschoss. Diese ist naturgemäß völlig überlaufen und abschreckend ungemütlich. Bleibt also nur: Kräftig frühstücken und dann die Kalorien bunkern!

Das Generalstabsgebäude umspannt den Schlossplatz.

bäude des Gardecorps (1837–43) und das halbrunde, 600 Meter lange Generalstabsgebäude (1819–29) mit dem Torbogen in der Mitte, auf seinem Dach die Siegesgöttin im Sechsspänner.

Generalstabsgebäude

Vor allem dem Generalstabsgebäude des Architekten Karl Rossi (1775–1849), einem wahren Meister im Schaffen schlüssiger architektonischer Ensembles, ist es zu verdanken, dass der Platz trotz seiner über fünf Hektar großen Fläche nicht bombastisch, sondern elegant und geradezu wohnlich wirkt.

Im Westflügel des Gebäudes sitzt bis heute das russische Militär. Die Osthälfte gehört jedoch der Eremitage, die dort 2014 ein vorrangig der modernen Kunst gewidmetes, neues Ausstellungszentrum eröffnete. Äußerlich blieb alles beim Alten, doch im Innern verbinden jetzt riesige Tore drei mit Glas abgedeckte Innenhöfe. Hier ist viel Platz für große Werke und Installationen. Und in der obersten Etage gibt es moderne Ausstellungsräume unter einer neuen Betondecke mit Oberlichtern. Nach und nach sollen auch die Abteilungen für russisches und europäisches Kunsthandwerk, Malerei und Skulptur des 19. Jahrhunderts sowie die weltberühmte Kol-

AUTORENTIPP!

DER KELLERPALAST

Die Reste des Winterpalastes von Peter dem Großen (1672–1725) wurden in den 1780er-Jahren bei der Errichtung des barocken Eremitage-Theaters abgerissen – so dachte man lange. Doch vor 40 Jahren fanden sich bei Renovierungsarbeiten unter dem Theatersaal Fundamente, Wände und einige Räume jenes Palastes, in dem der Stadtgründer seine letzten Lebensjahre verbracht hatte. Dem Museum gelang es, die Illusion zu erzeugen, man betrete die alten Zarengemächer. Die Drehbank des Handwerkerzaren steht wieder an Ort und Stelle, holländische Kacheln zieren die Wände. Und auf dem Thron sitzt eine Wachsfigur des Herrschers. Peter I. hatte ihre Anfertigung selbst noch bei Baumeister Bartolomeo Rastrelli in Auftrag gegeben.

Winterpalast Peters I. (Simny dworez Petra I.). Dworzowaja Nab. 32, Di–Sa 10.30–17, So 10.30–16 Uhr, www.hermitage.ru

lektion an französischen Impressionisten und Postimpressionisten aus dem Stammhaus gegenüber in das Generalstabsgebäude umziehen.

Alexandersäule

Die Mitte des Schlossplatzes markiert die 47,5 Meter hohe Alexandersäule. Anlässlich des Sieges über Napoleon wurde sie am 30. August 1832 in einer keine zwei Stunden dauernden, von Baumeister Auguste de Montferrand (1786–1858) perfekt durchgeplanten Hauruckaktion aufgestellt: 2400 Soldaten und Arbeiter hoben mit Muskelkraft den 600 Tonnen schweren Granitmonolith in den vorbereiteten Sockel. Dort steht die Säule bis heute ohne jede weitere Befestigung, arretiert allein durch ihr Eigengewicht. Der ein Kreuz haltende Bronzeengel auf der Spitze trägt die Gesichtszüge von Zar Alexander I. (1777–1825).

Winterpalast

Vom Schlossplatz geht es durch ein elegantes Dreifachtor in den Paradehof des Winterpalastes, dem Hauptkomplex der Eremitage. Etwa 60 000 Exponate von der Steinzeit bis zur Jetztzeit werden hier ständig gezeigt. Man muss sich von vorneherein im Klaren sein, dass es unmöglich ist, bei einem Besuch alles zu sehen.

Der Winterpalast, ein Schloss mit über 1000 Räumen, ist selbst das prächtigste und wertvollste Ausstellungsstück der Eremitage. Die von Bartolomeo Francesco Rastrelli (1700–1771) im Barockstil komplett neu errichtete Hauptresidenz der Romanow-Dynastie brannte allerdings 1837 fast vollständig aus und wurde danach im Innern nicht minder prächtig, aber nun zum Großteil klassizistisch ausgestaltet.

AUTORENTIPP!

SCHNELL ODER GÜNSTIG IN DIE EREMITAGE

Eintrittskarten für die Eremitage können im Internet vorbestellt werden für 17,95 US Dollar (einschließlich Fotoerlaubnis) oder 25,95 US Dollar (für zwei aufeinanderfolgende Tage einschließlich aller Filialen wie Menschikow-Palast, Generalstabsgebäude oder Winterpalast von Peter I.). Links vom Haupttor stehen im Innenhof auch Kartenautomaten, die aber nur Standardtickets verkaufen. Beide Möglichkeiten erlauben es, an der oft sehr langen Warteschlange vor den Kassen vorbeizukommen. Ein besonderes Entgegenkommen zeigt das Museum allen Studenten: Bei Vorlage ihres Studentenausweises bekommen sie eine kostenlose Eintrittskarte. Und Sparfüchse aller Altersgruppen besuchen den Musentempel gern jeweils am ersten Donnerstag im Monat: Dann ist der Eintritt für alle frei!

Eine Runde durch die Eremitage

Grandiose Kunstwerke gibt es auf allen drei Etagen der Eremitage zu sehen. Die schönsten Säle befinden sich aber alle im ersten Stock. Bei einem ersten Rundgang sollte man konsequent auf dieser Etage bleiben, die Orientierung ist schwierig genug.

A Ausgangspunkt ist der Feldmarschallsaal (Raum Nr. 193) links neben der Jordantreppe. Dort geht es nochmals nach links in einen Korridor (200).

B In den vier Räumen 146 bis 143 hängen etwa 60 Werke französischer Impressionisten. Was nirgendwo angeschrieben steht: Dies ist eine erst 1995 aus dem Geheimlager wieder ans Tageslicht gekommene Beutekunstkollektion.

C Der im mauretanischen Stil gehaltene Pavillon-Saal (204) aus den 1850er-Jahren ist der romantischste Raum des Museums. An seiner Stelle befanden sich einst die Privatgemächer von Katharina der Großen. Dem Blick öffnet sich hier der Dachgarten der Kleinen Eremitage. Immer umlagert ist die Pfauenuhr (ca. 1775), ein mechanisches Wunderwerk aus England.

D Weiter geht der Weg durch die Alte Eremitage, vorbei an vielen italienischen Meisterwerken. In Raum 214 hängen zwei Madonnen von Leonardo da Vinci.

E Das Foyer des Eremitage-Theaters (225) befindet sich in einer Brücke über den Winterkanal.

F Ein langes Meisterwerk: Die Raffael-Loggien (227) entlang des Kanals von 1780 sind eine detailgetreue Kopie des filigran mit biblischen Motiven ausgemalten Laubengangs im Vatikan.

G Durch die 17 Meter hohen Ausstellungssäle für monumentale Bilder (237–239) geht es zur atemberaubend pompösen Eingangstreppe der Neuen Eremitage.

H Vorbei an zahlreichen Meisterwerken aus den Niederlanden und Flandern (u.a. von Rubens und Rembrandt) führt der Weg zurück in den Winterpalast (246–248, 258, 262).

I Der mit Carrara-Marmor ausgekleidete Georgssaal (198) war bis zum Sturz der Monarchie 1917 der Hauptzeremoniensaal des Russischen Reiches.

J Durch die Militärgalerie von 1812 mit 332 gleich großen Offiziersporträts (197) gelangt man in den Wappensaal (195). Der größte Raum des Winterpalastes glänzt mit goldenen Säulen.

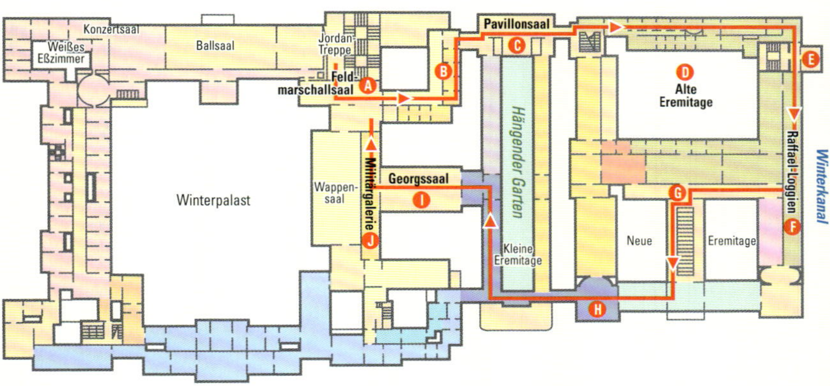

AUTORENTIPP!

ERFRISCHEND ANDERS

Entweder mondän oder stark russischtümelnd: Die Gastronomie im Umfeld des Schlossplatzes ist auf das eingestellt, was man für den touristischen Durchschnittsgeschmack hält. Um Stammgäste buhlen muss ein Wirt in dieser Umgebung nicht. Umso angenehmer fällt da ein Lokal ins Auge, das erfrischend anders ist: Das kleine Speisecafé »Troizki most« bietet ausschließlich Vegetarisches mit italienisch-russisch-asiatischem Einschlag. Auch verzichtet es auf Alkohol im Angebot und erfreut seine Gäste mit einer erholsamen Atmosphäre zwischen Bücherregalen und Kunst an den Ziegelwänden. Kuchen und Gebäck stammen aus eigener Fertigung. Die Preise sind dezent, denn man spart am Personal: Der Kunde bestellt an der Theke, das Essen wird aber serviert.

Troizki most. Tgl. 9–23 Uhr, Nab. reki Moiki 30, Tel. 812/925 59 78, www.t-most.ru

Die Alte und die Kleine Eremitage sind ebenfalls Teile des Museumskomplexes.

Jordantreppe

Der Museumsbesuch beginnt allerdings auch heute noch höchst feierlich mit einer Schöpfung Rastrellis: Über die Jordantreppe schritten einst Gäste und Botschafter zur Audienz.

Orientierung im Museum

Die Eremitage ist ein Labyrinth: Das Museum verteilt sich auf fünf miteinander verbundene Gebäude. Um sich zurechtzufinden, braucht es Zeit sowie die am Eingang in mehreren Sprachen kostenlos ausliegenden Faltpläne. So gewappnet erschließen sich die Grundstrukturen des Musentempels leichter: Der ein großes Karree formierende Winterpalast beherbergt in seinem Erdgeschoss neben dem Eingangsbereich nur die weniger populären Abteilungen für Frühgeschichte.

Erster und zweiter Stock

Die Hauptattraktionen künstlerischer wie innenarchitektonischer Art befinden sich im ersten Stock. Neben den im Rundgang beschriebenen Sälen lohnt sich in jedem Fall noch ein Besuch der märchenhaft-urig erscheinenden Bibliothek (Raum 178) des letzten Zaren Nikolaus II. (1868–1918), der Wohnräume seiner Gattin Maria Alexandrowna (Räume 304–308), des mit üppigstem Tafelsilber gefüllten Alexandrowski-Saals (Raum 282) sowie des eleganten grün-goldenen Malachit-Saals (Raum 189). Der zweite Stock des Winterpalastes ist vergleichsweise schmucklos. Dafür werden umfangreiche Sammlungen brillanter westeuropäischer, vor allem französischer Kunst aus dem 19. und 20. Jahrhundert präsentiert. Darunter sind berühmte Werke von Monet, Renoir, Cézanne, van Gogh, Gauguin, Matisse und Picasso. Außerdem gibt es Kunst aus Byzanz, dem Nahen und Fernen Osten sowie Zentralasien zu sehen.

Kleine Eremitage

Drei Übergänge führen vom Winterpalast in die Kleine Eremitage. Dieses schmale Gebäude ist die eigentliche Keimzelle des Museums, denn in den damals nagelneuen Privatgemächern von Katharina II. (1729–1796) wurden in Galerien entlang der »Hängenden Gärten« jene 1764 in Berlin erworbenen 225 Gemälde untergebracht, die den Grundstock der zunächst streng abgeschirmten Kunstsammlung des Zarenhofes bildeten. Aufgrund dieses Großeinkaufs feierte die Eremitage 2014 ihr 250. Jubiläum.

Alte und Neue Eremitage

Auf der Newa-Seite schließt sich die Große (oder Alte) Eremitage an, ein erster Erweiterungsbau noch aus dem 18. Jahrhundert für die schnell wachsende Kollektion. Auf der Parzelle zwischen diesem Gebäude und der Millionnaja-Straße errichtete man schließlich nach Plänen des bayerischen Hofbaumeisters Leo von Klenze (1784–1864) mit der klassizistischen Neuen Eremitage (1851) ein Gebäude, das von vornherein als öffentlich zugängliches Kunstmuseum geplant war. Vor allem die große Abteilung mit antiken Skulpturen im Erdgeschoss harmoniert perfekt mit der vom alten Griechenland inspirierten Architektur und Ausgestaltung der Neuen Eremitage.

Eremitage-Theater

Das letzte Gebäude in der Phalanx der Eremitage-Bauten ist das Eremitage-Theater, einstiges Haustheater der Zaren. Es kann nur im Rahmen eines Theaterbesuchs besichtigt werden. Übrigens lohnt es sich, Klenzes Neuer Eremitage anschließend noch von außen einen Besuch abzustatten: Den Portikus am früheren Haupteingang stützen zehn mächtige Atlanten – ein Petersburg-Motiv par excellence.

Oben: Die Moika schlängelt sich romantisch am Schlossplatz-Areal vorbei.
Mitte: Verschnaufpause bei den Alten Meistern in der Neuen Eremitage
Unten: Der Georgssaal, Thronsaal des letzten Zaren

Infos und Adressen

SEHENSWÜRDIGKEITEN

Eremitage (Gosudarstwenny Ermitash). Im Exkursionsbüro (rechts in der Toreinfahrt vom Schlossplatz, Tel. 812/571 84 46) können Standard- und Spezialführungen auch in fremden Sprachen vorbestellt werden. Standardführungen auf Russisch und Englisch werden mehrmals täglich ohne Vorbuchung angeboten. Über Uhrzeiten und Preise informieren Tafeln am Eingang. Die Brillantenschatzkammer und die Goldschatzkammer mit ihren herausragenden Arbeiten der Skythen sind nur im Rahmen von Extraführungen in russischer und englischer Sprache zugänglich. Ein Verleih von Audioguides (u.a. auf Deutsch) gegen Gebühr und Pfand befindet sich auf der oberen Ebene der Jordantreppe. Wer im Museum zu privaten Zwecken (ohne Blitz) fotografieren oder filmen möchte, braucht eine Erlaubnis (ca. halber Eintrittspreis). Di–So 10.30–18, Mi bis 21 Uhr, Dworzowaja Pl. 2, Tel. 812/710 90 79, www.hermitagemuseum.org

Pracht par excellence: die Mosaikböden im Pavillon-Saal der Eremitage

Generalstab (Glawny schtab). Di–Sa 10.30–18, So 10.30–17 Uhr, Dworzowaja Pl. 8 (Eingang unter dem Triumphbogen), Tel. 812/571 84 46, www.hermitagemuseum.org

Puschkin-Museum (Musej Puschkina). Die letzte Wohnung des in Russland vergötterten Dichters Alexander Puschkin (1799–1837) erzählt viel von dessen Leben und Werk. Ein deutscher Audioguide ist im Ticketpreis inbegriffen. Mi–So 10.30–18, Mo 12–20 Uhr, Nab. reki Moiki 12, Tel. 812/314 00 06, www.museumpushkin.ru

ESSEN UND TRINKEN

Cholst-Maslo. Solides Speiselokal mit internationaler Küche und wechselnden Kunstausstellungen. Wer hier einkehrt, darf nicht gegen die üppig aufgetragene Goldfarbe im Interieur allergisch sein. Tgl. 11–23 Uhr, Bolschaja Morskaja Ul. 4, Tel. 812/570 40 69, www.cholstmaslo.ru

Grand Cafe Literaturnoje. Einst war dies die Schweizer Konditorei »Wolf & Béranger«. Puschkin, ein Stammgast, brach von hier am 27. Januar 1837 zu jenem Duell auf, das ihn das Leben kostete. Heute sitzt der Poet als Wachsfigur am Eingang des zweistöckigen Speiselokals mit nostalgischem Interieur, klassisch-russischem Menü und gehobenen Preisen. Tgl. 11 Uhr bis zum letzten Gast, tgl. ab 19 Uhr Livemusik (Klavier, Romanzen, leichter Jazz). Newski Pr. 18, Tel. 812/312 60 57, www.litcafe.su

NEP. Restaurant und Cabaret im authentischen Stil der auch in der jungen Sowjetunion wilden 1920er-Jahre. Mo–Di 12–23, Mi–So 12–1 Uhr, Programmbeginn tgl. 20.30 Uhr, Mo–Di alte Kinofilme, Mi–So Kabarett- und Showprogramm, Nab. reki Moiki 37, Tel. 812/571 75 91, www.neprestoran.ru

Rasputin. Ableger des NEP im gleichen Haus, konzipiert als günstiges Speisecafé im Stil des frühen 20. Jahrhunderts. Tgl. 10–23 Uhr, Nab. reki Moiki 37, Tel. 812/571 75 91, www.rasputin-cafe.ru

ÜBERNACHTEN

Fortezia-Piter. Hübsches, kleines Hotel in einem Hinterhof. Millionnaja Ul. 29, Tel. 812/315 08 28, www.fortecia.ru

Kempinski Hotel Moika 22. Das Fünfsternehaus hätte einen sechsten Stern verdient für seine Lage: Zumindest einige Zimmer haben Aussicht auf den Schlossplatz und die Eremitage. Vom noblen Dachrestaurant schweift der Blick traumhaft rundum über die Innenstadt. Nab. reki Moiki 22, Tel. 812/335 91 11, www.kempinski.com

Pushka Inn. Gemütliches kleines Hotel mit kompetentem Service in einem Altbau aus dem 19. Jahrhundert gleich neben dem Puschkin-Museum. Man sollte aber ein Zimmer mit Blick auf die romantische Moika reservieren – der Hof ist eng und lärmig. Nab. reki Moiki 14, Tel. 812/644 71 20, www.pushka-inn.com

AUSGEHEN

Ermitage-Theater. Das private Amphitheater der Romanows. Die 250 Plätze stehen im Halbrund um die Bühne. Dworzowaja Nab. 32, Tel. 812/710 90 30, www.hermitagemuseum.org

Souvenir mit Langzeitwert: russischer Bernsteinschmuck

Freundlicher Empfang: an der Rezeption des Hotels »Pushka Inn«

Kapella. Der wunderschöne Konzertsaal, der einst zum Zarenhof gehörte, ist heute Ort von klassischen Chor- und Kammermusikkonzerten, aber auch für Auftritte von Sinfonieorchestern und Organisten geeignet. Nab. reki Moiki 20, Tel. 812/314 10 58, www.capella-spb.ru

EINKAUFEN

Amber Palace. Eine solch breite Auswahl an hochwertigen Juwelierarbeiten und Schmuck aus Bernstein findet sich höchstens noch im Museumsshop des Katharinen-Palastes – aber der liegt weit vor der Stadt! Tgl. 9–21 Uhr, Nab. reki Moiki 35, Tel. 812/315 43 63, www.amber-palace.ru

Museumsshops der Eremitage. Das große und qualitativ hochwertige Angebot an Büchern und Bildbänden, Kunstdrucken, Schmuck und Souvenirs verteilt sich auf drei Läden in der Rastrelli-Galerie im Erdgeschoss des Winterpalastes, rechts neben der Jordantreppe.

INFORMATION

Den Schlossplatz und sein Umfeld erreicht man schnell von der Metrostation Admiraltejskaja (Linie 5). Direkt am Winterpalast halten auch die über den Newski Prospekt fahrenden Buslinien 7, 10, 24, 191 sowie die Trolleybus-Linien 1, 7, 10 und 11. Auf dem Schlossplatz befindet sich ein Kiosk der städtischen Touristeninformation (tgl. 10–19 Uhr).

Petersburgs goldene Nadeln: die Admiralität und die Peter-und-Paul-Kathedrale

5 Eherner Reiter

Der Flottenvater zu Pferde

Was für New York die Freiheitsstatue und für Kairo die Sphinx von Gizeh – das ist der Eherne Reiter für St. Petersburg: ein Monument, das zum weltweit bekannten Wahrzeichen der Stadt geworden ist. Obwohl die Reiterstatue von Peter dem Großen mitten im Zentrum steht, ist ihr direktes Umfeld ein angenehmer Ort für einen Spaziergang. An der Admiralität dominieren Grünanlagen und die Newa die Stadtlandschaft.

Admiralität

Zwischen dem Ehernen Reiter und der Eremitage steht nur ein einziges Gebäude, aber das hat gewaltige Dimensionen: 407 Meter lang ist die Admiralität. Ihre Hauptfassade mit der unübersehbaren goldenen Turmnadel ist nicht zur Newa orientiert, sondern zur Stadt. Dafür gibt es einen historischen Grund: Ursprünglich war dieser Prachtbau ein Produktionsbetrieb! Ein Jahr nach

MAL EHRLICH

RICHTIG TRINKGELD GEBEN

In Russland wird das »Geld für Tee« nicht als Pflichtabgabe verstanden, sondern als Belohnung für guten Service. Angemessen sind 5 bis 15 Prozent der Rechnungssumme. Die Übergabe erfolgt dezent ohne Worte: Die Rechnung kommt in einer Mappe auf den Tisch, man legt dort Geld hinein, wie man es eben passend hat. Nach einiger Zeit wird das Wechselgeld exakt abgezählt in der Mappe zurückgebracht, worauf man wiederum den angemessen erscheinenden Betrag darin zurücklässt.

der Stadtgründung hatte Zar Peter I. (1672–1725) hier den Grundstein für die ihm wichtigste Einrichtung von St. Petersburg gelegt, eine Werft, auf der Kriegsschiffe für die neue russische Flotte entstehen sollten. Damit dieser strategisch wichtige Rüstungsbetrieb im Kriegsfall verteidigt werden könnte, wurden um ihn herum von Kanonen bestandene Erdwälle aufgeschüttet. Um ihnen das Schussfeld frei zu halten, durften in der Nähe keine Häuser gebaut werden: Schlossplatz, Isaaksplatz und Senatsplatz, heute die Herzkammern des imperialen Petersburg, verdanken diesem Glacis ihre Existenz.

Die Goldnadel im Zentrum

Noch zu Peters Lebzeiten arbeiteten in der Admiralität 10 000 Menschen – und sie brauchten Obdach in der Nähe. Erst die Werft machte aus der Festung eine Stadt. Um die Bedeutung der Admiralität als Dreh- und Angelpunkt des Projekts St. Petersburg zu unterstreichen, bekam das in Fachwerkbauweise errichtete Karree einen steinernen Mittelbau mit einer goldenen Turmnadel. Und auf die Spitze setzte man als Wetterfahne ein Segelschiff – es ist bis zum heutigen Tag eines der Stadtsymbole.

In den 1730er-Jahren wurde dieser Portikus neu aufgebaut, das goldene Segelschiff dreht sich seitdem in 72 Metern Höhe. 1806 bis 1823 errichtete man an gleicher Stelle den heutigen klassizistischen Prachtbau für das Flottenkommando. In der Sowjetzeit befand sich in dem Gebäudekomplex eine Marinehochschule, doch 2012 zog der aus Moskau nach St. Petersburg rückverlegte Stab der Kriegsmarine ein. Besichtigen kann man die Admiralität deshalb von innen nicht. Aber zumindest die beiden über fünf Meter hohen Figurengruppen aus je drei Nymphen, die den Erdball

AUTORENTIPP!

ST. PETERSBURG AUS DEM OBERDECK

St. Petersburgs Innenstadt ist zu groß, um alles zu Fuß zu erkunden. Und klassische Stadtrundfahrten lassen keinen Spielraum für Individualität, der Bus muss schließlich weiter. Dieses Dilemma lösen die stadteigenen Rundfahrtbusse von City Tour. Die roten Doppeldecker fahren ganzjährig nach Fahrplan auf einem festen Rundkurs 16 interessante Punkte ab – in der Hochsaison alle 30 Minuten. Man kann jederzeit aussteigen und mit einem späteren Bus weiterfahren. Unterwegs gibt es eine Audioführung per Kopfhörer, auch Deutsch ist unter den zehn angebotenen Sprachen. Auf dem oberen Panoramadeck werden im Sommer die Seitenscheiben herausgenommen – man bekommt also Sonne, Frischluft und ein freies Fotoschussfeld gratis dazu.

City Tour. Zustieg an jeder Haltestelle möglich, Ticketverkauf im Bus, Tel. 812/718 47 69, www.citytourspb.ru

schultern, sollte man sich links und rechts des Haupttors ansehen.

Peter der Übergroße

Egal, ob man vom Schlossplatz vor oder hinter der Admiralität vorbei zum Senatsplatz geht – dort stößt man auf ein unübersehbares Monument für den Stadtgründer Peter den Großen: den Ehernen Reiter. Eine Schlange niedertretend bäumt sich Peters Pferd auf, während der lorbeerbekränzte Zar visionär in die Ferne blickt. Geschaffen hat diese ausdrucksvolle Statue der französische Bildhauer Etienne Falconet (1716–1791) im Auftrag von Zarin Katharina der Großen (1729–1796). Sie wollte ihrem Vorbild ein Denkmal setzen, wie es die Welt noch nicht gesehen hatte. »Peter dem Ersten – Katharina die Zweite, Jahr 1782« steht deshalb lakonisch auf Russisch und Lateinisch auf dem Sockel.

Falconet sagte, dass er Peter I. in erster Linie als Neuerer und Gesetzgeber porträtieren wollte und weniger als Feldherrn und militärischen Sieger. Die zertretene Schlange steht dennoch symbolisch für allerlei äußere und innere Feinde. Faktisch erfüllt sie jedoch eine wichtige statische Aufgabe: Sie hält Pferd und Reiter im Gleichgewicht. Der Umstand, dass der Zar nicht auf einem standesgemäßen Sattel, sondern auf einem Bärenfell sitzt, darf als Allegorie auf die Zähmung der von ihm beherrschten Nation ausgelegt werden.

Der Donnerstein

Falconets Figur kommt aber nur so gut zum Ausdruck, weil er sie auf einen ungewöhnlichen Sockel hob: einen Naturstein in Form einer brechenden Welle. Dies sollte Peters Drang, Russland einen Weg zum Meer zu öffnen, symbolisieren. Was dem Postament hingegen nicht mehr anzusehen ist,

Oben: Der Eherne Reiter symbolisiert den Vorwärtsdrang von Peter dem Großen.
Mitte: Am Admiralitätsufer: Hier wurden einst Schiffe gebaut.
Unten: Zur Newa orientiert sich die Admiralität heute nur mit zwei solchen Portalen.

sind die heroischen Anstrengungen, die man unternehmen musste, um es überhaupt an diese Stelle zu bekommen: Denn beim »Donnerstein«, wie man ihn damals nannte, handelt es sich um den größten Monolithen, der jemals weltweit von Menschen freigelegt und transportiert wurde!

Glücklicherweise fand sich 1768 nach einem Suchaufruf in der Hauptstadtpresse ein passender Gigant nicht allzu weit von St. Petersburg. Der Riesenfindling lag beim Dörfchen Lachta, heute ein Vorort im Nordwesten der Stadt, im Wald. Einen Winter lang waren Hunderte von Arbeitern damit beschäftigt, den Brocken freizulegen und dann über acht Kilometer weit zur Küste zu schleppen. Sein Gewicht betrug nach unterschiedlichen Angaben 1600 bis 2400 Tonnen! Doch mit in den gefrorenen Boden gelegten Holzschienen, in denen Kupferkugeln rollten, gelang es allein mit menschlicher Muskelkraft, die Last zur Küste zu zerren.

Währenddessen saß bereits ein Trupp Steinmetze auf dem Koloss, um ihn grob in Form zu bringen – und auch zu erleichtern, denn die schwierigste Etappe stand noch bevor: Über eine 200 Meter lange Rampe wurde der Brocken auf einen von zwei Segelschiffen flankierten Ponton verladen. Alles ging gut, am 23. September 1770 fuhr das Gespann in die Newa ein und setzte den Ponton wie geplant am Ufer auf Grund. Die Angaben, wie viel der endgültig in Form gebrachte Stein jetzt wiegt, schwanken zwischen 1250 und 1600 Tonnen – gewogen hat ihn schließlich niemand.

Eherner, also eiserner Reiter heißt das Denkmal übrigens nur auf Deutsch. Die Russen kennen ihn als den kupfernen Reiter – dabei ist das Monument aus Bronze. Schuld an dieser Materialwirrnis ist die dichterische Freiheit: Alexander Puschkin (1799–1837) verfasste 1833 ein berühmtes

AUTORENTIPP!

ZAR FÜR EINE NACHT

Ein Hotel, dass sich »Imperial Hotel« nennt, muss schon einiges bieten, um nicht der Aufschneiderei verdächtigt zu werden. Das »Taleon«, ideal gelegen an der Ecke Newski Prospekt und Moika, wird diesem Titel gerecht – und man muss sich dazu nicht unbedingt in den beiden über 200 Quadratmeter großen Kaiser-Suiten einquartieren: Für Luxussauna wie im Winterpalast mit Paradetreppe, Rauchsalon und Stuckatlanten sorgt allein schon das Stadtpalais der schwerreichen Kaufmannssippe Jelissejew, das das Herz des Hotels bildet. Entsprechend pompös ist auch das Restaurant. Für die teuersten Weine bekommt man anderswo einen Kleinwagen. Ein Nachteil: Die meisten Zimmer befinden sich in einem im Innenhof errichteten Neubau mit Spa-Landschaft unterm Glasdach.

Taleon Imperial Hotel. Newski Pr. 15, Tel. 812/324 99 11, www.taleonimperialhotel.com

Weiße Nacht: Admiralität und Kunstakademie (hinten) leuchten um die Wette.

Oben: An das Gebäude von Senat und Synod schließt sich das Englische Ufer an.
Mitte: Abendlicher Sektumtrunk am Newa-Ufer
Unten: Die nach Norden gerichteten Newa-Fassaden leuchten abends besonders intensiv.

Poem unter diesem Titel. Darin werden Ross und Reiter lebendig und jagen die unglückliche Hauptfigur durch die Stadt.

Senatsplatz

Auch der heute begrünte Platz, auf dem das Denkmal steht, ist geschichtsträchtig: Reformwillige adelige Offiziere versuchten hier am 26. Dezember 1825 eine Revolte gegen den erst zwei Tage zuvor gekrönten Zaren Nikolaus I. (1796 bis 1855). Doch ihre auf dem Senatsplatz angetretenen Truppen, etwa 3000 Mann, wurden von einer zarentreuen Übermacht umzingelt und auseinandergejagt. Fünf Anführer dieses Versuchs einer (ersten) russischen Revolution wurden ein Jahr später gehängt, zahlreiche Aktivisten zu Zwangsarbeit oder Verbannung verurteilt.

Die durch einen hohen Torbogen verbundenen eindrucksvollen Empiregebäude an der Westseite des Platzes verdienen ebenfalls Aufmerksamkeit. Sie wurden zwischen 1829 und 1834 von Karl Rossi (1775–1849), einem gebürtigen Italiener, für die beiden höchsten staatlichen Organe geschaffen: den regierenden Senat und die im Synod organisierte Führung der Kirche. Seit 2008 befindet sich im näher zur Newa stehenden Senatsgebäude das aus Moskau nach St. Petersburg verlagerte Verfassungsgericht der Russischen Föderation. Im Synod zog 2009 die nur mit elektronischen Trägern arbeitende Boris-Jelzin-Präsidentenbibliothek ein.

Infos und Adressen

SEHENSWÜRDIGKEITEN

Admiralität (Admiraltejstwo). Admiraltejski projesd

Eherner Reiter (Medny wsadnik). Senatskaja Pl.

ESSEN UND TRINKEN

Pub Radio Ireland. Solider Gewölbe-Pub mit nahrhafter, fleischlastiger Speisekarte. So–Do 14–2, Fr/Sa 14–3 Uhr, Admiraltejski Pr. 8, Tel. 812/965 13 72, www.radioireland.ru

Rezeptoria. Stilsicheres Feinschmeckerrestaurant. Im Angebot sind auch zwei Ausprobier-Menüs. Tgl. 12 Uhr bis zum letzten Gast, Admiraltejski Pr. 10, Tel. 812/312 79 67

Via dell'Oliva. Mittelmeerküche in einem verspielt-verschachtelten Interieur, u.a. mit Kinderzimmer. Tgl. 12–24 Uhr, Bolschaja Morskaja Ul. 31, Tel. 812/314 65 63, www.viadelloliva.ru

ÜBERNACHTEN

Casa Leto. Das vielleicht luxuriöseste Mini-Hotel der Stadt. Es gibt nur eine Handvoll Zimmer, diese sind dafür umso stilvoller! Bolschaja Morskaja Ul. 34, Tel. 812/314 66 22, www.casaleto.com

Deluxe Hotel. Mittelklasse-Mini-Hotel mit originellen zweistöckigen Zimmern: Das Bett steht auf einer Empore. Galernaja Ul. 4, Tel. 812/314 92 42, www.spbdeluxe.ru

Nur vor der Admiralität ist am Newa-Ufer auch noch Luft für Straßencafés.

Petro Palace. Sehr zentral gelegenes, neues Viersternehotel hinter historischer Fassade. Zur Isaakskathedrale und zur Eremitage sind es nur ein paar Hundert Meter. Malaja Morskaja Ul. 14, Tel. 812/571 28 80, www.petropalacehotel.com

INFORMATION

Das Areal rund um die Admiralität wird durch die Metrostation Admiraltejskaja (Linie 5) erschlossen. Achtung: Sie ist keine Kreuzungsstation mit der Linie 3, auch wenn manche Metropläne dies glauben lassen!

Der Eherne Reiter ist geradezu ein Pflichtstopp für Hochzeitslimousinen.

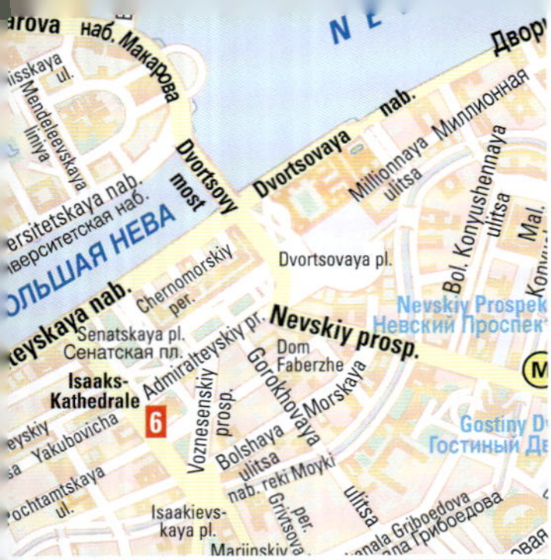

Oben: Überragend: Die Isaakskathedrale dominiert die Skyline von Alt-Petersburg.
Unten: Trotz Sumpfbodens: Die Kathedrale steht in Wirklichkeit absolut eben!

6 Isaakskathedrale

Eine Kirche wie ein Berg

Ihre goldene Kuppel ist nicht das höchste, aber das monumentalste vertikale Element in der Skyline der historischen Innenstadt. Die Isaakskathedrale ist zwar der mit Abstand größte Kirchenbau Petersburgs, wird heute aber als weltliches Museum betrieben. Ein Aufstieg auf die 43 Meter hohe Kolonnade ist zudem die einzige Möglichkeit, das Stadtzentrum einmal aus der Vogelperspektive zu betrachten.

Drei eher unscheinbare, dem Hl. Isaak von Dalmatien geweihte Vorgängerkirchen hatte es im Bereich des Isaaksplatzes schon gegeben, als 1818 ein begabter, aber bis dato unbekannter junger Architekt aus Frankreich von Zar Alexander I. (1777 bis 1825) den Auftrag bekam, hier ein der Reichshauptstadt wirklich würdiges zentrales Gotteshaus zu errichten. Für Auguste de Montferrand (1786 bis 1858) wurde der vom Staat üppig finanzierte Bau des Prestigeobjekts im wahrsten Sinne des Wortes

MAL EHRLICH

RUSSISCHE WEITE

Die gute Nachricht für Gehfaule zuerst: Petersburg ist topfeben, es gibt kaum Höhenunterschiede. Die schlechte Nachricht: Jeder Weg zieht sich gewaltig in die Länge, selbst in der historischen Innenstadt. Was auf dem Stadtplan nach »mal schnell um zwei Ecken« aussieht, bedeutet gleich eine Viertelstunde Fußmarsch. Robustes Schuhwerk empfiehlt sich auch aus anderen Gründen: Bei Regen gibt es Riesenpfützen, und im Winter wird der Schnee oft schneller zu Eis getrampelt als weggeräumt.

zum Lebenswerk. Nach 40 Jahren Bauzeit starb er einen Monat nach der Weihe der Kathedrale.

Das Fundament

Damit auf dem weichen Petersburger Sumpfboden überhaupt ein derartiger steinerner Koloss errichtet werden konnte, mussten zunächst genau 10 762 Baumstämme ins Erdreich geschlagen werden. Dann wurde die Baugrube geflutet. Bei Frost bildete sich eine Eisdecke, auf deren Höhe die Stämme abgesägt wurden. So erhielt man ein absolut ebenes Fundament.

Den technischen Sachverstand Montferrands dokumentiert auch das ausgestellte Modell jener mächtigen Holzgerüste, mit deren Hilfe die 48 jeweils 110 Tonnen schweren monolithischen Granitsäulen noch vor der Errichtung der Wände vor den vier Portalen aufgestellt wurden. Laut Montferrand haben die Gerüste dabei nicht einmal geknarzt – dieses Know-how half ihm auch bei der Aufstellung der Alexandersäule auf dem nahen Schlossplatz.

Edle Baumaterialien

Die Ausgestaltung des feierlich wirkenden Kirchensaals in Kreuzform, groß genug für 12 000 Gläubige, gab noch für 16 Jahre Malern und Bildhauern Arbeit, denn 150 großformatige Gemälde und Mosaike sowie 300 Skulpturen mussten angefertigt werden. Beige-gelber Marmor und Gold (in der Kirche stecken 400 Kilogramm) dominieren die helle Farbgebung. Den weißen Ikonostas schmücken als Kontrast vier grellgrüne Säulen aus Malachit und zwei blaue aus Lapislazuli. Interessant ist eine Büste vom Baumeister Montferrand – sie wurde aus jenen 43 verschiedenen Gesteinen angefertigt, die auch in der Kirche verbaut wurden.

AUTORENTIPP!

WARM SPEISEN

»Teplo« – schon der Name verspricht, dass es in diesem »Restaurant-Wohnzimmer« warm ist – rein atmosphärisch. Der verwinkelte Keller mit Bücherregalen und Kamin lädt ein, es sich gemütlich zu machen, sei es für einen Nachmittagstee oder ein langes Plauder-Dinner. Die Speisekarte kommt in der Optik eines alten Fotoalbums daher, und Kinder können sich ins Spielzimmer verdrücken. Die Küche steht in der besten Tradition liebevoll und mit Erfahrung zubereiteter russischer Hausmannskost, angereichert mit einem Schuss europäischer Küchenkultur. Im Sommer gibt es schöne Plätze im stillen Innenhof. Mittags und abends ist das preislich faire Lokal immer voll, eine Reservierung deshalb sehr angeraten! Oder man kommt schon zum Frühstücken her.

Teplo. Mo–Fr 9–24, Sa ab 11, So ab 13 Uhr, Bolschaja Morskaja Ul. 45, Tel. 812/570 19 74, www.v-teple.ru

Oben: Der imposante Innenraum der Isaakskathedrale fasst 12000 Gläubige.
Unten: Zar Nikolaus I. galoppiert auf hohem Sockel über den Isaaksplatz.

Das durch die Mitteltür der Ikonostase sichtbare große Christusbild, ein Werk Münchener Meister, war das erste Buntglasfenster in einer russisch-orthodoxen Kirche. Erst nachdem es in der damaligen Hauptkirche eingebaut worden war, erlaubte man sich Derartiges auch anderswo. Zwar werden in der Isaakskathedrale jetzt wieder regelmäßig Messen abgehalten, aber sie befindet sich seit 1928 nicht mehr im Besitz der Kirche. Der Staat unterhält sie als Museum. Deshalb wird hier auch ein Eintrittsgeld erhoben.

Rundblick von der Kolonnade

Gegen einen weiteren Obolus ist der Aufstieg auf die Kolonnade um die Kuppel in 43 Metern Höhe möglich. Diese ebenfalls von Granitsäulen umstandene Aussichtsplattform ist der einzige Punkt in der Innenstadt, an dem man deutlich über die vor 1917 als maximale Bauhöhe geltenden 21,5 Meter hinauskommt – denn unter den Zaren sollte kein ziviles Gebäude den Winterpalast überragen dürfen. Als Resultat dieser Regel ist die schier endlose Dachlandschaft des alten Petersburgs bis heute weithin zu überblicken – nur sporadisch überragen Kuppeln, Türme und Neubauten das frühere Normniveau. Um die enorme Fläche der historischen Bausubstanz zu erfassen, sollte man im Osten nach der Smolny-Kathedrale Ausschau halten. Die Distanz beträgt über fünf Kilometer. In der Gegenrichtung fast zum Greifen nahe stehen die Hafenkräne. Sie gehören zu Werften; der eigentliche Frachthafen befindet sich aber dreimal weiter weg im Südwesten, und auch die Ostsee ist hinter den Gewerbe- und Neubaugebieten im Westen nur zu erahnen.

Ein weiterer Zar zu Pferde

Umso mehr lohnt es sich, von dieser hohen Warte das nähere Umfeld der Isaakskathedrale genauer in Augenschein zu nehmen. Während im Norden der begrünte Senatsplatz mit dem Ehernen Reiter an die Kathedrale grenzt, ist der südlich gelegene Isaaksplatz eher ein Verkehrsknotenpunkt. Doch in seiner Mitte erhebt sich ebenfalls ein prächtiges Reiterstandbild – und auch an diesem Werk war Montferrand beteiligt: Das 1859 eingeweihte Denkmal für Zar Nikolaus I. (1796–1855) wurde so exakt ausbalanciert, dass das Pferd der sechs Meter hohen Bronzeskulptur von Peter Klodt (1805 bis 1867) nur auf den Hinterbeinen steht. Am unteren Teil des Sockels sind vier Reliefs angebracht, die Szenen aus der Regierungszeit des Kaisers zeigen. Die vier allegorischen Frauenfiguren darüber verkörpern Gerechtigkeit, Stärke, Weisheit und Glauben, tragen aber zugleich die Gesichtszüge der Gattin und der drei Töchter von Nikolaus I.

Blaue Brücke

Der Platz geht fast unmerklich in die Blaue Brücke (1842) über, denn dank ihrer Breite von 97 Metern ist diese Querung der Moika die breiteste Brücke der Stadt, manche behaupten sogar der Welt. Kommt man hier bei einer Kanalrundfahrt vorbei, entsteht der Eindruck, mit dem Boot durch einen Tunnel zu fahren. Rechts von der Brücke steht seit 1971 ein Obelisk, an dem Metallringe die Höhen der schlimmsten Hochwasser in der Stadtgeschichte markieren.

AUTORENTIPP!

FOTOS IM JUGENDSTILRAHMEN

Etwa 50 verschiedene Ausstellungen pro Jahr zeigt das Fotografie-Museum Rosphoto. Das erst 2002 gegründete Zentrum verfügt über den weltläufigen Ansatz, Fotografie zu studieren, zu archivieren und zu präsentieren. Und man wähnt sich nicht in einer staatlichen Kulturinstitution (was Rosphoto ist), sondern in einer privaten Galerie samt Buchladen und Café. Sie verteilt sich auf drei Räumlichkeiten, eine im Hinterhof, die beiden anderen im Vorderhaus eines famosen Jugendstilhauses (1905–07): Fassade, Deckenstuck und Kachelöfen sind schönstes »nördliches Modern«. Ein Reliefband über alle Etagen des Treppenhauses erzählt von der Eroberung Sibiriens und der arktischen Natur – samt eines verirrten Pinguins.

Rosphoto. Tgl. 11–19, Do – 21 Uhr, Bolschaja Morskaja Ul. 35, Tel. 812/314 12 14, www.rosphoto.org

Das 28 Quadratmeter große Christusbild wurde 1841–43 in München geschaffen.

Oben: Blick von der Kirchenkuppel: der Marien-Palast am Isaaksplatz
Mitte: Mit 150 Gemälden ist die Isaakskathedrale zugleich auch eine Galerie.
Unten: Die Spitze der Kathedrale erhebt sich auf 101 Meter Höhe.

Marien-Palast und deutsche Ex-Botschaft

Hinter der Brücke wird die gesamte Schmalseite des Platzes vom Marien-Palast (1839-44) eingenommen, der ganz unbescheidenen Stadtresidenz von Großfürstin Maria Nikolajewna (1819–1876), einer Tochter von Nikolaus I. Heute ist der Palast Sitz des Stadtparlaments. Auch ein weiteres markantes Gebäude am Isaaksplatz hat mit der Politik zu tun: Haus Nr. 11 gegenüber des Hotels »Astoria« fällt durch seine faktisch nur aus Halbsäulen bestehende Fassade auf. Es wurde für die Botschaft des Deutschen Reichs in Russland errichtet. Bezogen wurde der vom deutschen Stararchitekten Peter Behrens (1868–1940) geplante Bau 1913. Nur ein Jahr später brach der Erste Weltkrieg aus, die kaiserlich-deutschen Diplomaten mussten die Stadt verlassen. Bei einem anti-deutschen Pogrom wurde eine reichlich monströs geratene Figurengruppe, zwei Muskelmänner mit Pferden, vom Dach des zuvor schon für seinen »teutonischen Stil« kritisierten Gebäudes gestoßen.

Nabokows Geburtshaus

Dies war alles definitiv nicht in der Art der kultivierten Besitzer einer Stadtvilla nur drei Häuser weiter. In der einmündenden Seitenstraße lebte damals Familie Nabokov. Bis zur Emigration 1917 war ihr Heim ein renommierter Treffpunkt von Künstlern und Politikern. Da es auch das Geburtshaus des Schriftstellers Vladimir Nabokov (1899–1977) ist, befindet sich hier eine kleine, kostenlos zugängliche Ausstellung mit vielen alten Fotos und persönlichen Gegenständen des weltberühmten Romanciers – auch eines seiner typischen Schmetterlingsnetze darf nicht fehlen. Heute ist der prächtige Palast Sitz des Stadtparlaments – und deshalb für Besucher nicht zugänglich.

Infos und Adressen

SEHENSWÜRDIGKEITEN

Isaakskathedrale (Isaakijewski sobor). Do–Di 10–19, Mitte Sept.–Ende April ab 11 Uhr, Gottesdienste Sa 16, So 10 Uhr, Aufstieg auf die Kolonnade tgl. außer 2. Mi im Monat 11–18, im Winter bis 17 Uhr, 1. Juni–20. Aug. auch 18–4.30 Uhr, deutscher Audioguide erhältlich, Isaakjewskaja Pl., Tel. 812/315 97 32, www.cathedral.ru

Nabokov-Museum. Di–Fr 11–18, Sa/So 12–17 Uhr, Bolschaja Morskaja Ul. 47, Tel. 812/315 47 13, www.nabokovmuseum.org

ESSEN UND TRINKEN

Mix. Französische Küchenkunst des Starkochs Alain Ducasse im Designerhotel W. Tgl. 7–10.30, 12–18 und 19–24 Uhr, Wosnesenski Pr. 6, Tel. 812/610 61 66, www.mixinstpetersburg.com

Das ehrwürdige »Astoria« bietet Fünf-Sterne-Luxus in nostalgischem Ambiente.

Alles steht bereit für eine gediegene Teestunde im Hotel »Astoria«.

Tandoor. Alteingesessenes indisches Lokal. Tgl. 12–24 Uhr, Admiraltejski Pr. 10, Tel. 812/312 38 86, www.tandoor-spb.ru

ÜBERNACHTEN

Astoria. Das 100 Jahre alte Luxushotel ist in jedem Fall – historisch gesehen – das erste Haus am Platz. Die teuersten Zimmer haben Blick auf die Kathedrale. Bolschaja Morskaja Ul. 39, Tel. 812/494 57 57, www.thehotelastoria.com

Four Seasons Hotel Lion Palace. Erst 2013 eröffnete dieses hochnoble Fünfsternehaus im generalsanierten Gebäude des einstigen Kriegsministeriums (1820). Admiraltejski Pr. 12, Tel. 812/339 80 00, www.fourseasons.com/stpetersburg/

W St. Petersburg. Hier bestimmt Design das Dasein. Wosnesenski Pr. 6, Tel. 812/610 61 61, www.wstpetersburg.com

INFORMATION

Der Isaaksplatz liegt nahe der Metrostation Admiraltejskaja (Linie 5). Vom Newski Prospekt aus steuern ihn die Trolleybus-Linien 5 und 22 sowie die Busse 3, 10, 22 und 27 an.

Oben: Das Menschikow-Palais war der erste Repräsentationsbau der neuen Stadt.
Unten: Gediegener Stil für den Generalgouverneur: die Innenräume des Palais

7 Menschikow-Palais

Der erste Prunkbau Petersburgs

Stadtgründer Peter der Große liebte das Understatement, sein Freund und Statthalter Alexander Menschikow hingegen den Luxus und die Prasserei. So kam es, dass nicht der Zar, sondern Menschikow den ersten Palast der jungen Stadt besaß. Äußerlich erscheint der Barockbau an der Newa heute vergleichsweise dezent, doch im Innern wird der hohe Lebensstandard der damaligen Grauen Eminenz sehr anschaulich.

Stein- und Ziegelbauten waren eine große Ausnahme im ersten Jahrzehnt nach der Gründung von St. Petersburg. Man baute mit dem naheliegenden Baustoff Holz, oft auch in der inzwischen völlig aus dem Stadtbild verschwundenen Fachwerktechnik. Ein Gebäude gab es aber, das schon ab 1714 den damaligen Repräsentationsbedürfnissen gerecht wurde: Zar Peter I. (1672–1725) nannte es das »Botschafter-Haus«, weil dort die Gesandten empfangen wurden, die in die neue Hauptstadt kamen. Hier feierte der Zar aber auch gern seine Trinkgelage, die berüchtigten »Assembleen«.

Kacheln im Schlafzimmer

Doch war dies kein Palast des Zaren, sondern die Residenz des ersten Generalgouverneurs von St. Petersburg, Fürst Alexander Menschikow (1673 bis 1729). Während Peter I. damals relativ bescheiden in dem heute noch erhaltenen Sommerpalast sowie dem ersten Winterpalast hauste, ließ der als geldgierig, aber auch überaus fähig geltende Menschikow gleich richtig klotzen: Sein Palais verfügte über eine würdevolle Prunktreppe, ein in persisches Nussbaumholz gewandetes Kabinett und über ein

Schlafzimmer, das fast komplett mit handbemalten holländischen Kacheln ausgekleidet war. Unangenehm kühl und wenig heimelig, würde man heute sagen – aber damals war dies der letzte Schrei. All dieser Luxus ist heute noch zu sehen, denn das Menschikow-Palais ist eine Filiale der Staatlichen Eremitage, die es in den 1970er-Jahren sorgfältig renovierte und rekonstruierte. Offiziell heißt die dortige Ausstellung »Russische Kultur Anfang des 18. Jahrhunderts«, aber faktisch bedeutet sie eine Zeitreise direkt in die Kemenaten des vorübergehend mächtigsten Menschen Russlands.

Vertrauter des Zaren

Die Herkunft Menschikows ist unklar: Nach den einen Quellen war er ein einfaches, aber aufgewecktes Bauernkind, das in Moskau mit flotten Sprüchen Piroggen verkaufte. Nach anderen war er adeliger Herkunft und stammte aus Weißrussland. Zunächst wurde er Page bei einem General, dann mit 14 Jahren Ordonnanz des nur ein Jahr älteren Jungzaren Peter. Faktisch war Menschikow über Jahre Peters engster Freund, Weggefährte, Vertrauter, Heerführer, Saufkumpan – und, wie es heißt, oft auch sein Bettgenosse. Gelegentlich fiel er wegen seiner Eskapaden beim Herrscher in Ungnade. Aber nie für lange.

Verbannung

Nach Peters Tod lenkte Menschikow während der Herrschaft von dessen Witwe Jekaterina I. (1684 bis 1727) die Staatsgeschäfte – aber nicht lange: 1727 wurde er entmachtet und ins tiefste Sibirien verbannt, sein Eigentum eingezogen. Aus diesem Grund konnte 250 Jahre später die Eremitage das zwischenzeitlich als Kadettenschule genutzte Anwesen wieder mit zahlreichen Originalobjekten aus Menschikows Besitz ausstatten.

Infos und Adressen

SEHENSWÜRDIGKEITEN

Menschikow-Palast. Di–Sa 10.30–18, So 10.30–17 Uhr, Universitetskaja Nab. 15, Tel. 812/323 11 12, www.hermitage.ru

ESSEN UND TRINKEN

Kwartira Nr. 55. Minimalistisches Design, aber gemütlich. Tgl. 9–6 Uhr, 1. Linie 36, Tel. 812/327 74 44, www.restoranchik-kv.ru

Bellini. Schlichter Chic hinter barocker Fassade. Feine Küche und ebensolche Aussicht auf die Newa. Tgl. 12 bis 24 Uhr, Universitetskaja Nab. 13, Tel. 812/327 89 42, www.elbagroup.ru

ÜBERNACHTEN

Hotel Stasov. Solides, kleines Hotel: Je drei Zimmer teilen sich ein Bad und eine Küche. 1. Linie 16, Tel. 812/323 70 12, www.stasovhotel.com

EINKAUFEN

Prjalka. Günstige, aber qualitätsvolle Wolltextilien. Tgl. 11–20 Uhr, 1. Linie 38, Tel. 812/323 10 21, www.prialka.ru

INFORMATION

Anfahrt mit den Trolleybussen 1, 10, 11 oder Bus 7 und 24 vom Newski Prospekt. Die zweite Haltestelle nach der Schlossbrücke befindet sich beim Menschikow-Palast.

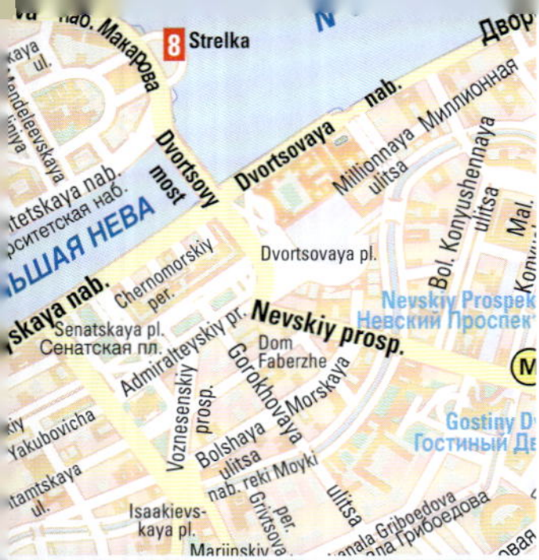

8 Strelka

Das Kap der guten Architektur

Die Inselspitze der Wassili-Insel ist das städtebauliche Markenzeichen von St. Petersburg. Hier teilt ein Ensemble in perfektioniertem Klassizismus die Wassermassen der Newa in zwei Flussarme. Der Tempelbau der Börse dominiert auf diesem Kap einen Platz, der – vor allem im Sommer – so schön und erhaben ist, dass die Einheimischen ihn nicht den Touristen allein überlassen wollen.

Wohl an keinem Ort St. Petersburgs spürt man die besondere Aura St. Petersburgs so gut wie hier: Das Ostende der Wassili-Insel scheint sich in der Mitte der 800 Meter breiten Newa wie der Bug eines großen Schiffs zwischen die Peter-und-Paul-Festung und den Winterpalast zu schieben. Und elegant wie ein weißer Ozeanliner ist auch die Architektur der Inselspitze. Das beherrschende Gebäude in ihrer Mitte ist die vom französischen Architekten Thomas de Thomon (1760–1813) im

Oben: Leuchtfeuer in Aktion: Die Rostra-Säulen waren einst Navigationshilfen.
Unten: Die vier Figuren auf den Sockeln symbolisieren wichtige russische Flüsse.

MAL EHRLICH

GROSSPUTZ

Wer in Russland Museumsbesuche plant, sollte die Öffnungszeiten immer genau studieren. Denn bei vielen Kulturinstitutionen gibt es traditionell einmal im Monat – sei es der erste Dienstag oder der letzte Mittwoch – außer der Reihe einen Tag der geschlossenen Tür: »Sanitarny den« heißt er – Generalreinigungstag. Ob an diesem Datum tatsächlich Großputz angesagt ist oder ob nur Überstunden abgefeiert werden – wer weiß. Besucher bleiben jedenfalls draußen.

Stil eines griechischen Tempels errichtete Börse (1805–1810).

Börse

Eine Kolonnade aus 44 dorischen Säulen umgibt den großen Hallenbau, der auf einem hohen Sockel steht. Früher barg er Lagerräume – trotz seines erhabenen Erscheinungsbildes war das Gebäude von Anfang an für den Handel gedacht. Denn die Strelka genannte Landspitze der Wassili-Insel diente ab etwa 1730 für anderthalb Jahrhunderte als Haupthafen der russischen Hauptstadt. Links und rechts der Börse entstanden in schlichterer Bauweise zwei Bereiche mit Packhäusern, am Nordufer erhielt der Zoll einen repräsentativen Amtssitz.

Rostra-Säulen

Unterstrichen wird die Symmetrie der Anlage durch die beiden Rostra-Säulen auf dem Börsenplatz (wie die Strelka offiziell heißt): Eigentlich sind dies Leuchtfeuer, die nachts den Schiffen den Weg zum Hafen wiesen. In den Schüsseln auf den Spitzen brannte Öl. Heute befinden sich dort Gasbrenner, die aber nur an hohen Feiertagen entzündet werden. Dekoriert wurden die Leuchttürme nach römischem Vorbild mit Schiffsschnäbeln (lat. *rostrum*). An die Sockel der Säulen setzte de Thomon je zwei riesige allegorische Figuren, die vier große russische Flüsse verkörpern: Newa und Wolchow an der südlichen Säule, Wolga und Dnjepr an der nördlichen.

Der schönste Ort St. Petersburgs

Der halbrunde Platz um und zwischen den Säulen ist einer der schönsten Flecken St. Petersburgs: Flankiert von riesigen Steinkugeln führt ein Kopfsteinpflaster-Kai hinunter zum Wasser. Immer

AUTORENTIPP!

BANJA IM HOTEL

Die Banja gehört zum russischen Alltag wie der Wodka: Jeder Datschenbesitzer, der etwas auf seinen Landsitz hält, baut sich ein solches Badehäuschen mit Schwitzkammer. Anders als bei den finnischen Nachbarn mögen es die Russen in ihrer Saunaversion aber feucht und nicht trocken. Die wenigen öffentlichen Banjas in der Stadt sind eher kommunale Waschanstalten denn Orte der Erholung. Kommerzielle Anbieter setzen auf kleine Abteile für diskrete Schwitzkuren oder andere Intimitäten. Eine Wellness-Oase wie die Spa-Landschaft des Hotels »Sokos Palace Bridge« ist hingegen selten in der Stadt: mit Schwimmbad, acht Saunen von finnisch bis türkisch samt 15 Grad kalter Schneehöhle – sowie Fitness- und Massageangeboten.

Club Easy Fit. Tgl. 7–23 Uhr (Kinder bis 18.30 Uhr), Birshewoi Per. 2/4, Tel. 812/335 22 14, www.clubeasyfit.ru

Oben: Abendstimmung: Die Strelka liegt im Schatten, der Winterpalast leuchtet noch.
Mitte: An Sommerwochenenden wird abends vor der Börse getanzt.
Unten: Zur Newa hin zeigen die Zwölf Kollegien nur ihre Schmalseite.

wieder stoppen weiße Luxuslimousinen und geben Hochzeitspaare samt feiernder Entourage frei. Sie legen hier einen Fotostopp mit Sektumtrunk ein. An der südlichen Säule treffen sich an warmen Abenden gern Motorradfahrer. Die nördliche Säule zieht hingegen von Freitag- bis Sonntagabend Freunde von Salsa und Tango an. Tanzfans bauen aus Spaß an der Freude Musikanlagen und DJ-Pulte auf – und der Asphalt vor der grandiosen Stadtkulisse wird zum zwanglosen Parkett für Romantiker.

Das Gebäude der Börse steht gegenwärtig leer. Nachdem dort für mehr als 60 Jahre das Marinemuseum untergebracht war, wurde der Bau 2014 an die Eremitage übergeben, die dort nun ihre riesige Heraldikabteilung unterbringen möchte. Hinter der Börse war im 18. Jahrhundert einmal ein großer repräsentativer zentraler Platz geplant, der jedoch nie richtig ausgestaltet wurde. Heute ist er als solcher kaum noch zu erkennen, da in seiner Mitte um 1900 eine Frauenklinik errichtet wurde.

Zwölf Kollegien

Die Rückseite dieses verschwundenen Platzes wird von einem weiteren ziemlich ungewöhnlichen Gebäude eingenommen – denn es ist 399 Meter lang. Die Zwölf Kollegien (1722–42) wurden von Chefstadtplaner Domico Trezzini (1670–1734) im Auftrag Peters des Großen (1672–1725) als moderne Regierungszentrale im Reihenhausstil erdacht. Jedes der zehn Ministerien sowie Senat und Synod erhielt ein identisches dreistöckiges Gebäude. Ein Laubengang auf der Rückseite sorgte für kurze Verwaltungswege. In den 1830er-Jahren wurde der Komplex der Universität übergeben und aus dem Laubengang ein schier endlos scheinender Korridor. Leider ist das Gebäude für Nicht-Studierende unzugänglich.

Zoologisches Museum

Auf der Südseite des einstigen Regierungsviertels stehen jedoch zwei Institutionen, in denen Besucher willkommen sind: Zum einen ist dies das Zoologische Museum im ehemaligen Packhaus neben der Schlossbrücke (1912–16), zum anderen die Kunstkammer. Im Zoologischen Museum gibt es einen Querschnitt der gesamten Tierwelt in Vitrinen zu bewundern – also ausgestopft. Highlight ist neben einem Blauwalskelett die Mammutsammlung: Neben zwei Skeletten der prähistorischen Elefanten verfügt das Museum auch über drei mumifizierte Mammuts, die 40 Jahrtausende im sibirischen Permafrost überdauert haben.

Kunstkammer

Die Kunstkammer (1718–34) ist das älteste Museum Russlands überhaupt. Das blau-weiße Gebäude mit dem charakteristischen Mittelturm beherbergte in einem Flügel die erste Bibliothek der frisch gegründeten Akademie der Wissenschaften, im anderen Flügel das erste Museum des Landes mit Zar Peters Raritätenkabinett voller wundersamer Dinge. Der Herrscher war so sehr um Bildung und Aufklärung seines Volkes bemüht, dass er nicht nur kostenlosen Eintritt verfügte: Jedem Besucher wurde auch noch ein Glas Wodka und ein Imbiss gereicht.

Heute firmiert die Kunstkammer nüchtern unter dem Namen Museum für Anthropologie und Ethnologie und erscheint wie ein Museum, das in erster Linie ein anderes, uraltes Museum ausstellen möchte. Dem ethnologischen Aspekt ist der größte Teil der Räume gewidmet. Die weitgehend in der Zarenzeit von russischen Forschungsreisenden zusammengetragene Kollektion zeigt auf heute etwas befremdliche und skurrile Art die Lebens-

AUTORENTIPP!

ZAR PETERS WELT

Das größte Exponat der Kunstkammer ist auch das exklusivste: Nur maximal vier Personen dürfen nach Voranmeldung über die enge Wendeltreppe in den Turm steigen. Zunächst passiert man die Ausstellung zum ersten Observatorium, das noch unter Peter dem Großen eingerichtet wurde. Eine Etage höher steht der Gottorfer Globus – seinerzeit ein wahres Weltwunder. Zwischen 1650 und 1664 war die Weltkugel mit über drei Metern Durchmesser für den Herzog von Holstein-Gottorf gebaut worden. Der Clou war das Innere: Dort gab es eine runde Sitzbank. Wurde der Globus gedreht, drehte sich auch der aufgemalte Sternenhimmel.

Gottorfer Globus in der Kunstkammer. Für deutsch- oder englischsprachige Führungen tel. Anmeldung eine Woche vorher unter Tel. 812/328 14 12, Universitetskaja Nab. 3, www.kunstkamera.ru

Oben: Zwischen Akademie und Universität sitzt das Universalgenie Michail Lomonossow.
Mitte: Die Kunstkammer ist ein vitrinenlastiges Völkerkundemuseum alter Schule.
Unten: Vor allem die Kulturen des Orients sind gut vertreten.

welt fremder Völker: Kleidung, Gerätschaften, Waffen und Schmuck werden von in Vitrinen hockenden Puppen präsentiert. Allerdings ist die Welt nicht vollständig vertreten: Europa, Südamerika und Australien fehlen, ebenso die im Ethnologischen Museum am Platz der Künste präsentierten Völkerschaften aller einst russischen Gebiete.

Peters Horrorkabinett

Bleibenden Eindruck hinterlässt jener Saal, der unverfänglich »Erste naturkundliche Sammlung der Kunstkammer« heißt. Kindern und zartbesaiteten Seelen sollte diese Ausstellung nicht unbedingt zugemutet werden, appetitzügelnd ist sie allemal, Albträume sind nicht auszuschließen. Denn Peter der Große erwarb 1716 in Holland neben einer Kollektion sorgsam präparierter exotischer Tiere auch die Anatomiesammlung des berühmten Mediziners Frederik Ruysch (1638–1731).

So kamen die ersten in Alkohol eingelegten menschlichen Föten, Organe, halbe und ganze Köpfe und sonstige Körperteile in die Kunstkammer. Aufgrund des Studiums von Normabweichungen versuchte man damals, das Geheimnis des Lebens zu ergründen. Auf Zarengeheiß wurden dann auch in ganz Russland »Monster« genannte Missgeburten konserviert und in der Kunstkammer zusammengetragen.

So schwimmen dort seit gut drei Jahrhunderten Dutzende nur bedingt menschlich scheinende Wesen in gelblich schimmernden Glaskolben, flankiert von Skeletten doppelköpfiger Kinder und Kälber. Und in einer Ecke wacht ein monströses Knochengestell über dieses Horrorkabinett. Es gehörte einst Nicolas Bourjois, dem Leibriesen Peters des Großen. Der Franzose überragte den Zwei-Meter-Zaren nochmals um einen Kopf.

Infos und Adressen

SEHENSWÜRDIGKEITEN

Börse (Birsha). Birshewaja Pl.

Kunstkammer (Kunstkamera). Di–So 11–18, Juni–Aug. bis 19 Uhr, letzter Di im Monat geschlossen, Universitetskaja Nab. 3, Tel. 812/328 14 12, www.kunstkamera.ru

Schlossbrücke. April–Nov. tgl. 1.25–4.55 Uhr hochgeklappt

Zoologisches Museum (Soologitscheski musej). Mi–Mo 11–18 Uhr, Universitetskaja Nab. 1, Tel. 812/328 01 12, www.zin.ru

Zwölf Kollegien (Sdanije dwenadzati kollegii). Mendelejewskaja Linija 2

ESSEN UND TRINKEN

Restoran. Klassische russische Küche bis hin zum Samogon, dem selbst gebrannten Wässerchen. Das Interieur imitiert die Zeit Peters des Großen: derbe Holzdielen, barocke Spiegel und Kerzenlicht. Tgl. 12–24 Uhr, Tamoshenny Per. 2, Tel. 812/327 89 77, www.elbagroup.ru/restoran

Der Turm der Kunstkammer diente einst der Wissenschaft als Observatorium.

Die ganze Tierwelt ausgestopft hinter Glas: das Zoologische Museum

Staraja Tamoshnja. Das »Alte Zollhaus« lässt die Kaufmanns- und Seefahrtstradition des Hafens an der Strelka wieder aufleben. Tgl. 13–1 Uhr, Tamoshenny Per. 1, Tel. 812/327 89 80, www.oldcustom.ru

Grad Petrow. Solider Bierkeller mit kleiner Brauerei und deutschtümelnder Küche. Schöne Plätze im Freien. Tgl. 12–1 Uhr, Universitetskaja Nab. 5, Tel. 812/326 01 37, www.die-kneipe.ru

ÜBERNACHTEN

Sokos Palace Bridge. 2008 eröffnete die Edelfiliale der finnischen Hotelkette Sokos. Birshewoi Per. 2, Metro 5: Sportiwnaja, Ausgang zur Wassili-Insel (ab 2015), Tel. 812/335 22 00, www.sokoshotels.com

INFORMATION

Die Strelka ist vom Newski Prospekt am besten mit Trolleybus 7 und den Bussen 10, 135 und 191 zu erreichen. Die Trolleybusse 1, 10, 11 und die Busse 7 und 24 biegen nach der Schlossbrücke links ab und halten vor der Kunstkammer.

Альфа-Банк
сиерра-8
СЗ-12-85

STADTMITTE

Мойка
Konyushennaya pl.
Конюшенная пл.
Novokonyushenny most
наб. реки Мойки
Museum der Steine
Jamie's Italian
Kapella Glinki
9
Mikhaylovskiy sad
Marstall
Auferstehungskirche
Mod Club
Benefis
наб. канала Грибоедова
канал Грибоедова
James Cook
ulitsa
Russisches Museum
DLT. Kaufhaus für mondänes Shopping
Volynskiy per.
наб. реки Мойки
Inzhenernaya ul.
Pyschetschnaja
Konyushennaya
Mal. Konyushennaya ul.
Michailowski-Theater
Инженерная ул.
nab. reki Moyki
Nevsky Hotel Grand
Berlin
Beluga Deluxe
Podwal brodjatschej sobaki
11
Platz der Künste
Petrikirche
nab. kanala Griboedova
Italyanskaya ul.
pl. Iskusstv
пл. Искусств
Bol.
Frikadelki
Итальянская ул.
Dworjanskoje sobranije
Long Island Diner & Bar
Philharmonie
Nevskiy prospekt
Haus des Buches
Cafe Singer
Grand Hotel Europe
Musik-komödientheater
Kriek
Stolowaja
Stroganow-Palast
Chapeaulé
Невский просп.
Otkrity mir
13
Mikhaylovskaya ul.
Kazanskiy most
Nevskiy Prospekt
Невский Проспект
Grand Palace
Bukwojed
Passash
Ushinskiy
Казанская ул.
Kasaner Kathedrale
12
Невский просп.
Detskaya filarmoniya
Детская филармония
Gostiny Dvor
Гостиный Двор
Казанский собор
Tolsty frajer
Terrassa
Barrel
13
Gostiny Dwor
Dom Shtegelmana (Aleksandrovskiy sirotskiy dom)
Дом Штегельмана (Александровский сиротский дом)
Perinnyje Rjady
Садовая
Garcon
Datscha
Teplichniye uslovije
Tscherdak chudoschnika
Kazanskaya ul.
Griboedova
Bankovskiy most
Банковский мост
ulitsa Lomonosova
Galereja stekla
Sadovaya ulitsa
kanal Griboedova
nab. kanala Griboedova
Stony Island
Finansovo - èkonnomichesky institut
Ассигнационный банк
Vorontsovskiy dvorets
Воронцовский дворец
21
наб. канала Грибоедова
Muchnoy per.
ул. Ломоносова
Friends Hostel
Садовая улица
Gorokhovaya ul.
Гороховая ул.
Money Honey
Priyut Komedianta
Приют Комедианта
Apraxin Dwor

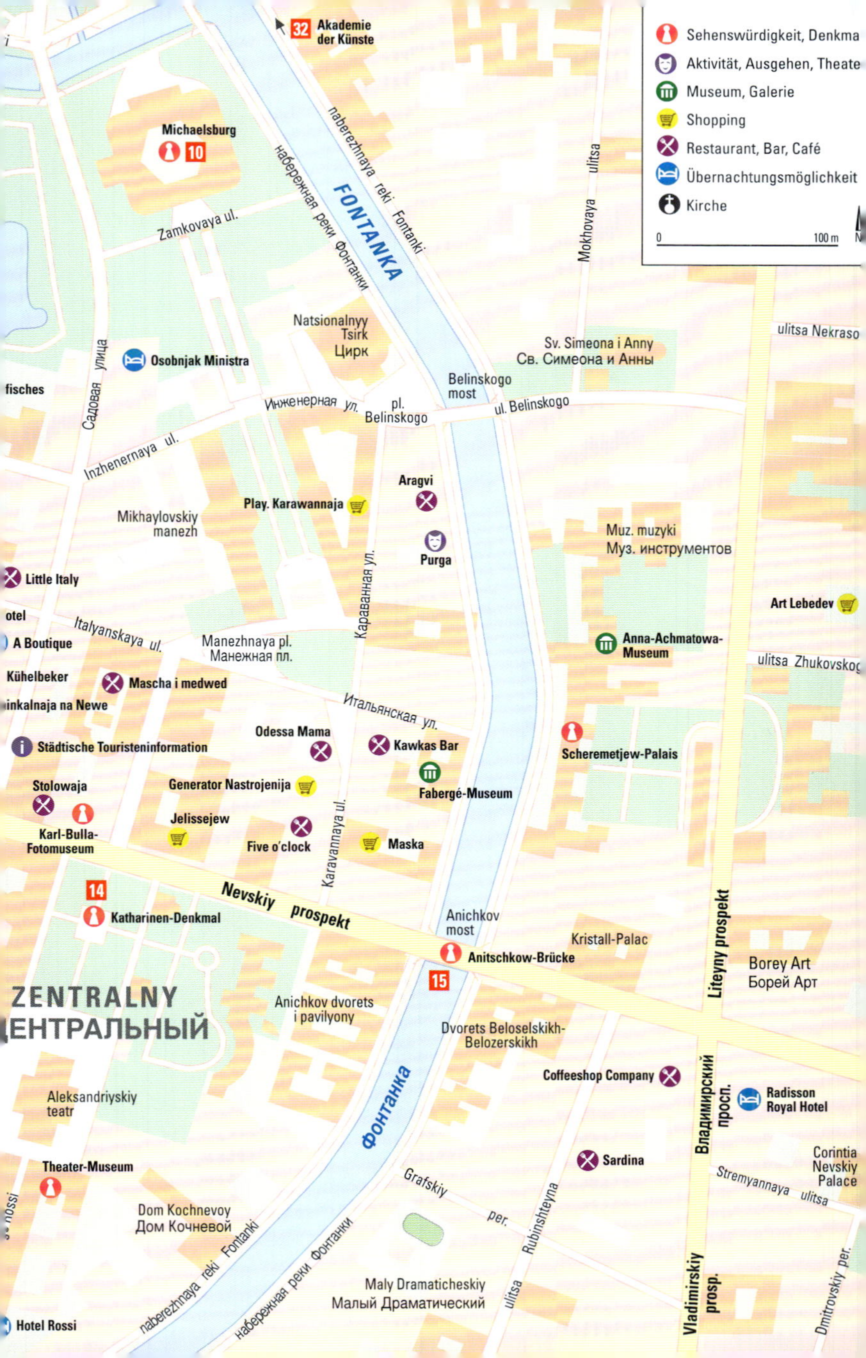
Sehenswürdigkeit, Denkma
Aktivität, Ausgehen, Theate
Museum, Galerie
Shopping
Restaurant, Bar, Café
Übernachtungsmöglichkeit
Kirche
0
100 m
32 Akademie der Künste
Michaelsburg
10
Zamkovaya ul.
naberezhnaya reki Fontanki
набережная реки Фонтанки
FONTANKA
Mokhovaya ulitsa
Natsionalnyy Tsirk
Цирк
Osobnjak Ministra
Садовая улица
fisches
Sv. Simeona i Anny
Св. Симеона и Анны
ulitsa Nekraso
Belinskogo most
Инженерная ул.
pl. Belinskogo
ul. Belinskogo
Inzhenernaya ul.
Aragvi
Play. Karawannaja
Mikhaylovskiy manezh
Purga
Muz. muzyki
Муз. инструментов
Little Italy
Караванная ул.
otel
Art Lebedev
Italyanskaya ul.
A Boutique
Manezhnaya pl.
Манежная пл.
Anna-Achmatowa-Museum
ulitsa Zhukovskog
Kühelbeker
Mascha i medwed
inkalnaja na Newe
Итальянская ул.
Odessa Mama
Kawkas Bar
Scheremetjew-Palais
Städtische Touristeninformation
Generator Nastrojenija
Fabergé-Museum
Stolowaja
Jelissejew
Karl-Bulla-Fotomuseum
Five o'clock
Maska
Karavannaya ul.
Nevskiy prospekt
14
Katharinen-Denkmal
Anichkov most
Anitschkow-Brücke
Kristall-Palac
Liteyny prospekt
Borey Art
Борей Арт
15
ZENTRALNY
ЕНТРАЛЬНЫЙ
Anichkov dvorets i pavilyony
Dvorets Beloselskikh-Belozerskikh
Coffeeshop Company
Владимирский просп.
Radisson Royal Hotel
Фонтанка
Aleksandriyskiy teatr
Sardina
Corintia Nevskiy Palace
Theater-Museum
Grafskiy per.
Stremyannaya ulitsa
Dom Kochnevoy
Дом Кочневой
ulitsa Rubinshteyna
naberezhnaya reki Fontanki
набережная реки Фонтанки
Maly Dramaticheskiy
Малый Драматический
Vladimirskiy prosp.
Dmitrovskiy per.
Hotel Rossi

Seite 76/77: Kanal Gribojedowa
Oben: Die Auferstehungskirche schiebt sich fotogen aus der Gebäudeflucht am Kanalufer.
Unten: Bunte Kacheln und altrussische Stilzitate bestimmen ihr Erscheinungsbild.

9 Auferstehungskirche
Neubau mit Zwiebeltürmen

Das vielleicht am meisten fotografierte Bauwerk von St. Petersburg passt gar nicht so recht ins viel gelobte europäische Stadtbild – denn es sieht richtig russisch aus: Die Auferstehungskirche mit ihren knallbunten Kuppeln ist eine kaum 100 Jahre alte romantische Neuinterpretation der Moskauer Basilius-Kathedrale am Roten Platz. Im Innern erwartet die Besucher eine Mosaikwunderwelt.

Anders als ihr aus der Zeit Iwan des Schrecklichen (1530–1584) stammendes Moskauer Stilvorbild ist die Auferstehungskirche fast ein Neubau. Sie wurde nach 29 Jahren Bauzeit erst 1907 fertig! Noch dazu ist sie das Werk eines Architekten ausländischer Herkunft: Alfred Parlands (1842–1919) Vater war Schotte, seine Mutter Deutsche. Und was die farbenfrohe Optik mit den neun verspielten Zwiebeltürmchen erst recht nicht ahnen lässt: Dies ist ein Mahnmal für einen Terrorakt! Die Kirche wurde an jener Stelle am Ufer des Kanal Gribojedowa

MAL EHRLICH

MATRIOSCHKA-KLONE

Guck mal, eine Merkel-Matrioschka! Doch drinnen stecken Figürchen, die deutsche Politiker darstellen sollen, jedoch kaum zu erkennen sind: Müntefering? Gauck? Den russischen Puppe-in-der-Puppe-Klassiker gibt es im Souvenirhandel inzwischen in tausendundeiner Version, sei es Osama oder Obama, Putin oder Potter. Gemein ist diesen Matrioschka-Klonen die lausige künstlerische Qualität. Und dies bei überdrehten Preisvorstellungen der Verkäufer.

errichtet, an der 1881 anarchistische Attentäter Russlands Kaiser Alexander II. (1818 bis 1882) bei einem Bombenanschlag töteten. Nur deshalb durfte der Architekt sie mitten auf der Uferstraße errichten. Und dadurch schob sich die Kirche, vom Newski Prospekt her betrachtet, umso effektvoller in die Blickachse. Ihr neorussischer Stil mit baulichen Zitaten aus dem 16. Jahrhundert ist zwar in St. Petersburg selten anzutreffen, war aber um die Jahrhundertwende in Russland hochbeliebt: Man sieht ihn beispielsweise am Moskauer Kaufhaus GUM.

Der tödlich verwundete Zar

Im Innern der Kirche erhebt sich ein Baldachin aus Jaspis über ein Stück altes Straßenpflaster, dahinter ist ein Abschnitt des originalen Ufergeländers zu sehen. Mit etwas Fantasie sind die Spuren des Blutes zu erahnen, das der tödlich verwundete Zar hier vergoss. »Erlöser auf dem Blute« (Spas-na-krowi) lautet deshalb der inoffizielle Name dieses Gotteshauses, der offizielle ist »Christi-Auferstehungskirche auf dem Blute«. In der deutschsprachigen Petersburg-Literatur finden sich auch die Bezeichnungen Erlöserkirche oder Blutkirche.

Egal, wie man sie nennt, wegen der komplexen Innenausgestaltung lohnt sich ein Besuch der Kirche auf jeden Fall: Auf über 7000 Quadratmetern Fläche wurden Heiligenbilder und Ornamente in Mosaiktechnik angebracht. Von Ferne wirken sie wie Fresken, sind aber allesamt große Puzzlearbeiten aus Halbedelsteinen! Mosaike waren in Russland immer sehr beliebt, schließlich verfügt das Land vor allem im Ural über reiche Vorkommen der verschiedensten Schmucksteine. Der ebenfalls als Mosaik aus Marmor zusammengesetzte Fußboden – keines der 45 Hauptornamente wiederholt sich – ist hingegen ein Werk italienischer Meister aus Genua.

AUTORENTIPP!

PYSCHKI IN KULTATMOSPHÄRE

Mit einer solchen Geschäftsidee bekäme heute kein Jungunternehmer auch nur einen Mikrokredit – aber das primitivste Café der Stadt brummt seit 1958 (!) mit diesem Konzept: Als einziges Gericht gibt es Pyschki, frisch frittierte Hefeteigkringel mit Puderzucker. Dazu wird lauwarmer, vorgesüßter Milchkaffee vom Fass ausgeschenkt – nicht einmal Tee ist im Angebot! Pyschki sind ein gnadenloser Dickmacher, das Interieur-Design ist sowjetisch, die letzte Neuerung – wohl in der Jelzin-Zeit – war die partielle Einführung von Sitzplätzen. Doch die Petersburger verehren diesen Ort, eben weil hier noch fast alles so ist wie vor einem halben Jahrhundert, auch die Preise. Befördert wird der Kult durch den Umstand, dass die Pyschki unverschämt lecker schmecken!

Pyschetschnaja. Tgl. 9–20 Uhr, Bolschaja Konjuschennaja Ul. 25

Bunte Zwiebeltürme sind in Petersburgs strengem Stadtbild ein gewollter Stilbruch.

Blindgänger in der Kuppel

1930 wurde die Kirche geschlossen, es war von einem Abriss der Schmuckschatulle die Rede. Während der Belagerung Leningrads diente sie als Leichenhalle, später als Lager für Theaterdekorationen. 1961 zeigte sich, dass das Bauwerk den Krieg nur durch ein Wunder überlebt hatte. In der Hauptkuppel wurde eine 150 Kilogramm schwere deutsche Bombe gefunden – und sicher geborgen. 1971 übergab man die Kirche dem Museum in der Isaakskathedrale, doch die Restaurierung zog sich hin. Erst 1997 konnten sie die Petersburger wieder von innen sehen.

Museum der Steine

Zur Auferstehungskirche gehört auch die Kapelle auf der anderen Straßenseite, in der erst 2014 ein Museum für Mosaikkunst eröffnete. In diesem »Museum der Steine« ist mehr über Techniken und Materialien der Mosaike zu erfahren. Auch lohnt es sich, einen Blick auf das asymmetrisch verschnörkelte Gitter zu werfen, das den Michaelsgarten zur Kirche hin abgrenzt. Dieser elegante, frei zugängliche Park gehört zum Russischen Museum, da er hinter dessen Hauptgebäude, dem Michaelspalast, liegt. Kapelle wie Gitter sind übrigens ebenfalls Werke des Architekten Parland.

Nach einem Bummel über den Souvenirmarkt an der Kirche, dessen Angebot die ganze Bandbreite von Ramsch über Kitsch bis hin zu Kunst und Militaria umfasst, kann man sich nur wenige Schritte weiter am Stallplatz (Konjuschennaja Pl.) bei einer noblen Einkehr vom Feilschen mit den Händlern entspannen. In den hohen Gewölben der einstigen Wagenremise des Zarenhofs sind vor wenigen Jahren gleich fünf Restaurants eingezogen – und eins ist schicker als das andere.

Oben: Auch die Petersburger finden das Umfeld dieser Kirche besonders romantisch.
Mitte: Keine Fresken: Mosaike schmücken die Wände der »Blutkirche«.
Unten: Ein alter »Wolga« in Winterstimmung am Ufer der Moika

Infos und Adressen

SEHENSWÜRDIGKEITEN

Christi-Auferstehungskirche (Spas-na-krowi). Do–Di 11–19 Uhr, Mai bis 15. Sept. ab 10 Uhr, Aug. bis Sept. bis 23 Uhr, Nab. kan. Gribojedowa 2 a, Tel. 812/315 16 36, www.cathedral.ru

Museum der Steine (Musej kamnja). Tgl. 10–18 Uhr, Mai–Sept. bis 22.30 Uhr, Nab. kan. Gribojedowa 2, Tel. 812/315 16 36, www.cathedral.ru

ESSEN UND TRINKEN

James Cook. Großer Pub in einer Fußgängerzone, sommers mit sonnigen Plätzen. Mo–Do 9–2, Fr–Sa 10–4, So 10–2 Uhr, Schwedski Per. 2, Tel. 812/951 22 02, www.jcpub.ru

Jamie's Italian. Kulinarischer Höhepunkt der schicken Restaurantreihe am Stallplatz. Denn hier dirigiert aus der Ferne der britische TV-Starkoch Jamie Oliver. Tgl. 12–2 Uhr, Konjuschennaja Pl. 2, Tel. 812/600 25 70, www.jamiesitalian.ru

ÜBERNACHTEN

Nevsky Hotel Grand. Akkurates Haus mit sehr günstigen Preisen. Einziges Manko: Fast alle der 111 Zimmer sind winzig. Bolschaja Konjuschennaja Ul. 5, Tel. 812/312 12 06, www.hon.ru

Bei »Jamie's Italian« kommt auch das Auge auf seine Kosten.

Solch grellbunte Turmzwiebeln gibt es nur an der Auferstehungskirche.

AUSGEHEN

Marstall. DER Kontakthof für Ausländer auf der Suche nach enthemmter russischer femininer Bekanntschaft. Tgl. ab 15 Uhr bis zum letzten Gast, Nab. kan. Gribojedowa 5, Tel. 812/315 76 07.

Mod Club. Gigs und DJ-Partys mit hohem Szenegehalt. Tgl. 18–6 Uhr, Nab. kan. Gribojedowa 7 (im Hof), Tel. 812/712 07 34, www.modclub.info

EINKAUFEN

DLT. Kaufhaus für mondänes Shopping. Tgl. 10–22 Uhr, Bolschaja Konjuschennaja Ul. 21–23, Tel. 812/648 08 48, www.dlt.ru

INFORMATION

Das Areal am Konjuschennaja-Platz ist in wenigen Gehminuten vom Ausgang Kanal Gribojedowa der Metrostation Gostiny Dwor (Linie 3) zu erreichen.

10 Michaelsburg
Die Festung des Malteserritters

Diese Zarenresidenz schlägt aus der Petersburger Art: Es ist kein Zufall, dass man sie »Burg« und nicht »Palast« nennt. Zar Paul I. (1754–1801) fürchtete eine Palastrevolte und wollte eine ebenso standesgemäße wie wehrhafte Residenz. Genutzt hat es nichts: Nur 40 Tage nach seinem Einzug wurde er dort ermordet. Heute ist die Michaelsburg eine Filiale des Russischen Museums.

Oben: Die unnahbare Michaelsburg war Schauplatz eines Zarenmords. **Unten:** Den Sockel des Peter-Denkmals vor der Burg schmücken Szenen aus dessen Leben.

Als Kunstmuseum steht die Michaelsburg (1797 bis 1801) heute deutlich im Schatten des nahen Michaelspalasts. Anders als das hochkarätig bestückte Hauptgebäude des Russischen Museums ist die Michaelsburg nur Standort einer Porträtgalerie russischer Persönlichkeiten – von Zaren bis zu Sowjetführern – sowie eines Skulpturenfonds. Die Interieure der Burg sind dennoch erhaben und festlich, schließlich handelte es sich um die Hauptresidenz eines Zaren.

Mord in der Burg

Allerdings nicht lange: Nur 40 Tage lang konnte sich Zar Paul I., ein ungeliebter Sohn Katharinas der Großen (1729–1796), an seinem von ihm im Grundkonzept selbst erdachten Traumschloss erfreuen – dann wurde er im eigenen Schlafzimmer stranguliert. Keine fünf Jahre nach seiner Krönung war dies die Palastrevolte, vor der sich der vom Hofstaat nie recht anerkannte glupschäugige Herrscher immer gefürchtet hatte. Dabei hatte Paul seine Architekten alles tun lassen, um die Residenz sicher zu machen: Das quadratische Schloss war auf allen Seiten von Kanälen und Wassergräben umgeben, die Zugänge führten über Zugbrücken.

Malteserorden

Die Stilelemente einer mittelalterlichen Ritterburg lagen Paul I. aber noch aus anderem Grund am Herzen: Er war ein großer Verehrer ritterlicher Ideale und lud deshalb den Malteserorden nach Russland ein, als dessen Stammsitz Malta 1798 von den Franzosen erobert wurde. Der katholische Orden wählte den Zaren zum Dank dafür zu seinem Großmeister.

Nach dessen Tod wurde die noch nicht ganz fertige Residenz von seinen Nachfolgern geradezu ausgeschlachtet. 1823 zog eine Ingenieursschule ein, weshalb sie bis heute den Beinamen »Ingenieursschloss« trägt. Seit der Restaurierung zum 300. Stadtgeburtstag im Jahr 2003 steht im frei zugänglichen achteckigen Hof auch ein Denkmal für Paul I.

Denkmal Peters des Großen

Weitaus auffälliger ist das Denkmal, das Paul I. selbst 1800 vor seiner Burg hatte aufstellen lassen. Die Inschrift »Dem Urgroßvater vom Urenkel« ziert ein Reiterstandbild Peters des Großen (1672 bis 1725), dessen Form noch zu Lebzeiten des Stadtgründers angefertigt worden war. Dank des hohen Postaments überragt dieser erhabene Bronzereiter den berühmten »Ehernen Reiter« um mehr als einen Meter.

Tschischik-Pyschik-Denkmal

Das kleinste Monument der ganzen Stadt steht hingegen hinter der Burg: Der Tschischik-Pyschik ist ein bronzener Vogel, der seit 1994 auf einem Sockel in der Ufermauer an der Ecke der Moika zur Fontanka hockt – weil ein Lied der Petersburger Folklore von einem an der Fontanka Wodka trinkenden Zeisig berichtet. Das nur drei Kilogramm schwere Vögelchen genießt Kultstatus – weshalb es schon mehrfach gestohlen wurde.

Infos und Adressen

SEHENSWÜRDIGKEITEN

Michaelsburg (Michailowski samok). Mi, Fr–Mo 10–18, Do 13– 21 Uhr, Sadowaja Ul. 2, Tel. 812/595 42 48, www.rusmuseum.ru

ESSEN UND TRINKEN

Aragvi. Rustikales Mini-Lokal mit bester georgischer Küche. Mo–Fr 11–24, Sa/So 12–24 Uhr, Nab. reki Fontanki 9, Tel. 812/570 56 43, www.aragvi.restoclub.ru

Kawkas Bar. Gute Auswahl an kaukasischen Gerichten. Tgl. 11–1 Uhr, Karawannaja Ul. 18, Tel. 812/312 16 65, www.kavkaz-bar.ru

ÜBERNACHTEN

Osobnjak Ministra. Staatseigenes Hotel im Expalais des Kriegsministers. Pompös und geräumig – aber dennoch günstig! Sadowaja Ul. 4, Tel. 812/570 36 24, www.slavhotels.ru

EINKAUFEN

Play. Solider Plattenladen mit den Schwerpunkten Rock und Blues. Tgl. 11–22.30 Uhr, Karawannaja Ul. 1, Tel. 812/710 58 71, www.playrecordstore.ru

INFORMATION

Die Michaelsburg liegt etwa zehn Gehminuten entfernt vom Newski Prospekt auf Höhe der Metrostation Gostiny Dwor (Linie 3).

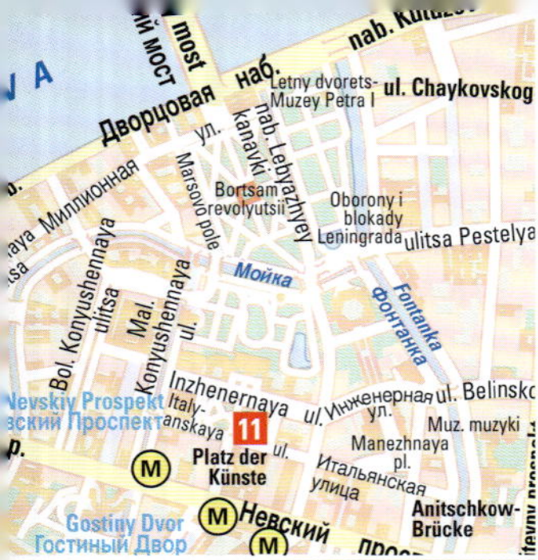

Nationaldichter Alexander Puschkin bildet das Zentrum auf dem Platz der Künste.

11 Platz der Künste

Kultur geballt

Ein Opernhaus, die Philharmonie, ein Theater und zwei große, altehrwürdige Museen umgeben den Platz der Künste. Platzhirsch an diesem erhabenen klassizistischen Karree der Kulturinstitutionen ist das Russische Museum. Während die Bestände der Eremitage auf ausländische Kunst orientiert sind, ist dies der traditionelle Hort für herausragende Meisterwerke der russischen bildenden Künste.

Seit 1957 steht er da auf der Mitte des Platzes mit wehendem Bronzemantel, oft mit einer vorwitzigen Taube auf dem Kopf und, wohl eines seiner Poeme deklamierend, die rechte Hand energisch ausgestreckt: Ein acht Meter hohes Denkmal für Russlands Dichterfürsten Alexander Puschkin (1799–1837) bildet den Mittelpunkt des wohl kulturträchtigsten Ensembles in der Petersburger Innenstadt – des Platzes der Künste.

MAL EHRLICH

PREISDISKRIMINIERUNG

In den bettelarmen ersten nachsowjetischen Jahren war die Praxis weitverbreitet: Ausländer zahlten höhere Eintritte als Einheimische. Inzwischen haben sich die meisten Museen von dieser fremdenfeindlichen Praxis verabschiedet. Wo dies noch nicht passiert ist, schrumpft zumindest zusehends die Preisdifferenz: In der Eremitage zahlen Ausländer nur noch 50 Rubel Aufpreis, im Russischen Museum 100 Rubel. In den Zarenschlössern Peterhof und Pawlowsk sind es 200 Rubel.

Petersburgs Stararchitekt Karl Rossi (1745–1849) konnte hier in den 1820er-Jahren einmal mehr beweisen, wie er sich Stadtbildgestaltung vorstellte: alles aus einem Guss! Der Generalplan des rechteckigen Platzes stammt von dem Meister des Klassizismus ebenso wie der leuchtend gelbe Michaelspalast (1819–1825) an dessen Längsseite – heute das Russische Museum. Rossi fertigte auch die Entwürfe für die edlen, aber zurückhaltenden Fassaden der den Platz umgebenden Häuser, die dann zum Teil erst Jahrzehnte später von anderen Architekten getreu verwirklicht wurden.

Philharmonie

So kommt es, dass zwei wichtige Petersburger Kulturinstitutionen an diesem Platz fast nicht ins Auge fallen: An der linken Ecke zur Michailowskaja Uliza (sie bildet die kurze Verbindung des Platzes zum Newski Prospekt) befindet sich die Schostakowitsch-Staatsphilharmonie. Ursprünglich war dies das Gebäude der Adelsversammlung, deren prächtiger Festsaal heute bei Konzerten 1450 Zuhörern Platz bietet. Neben Darbietungen der beiden hauseigenen Sinfonieorchester – eines davon unter Leitung des international bekannten Dirigenten Juri Temirkanow – gibt es hier auch häufig Gastspiele russischer und internationaler Klassikgrößen.

Michailowski-Theater

Ähnlich dezent versteckt sich in der Nordwestecke des Platzes hinter der eleganten Einheitsoptik das Michailowski-Theater. Nach dem Mariinski-Theater ist es die zweite Adresse in der Stadt für klassische Oper, Operette und Ballett – erst recht, nachdem 2007 der im Obstgroßhandel zum Millionär gewordene Geschäftsmann Wladimir Kechman die Leitung des Hauses übernahm und viel Geld und frische Ideen hineinsteckte.

AUTORENTIPP!

KLASSIKER DER HOTELLERIE

135 Jahre sind ein stolzes Alter für ein Hotel. Das Grand Hotel Europe mit seinen 301 Zimmern hat es all diese Zeit immer fertiggebracht, als das erste Haus am Platze, wenn nicht gar der ganzen Stadt, zu gelten. Der von einem Fünfsternehotel erwartete Luxus samt aller neumodischer technischer Errungenschaften wird auch heute geboten, ist aber dezent verpackt. Denn das »Europe« hat sich nicht nur die Aura eines alten Nobelhotels bewahrt, es wirkt dank eines Hauchs Jugendstil im Interieur auch nie protzig. Grandios sind die Zimmer mit altem Mobiliar und hohen Decken auf der »historischen Etage«. Hier zu wohnen hat seinen Preis, aber wer nur einmal hineinschnuppern will, kann sich einen Drink in der Lobby-Bar gönnen.

Grand Hotel Europe. Michailowskaja Ul. 1–7, Tel. 812/329 60 00, www.grandhoteleurope.com

Oben: Große Kunst: Ilja Repins Monumentalgemälde »Die Staatsratssitzung« von 1901
Mitte: Pompöser Aufstieg ins Russische Museum
Unten: Anschauungsunterricht vor Repins »Die Wiedererweckung der Tochter des Jaïrus«

Russisches Museum

Hauptanziehungspunkt am Platz der Künste ist aber unbestritten das Russische Museum – für Kunstinteressierte neben der Eremitage ein absolutes Muss bei einem Petersburg-Besuch. Denn dieses 1895 auf Weisung von Zar Nikolaus II. (1868–1918) gegründete Museum hat die Aufgabe, die Geschichte der bildenden Kunst in Russland zu dokumentieren und zu vermitteln. Auch wenn die russische Malerei bis zum Beginn des 18. Jahrhunderts auf religiöse Motive beschränkt war – danach hat sie es verstanden, sehr schnell aufzuholen und sogar der weltweiten Kunstentwicklung wichtige Impulse zu geben.

Michaelspalast

Zunächst aber zum Gebäude: Das Russische Museum befindet sich im Michaelspalast, der mondänen Stadtresidenz des Großfürsten und Zarensohns Michael Pawlowitsch (1798–1849). Beim Umbau vom Romanow-Schloss zum Museum gingen jedoch die meisten der alten Interieure verloren. Von einigen üppig dekorierten Stuckdecken einmal abgesehen sind nur die durch ihre gewaltigen Ausmaße beeindruckende Paradetreppe sowie der Weiße Saal (Raum 11) originalgetreu erhalten. Der Weiße Saal, in dem einst auch Franz Liszt und Hector Berlioz einem erlauchten Publikum ihre Werke präsentierten, ist eines der wenigen erhaltenen Beispiele herausragender Innenarchitektur im Empirestil.

Vor knapp über einem Jahrhundert wurde der Palast um zwei Museumsanbauten ergänzt. Auf der rechten Seite ist dies der Flügel des Ethnologischen Museums, das jedoch in den 1930er-Jahren zur selbstständigen Institution avancierte. Und zum Kanal Gribojedowa hin wurde kurz vor dem Ersten Weltkrieg mit dem Bau des Benois-Flügels begonnen, in dessen Erdgeschoss es Räume für

Sonderausstellungen gibt. Wer sich nur für die dort im Obergeschoss untergebrachte einmalige Sammlung des Russischen Museums an Kunst des frühen 20. Jahrhunderts (u.a. Chagall, Kandinsky, Malewitsch, Filonow) interessiert, kann hier über einen Seiteneingang schneller zum Ziel gelangen.

Gang durchs Russische Museum

Ansonsten betritt man das Russische Museum durch das Hauptportal vom Platz der Künste her und wird erst einmal nach rechts zu einem engen Kellereingang dirigiert. Denn im labyrinthisch verworrenen Untergeschoss des Palastes befinden sich heute die Kassen, die Garderobe, ein Postamt und auch Souvenirshops, die sich durchaus wohltuend durch die künstlerische Qualität und Originalität mancher Produkte abheben: T-Shirts oder Taschen mit Malewitsch-Motiven gibt es schließlich nicht überall.

Ist man den Wegweisern folgend dieser Unterwelt entronnen, empfiehlt sich sogleich der Aufstieg durch das pompöse Treppenhaus ins Obergeschoss. Dort beginnt die Ausstellung mit den ältesten Zeugnissen russischer Malerei: bis zu 1000 Jahre alten Fresken und Ikonen. Der »Goldhaarige Engel« aus dem 12. Jahrhundert ist ein anrührend gütiges Bildnis des Erzengels Gabriel.

Mit der Herrschaft des Reformerzaren Peter des Großen (1672–1725) befreit sich die russische Malerei aus der Klammer der klerikalen Motive: Mit dem in Westeuropa geschulten Maler Iwan Nikitin (ca. 1680–1742) beginnt die weltliche Porträtmalerei. In den dem 18. Jahrhundert gewidmeten Räumen 5 bis 12 stößt man aber auch auf eine andere Ausprägung russischen Kunstschaffens: Filigrane Bilder hoher Persönlichkeiten wurden nicht nur gemalt, sondern auch als Mosaike aus winzigen farbigen Glasstücken und Steinchen zusammengepuzzelt.

AUTORENTIPP!

SUMMER IN THE CITY

Es mag nicht dunkel werden in den Weißen Nächten. Und mild sind die Sommernächte im Herzen der Großstadt meist auch. Warum also den Abend an der Hotelbar verbringen – anstatt noch einmal loszuziehen zum Inhalieren der Petersburger Atmosphäre? Während das Parade-Zentrum am Schlossplatz und an der Newa zu später Stunde zunehmend verwaist ist, bleibt es im eigentlichen City-Areal lebhaft: Am Kanal Gribojedowa zwischen Kasaner Kathedrale und Auferstehungskirche spielen oft Jazz-Combos auf der Straße, an der Wetterstation in der Fußgängerzone Malaja Konjuschennaja Uliza treffen sich Rock'n-Roll-Pärchen zum Freilufttanz, auf den Bänken und Mäuerchen am Manege-Platz sitzen junge Leute und plaudern. In der allgemeinen abendlichen Entspannung gelingt es dann auch viel leichter, mit Einheimischen ins Gespräch zu kommen.

Der Teufel steckt zwar im Detail – aber warum nicht Bekanntschaften suchen?

AUTORENTIPP!

BISNES-LANTSCH
Tagsüber touristisches Marathonprogramm und abends dann den Kalorienverbrauch nachträglich decken? Kann man machen, schlägt aber auf den Magen – und das Portemonnaie. Denn werktags lässt sich in faktisch jedem Lokal Petersburgs, vom Billig-»Kafe« bis zum Gourmetrestaurant, sehr günstig zu Mittag essen. Man achte nur auf Werbetafeln mit der kyrillischen Aufschrift »Bisnes-Lantsch«. Unter einem Business-Lunch versteht die russische Gastronomie ein Sonderangebot für die Office Worker der Umgebung. Meist kann man nur aus zwei oder drei Varianten eines schlichten Drei-Gänge-Menüs wählen, was dafür aber unter 200 Rubel kostet. Feinere Häuser bieten von Montag- bis Freitagmittag entweder einen spürbaren Rabatt auf die gesamte Karte oder haben spezielle Mittagsangebote. So kann man sich auch eine Einkehr bei Adressen leisten, die sonst das Budget sprengen würden.

Das Russische Museum verfügt über viele Werke von Kasimir Malewitsch.

Russlands wissenschaftliches Universalgenie Michail Lomonossow (1711–1765) betrieb damals in der Nähe von Petersburg sogar eine Mosaikmanufaktur.

Monumentalgemälde

Die Säle 14 und 15 haben gewaltige Dimensionen. Das ist auch nötig, denn im 19. Jahrhundert sprengte die russische Malerei endgültig ihren bisherigen engen Rahmen – im wahrsten Sinne des Wortes, denn das apokalyptische Monumentalgemälde »Der letzte Tag von Pompeji« von Karl Brjullow (1799–1852) erstreckt sich über die beeindruckende Fläche von 30 Quadratmetern. Verweilen sollte man aber auch vor den geradezu beängstigend naturalistischen Meeresbildern von Iwan Aiwasowski (1817–1900), der als »Maler des Marinestabs« Russlands neuen Drang auf die Weltmeere romantisch verklärte – einschließlich schrecklicher Stürme und dramatischer Schiffsbrüche.

Ilja Repin

Und schließlich sind da noch die Werke von Ilja Repin (1844–1930), der wie viele russische Maler seiner Zeit Motive für realistische Darstellungen aus dem Leben der einfachen Menschen schöpfte: Seine »Wolgatreidler« (1870–73) sind eine Allegorie auf das Leiden eines unterdrückten und schamlos ausgenutzten Volkes. Repin bewährte sich aber auch als Hofmaler. Die 1903 angefertigte »Staatsratssitzung«, ein Monumentalwerk von der Größe einer Zwei-Zimmer-Wohnung, zeigt den ganzen Stolz und Prunk des späten zaristischen Regimes.

Die Moderne

Wie in der russischen Geschichte selbst ist auch im Russischen Museum der Übergang zum 20. Jahrhundert etwas verworren – man folge den

Wegweisern treppauf, treppab, um in den quadratischen Benois-Flügel zu gelangen, in dessen Obergeschoss sich diese ebenfalls hervorragend bestückte Abteilung befindet. Das Russische Museum profitiert noch heute davon, dass es in den ersten Jahren der Sowjetmacht den Auftrag hatte, alle Strömungen der damals zeitgenössischen Malerei wie auch der Avantgarde der vorrevolutionären Zeit zu sammeln.

Und da in den Jahren vor der stalinistischen Repression bei Russlands Künstlern die von den gesellschaftlichen Umwälzungen angefachte Experimentierfreude besonders stark blühte, gibt es hier kunstgeschichtlich einschneidende Frühwerke der Moderne zu besichtigen: So reduzierte Kasimir Malewitsch (1879–1935) 1923 die Malerei maximal – und schuf das legendäre »Schwarze Quadrat«.

Sozialistischer Realismus

Ebenfalls gut vertreten ist der dann folgende Sozialistische Realismus, der wegen seiner Propagandalastigkeit sicher nicht jedermanns Geschmack ist. Freunde kleinerer Kunstformen kommen indes in der auf der gleichen Etage untergebrachten umfangreichen Ausstellung zum Kunsthandwerk auf ihre Kosten. Das Porzellan und Glas stammen aus dem 20. Jahrhundert.

Nach der langen Exkursion durch 1000 Jahre russische Kunstgeschichte tut eine Stärkung gut. Man kann sie sich gleich im Atrium des Benois-Flügels im auch ohne Eintrittskarte zugänglichen Museumscafé verschaffen. Oder man nimmt die zahlreichen Lokale in Augenschein, die sich entlang der Italianskaja Uliza – also parallel zur Südseite des Platzes der Künste – aufreihen. Hier gibt es für jeden Geschmack und Geldbeutel etwas.

Oben: Im Erdgeschoss des Benois-Flügels gibt es regelmäßig Sonderausstellungen.
Mitte: Viel Platz für Kunst und Besucher
Unten: Neben Gemälden sind auch viele Skulpturen unter den 315 000 Exponaten.

Infos und Adressen

SEHENSWÜRDIGKEITEN

Russisches Museum (Russki musej). Mi, Fr–Mo 10–18, Do 13– 21 Uhr, Haupteingang: Inshenernaja Ul. 4, Seiteneingang im Benois-Flügel: Nab. kanala Gribojedowa 2, Tel. 812/595 42 48, www.rusmuseum.ru

Ethnografisches Museum (Etnografitscheski musej). Von den Esten zu den Ainu: Ein Museum, das Brauchtum und Alltag von 158 Völkerschaften des Russischen Reichs und der UdSSR dokumentiert, muss ziemlich groß sein. Die zentrale Marmorhalle des vor über hundert Jahren errichteten Baus für die ethnologische Sammlung des Russischen Museums ist bombastisch! Di 10–21, Mi–So 10–18 Uhr außer letzter Fr im Monat, Inshenernaja Ul. 4, Tel. 812/570 54 21, www.ethnomuseum.ru

ESSEN UND TRINKEN

Berlin. Verwinkelte, etwas dunkle Café-Bar, die sich mit ihrer interessanten, preislich sehr fairen Speisekarte abends unter die Restaurants mischt. Auch das Publikum ist bunt und vielfältig wie eben – Berlin. Tgl. 8.30–6 Uhr, Italianskaja Ul. 2, Tel. 812/942 32 23.

Auch Kaiserin Katharina die Große streift durchs Russische Museum.

Chinkalnaja na Newe. Der Eingang ist unscheinbar, doch dahinter wird es richtig chic. Umfangreiche georgische Speisekarte mit allerlei Schaschliks und natürlich Chinkali, der dortigen Pelmeni-Variante. Tgl. 12–24 Uhr, Sadowaja Ul. 13–15, Tel. 812/315 08 99, www.hinkaly.ru

Dworjanskoje sobranije. Exquisite Lage im Haus der Philharmonie – und exquisit eingepreiste Speisekarte mit gehobener russisch-europäischer Küche. Empfehlenswert sind die werktäglichen Mittagessen für nur etwa ein Drittel der Abendpreise. Tgl. 12–24 Uhr, Michailowskaja Ul. 2, Tel. 812/956 74 31.

Frikadelki. Günstige Selbstbedienungs-Cafeteria für schnelle, sättigende und solide Mahlzeiten. Tgl. 8.30–23 Uhr, Nab. kan. Gribojedowa 8, Tel. 812/318 41 00.

Kriek. Gemütliche belgische Keller-Brasserie mit großem Bierangebot und landestypischer Speisekarte – Spezialität: Miesmuscheln. Tgl. 11–1.30 Uhr, Italianskaja Ul. 17, Tel. 812/595 41 53, www.kriek.ru

Little Italy. Auf der Italienischen Straße darf ein Italiener natürlich nicht fehlen. Kulinarische Höhenflüge sind in dieser nett gemachten, eng bestuhlten Pizzeria-Trattoria aber nicht zu erwarten. Mo–Fr 11–23, Sa/So 11–6 Uhr, Italianskaja Ul. 10. Tel. 812/571 23 50, www.littleitalytrattoria.ru

Long Island Diner & Bar. Chrom und Kunstleder schaffen ein amerikanisches Flair wie in den 1950er-Jahren. Tgl. 0-24 Uhr, Nab. kanala Gribojedowa 8, Tel. 812/924 36 97.

Podwal brodjatschej sobaki. Wer würde heute ein Restaurant »Keller des streunenden Hundes«

nennen? Aber so hieß vor 100 Jahren ein bekanntes Künstlerlokal an gleiche Stelle. Eine Kleinkunstbühne ist integriert. Tgl. 11–23 Uhr, Pl. Isskusstw 5, Tel. 812/312 80 47, www.vsobaka.ru

ÜBERNACHTEN

A Boutique Hotel. Originelles Etagen-Boutiquehotel für Gäste, die den liftlosen Aufstieg ins vierte Obergeschoss nicht scheuen. Sadowaja Ul. 11, Tel. 812/571 29 13, www.ahotelspb.ru

Passage Hotel. Schlichte, aber akkurate B&B-Billigherberge: Die Gäste teilen sich drei Bäder, deshalb gibt es Bademäntel. Unterhalb der Standardzimmer rangieren spartanische, teils fensterlose »Ekonom«-Kammern, möbliert nur mit Bett und Stuhl. Italianskaja Ul. 21, Tel. 812/934 24 46, www.passagehotel.ru

AUSGEHEN

Kühelbeker. Originelle Retro-Bar mit warmer Küche. Samstagabends gibt es Livemusik. Tgl. ab 18 Uhr bis zum letzten Gast, Sadowaja Ul. 13–15, Tel. 812/987 71 21.

Das »Grand Hotel Europe« lockt mit Erste-Klasse-Küche und -Service.

Erste Adresse für klassische Musik: die Philharmonie am Platz der Künste

Michailowski-Theater. Pl. Iskusstw 1, Tel. 812/595 43 05, www.mikhailovsky.ru

Philharmonie (Großer Saal). Kasse tgl. 11–15, 16–19.30 Uhr, Ul. Michailowskaja 2, Tel. 812/710 42 90, www.philharmonia.spb.ru

Musikkomödientheater (Teatr musikalnoi komedii). Nur zwei Häuser neben der honorigen Philharmonie steht das Heim der leichten Muse: Das Musikkomödientheater bringt Operetten und Musicals professionell auf die Bühne. Italianskaja Ul. 13, Tel. 812/570 53 16, www.spbmuzcomedy.com

EINKAUFEN

Beluga Deluxe. Das wohl edelste Souvenirgeschäft der Stadt: Neben dem Standardprogramm aus Matrioschkas, Ostereiern und Lackdosen gibt es auch eine reiche Auswahl an Bernsteinprodukten, Tüchern, Schmuck, Pelzmützen – und Kaviar. Tgl. 9–20 Uhr, Pl. Isskusstw 5, Tel. 812/325 82 64, www.matreshastore.com

INFORMATION

Vom Hauptausgang der Metrostation Newski Prospekt (Linie 2 mit Übergang zur Linie 3, Station Gostiny Dwor) sind es nur 200 Meter bis zum Platz der Künste.

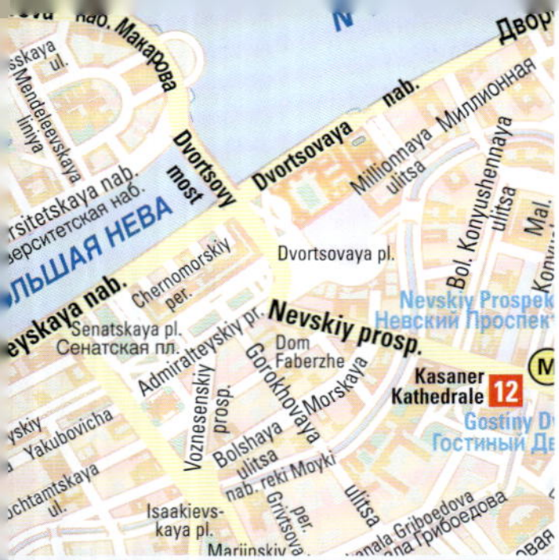

12 Kasaner Kathedrale

Die sakrale Ruhmeshalle

Zar Paul I. (1754–1801) wünschte sich für seine Hauptstadt ein Gotteshaus mit der würdevollen Ausstrahlung des Petersdoms zu Rom. Gesagt, getan: In nur zehn Jahren wurde die Kasaner Kathedrale errichtet – bis heute das monumentalste Bauwerk an der Stadtschlagader, dem Newski Prospekt. Mit der Bankbrücke und dem Haus des Buches gibt es noch zwei weitere frei zugängliche Sehenswürdigkeiten in diesem City-Bereich.

Holländische und deutsche Lutheraner, Katholiken und armenische Christen, sie alle errichteten ihre Kirchen am weltläufigen Mittelteil des Newski Prospekts. Wer hier jedoch den Auftrag bekam, eine russisch-orthodoxe Kirche zu bauen, hatte ein Problem: Es ist Usus, dass deren Altar im Osten liegt, der Haupteingang entsprechend im Westen. Aber in der gleichen Richtung verläuft auch der Newski. Wie man eine Kirche mit

Oben: Die Kasaner Kathedrale ist das sakrale Zentrum von St. Petersburg.
Unten: Das Innere des Gotteshauses ist von erhabener Würde.

MAL EHRLICH

KRYPTISCHES KYRILLISCH

Russisch klingt für deutsche Ohren nicht nur fremd, auch mit dem Entziffern selbst einfachster kyrillischer Aufschriften hapert es bei Russlandneulingen. Aber mit etwas gutem Willen und einem Sprachführer zur Hand reichen die zwei, drei Stunden im Flugzeug bei der Anreise, um sich das Alphabet einzuprägen. Sechs Buchstaben (A, E, K, M, O, T) sind ohnehin die gleichen wie in der lateinischen Schrift. So gerüstet gibt es oft Aha-Effekte – das PECTOPAH ist also kein Pectopah, sondern ein Restoran!

der Längsseite zum Prospekt dennoch repräsentabel aussehen lassen kann, ersann Andrej Woronichin (1759–1814).

Kolonnade

Der als Leibeigner des reichen Grafen Stroganow (1774–1854) – dessen Stadtpalais nur einen Straßenblock Newski-abwärts liegt – aufgewachsene Maler und Architekt setzte vor die Flanke der geplanten Kathedrale (1801–1811) eine halbrunde Kolonnade aus 96 riesigen korinthischen Säulen. Angesichts dieses mächtigen Vorhofs, des eindrucksvollsten Platzes am ganzen Newski, bemerkt man kaum, dass man hier die Kirche über einen Seiteneingang betritt. Eine analoge Kolonnade war auch auf der rückwärtigen Südseite geplant, wurde aber nie realisiert. Baugeschichte schrieb Woronichin aber mit der schlanken Kuppel, die weltweit erstmals rein aus Gusseisen gefertigt war.

Kasaner Gottesmutter und militärische Ehren

Eigentlich war die Kathedrale vorrangig als Haus für die als wundertätig anerkannte Petersburger Kopie der Kasaner Gottesmutter-Ikone gedacht. Sie hängt bis heute im üppig versilberten Ikonostas. Da ein Jahr nach Fertigstellung des Baus Russland aber die Invasionsarmee Napoleons im »Vaterländischen Krieg« zurückschlug, wurde die Kirche faktisch von Anbeginn zu einer Gedenkstätte für militärische Ruhmestaten. So hängen nur wenige Schritte rechts vom Eingang neben anderen Trophäen die Stadtschlüssel von Städten und Festungen, die in der Folge eingenommen wurden – darunter jene von Lübeck und Bremen.

Vor der Kathedrale befinden sich seit 1837 zwei monumentale Denkmäler, die sich stilistisch wie

AUTORENTIPP!

GASTRONOMISCHE PREISBRECHER

Noch vor wenigen Jahren versuchte die Petersburger Gastronomie, sich gegenseitig an Exklusivität zu übertrumpfen. Für die Masse der Bevölkerung stand auswärts essen deshalb gar nicht erst zur Debatte. Doch Protz läuft zunehmend schlechter, nun liegt Billig-Gastronomie im Trend – entsprechende Imbiss-Ketten sind immer gut besucht. Sie nennen sich »Stolowaja« (Kantine) und arbeiten nach dem Cafeteria-Prinzip: Man wählt, was optisch Appetit macht. Das Essen ist dem russischen Durchschnittsgeschmack angepasst, also kulinarisch schlicht, dafür reichlich und nahrhaft. Die sonnigen Freiluftsitzplätze der »Stolowaja No. 1«-Filiale am Kanal Gribojedowa 14 haben dennoch Premium-Charakter. Sie bieten einen exquisiten Rundblick auf die Kasaner Kathedrale, die Auferstehungskirche und das Haus des Buches!

Vier Greifen tragen die Bankbrücke – die nur ein schmaler Fußgängersteg ist.

Oben: Das Haus des Buches ist wegen seiner Glaskuppel das markanteste Gebäude am Newski.
Unten: Der Newski Prospekt ist die belebte Hauptmagistrale der Innenstadt.

auch thematisch bestens in das Ensemble integrieren: Auf dem linken Postament steht in Kommandeurspose der während des Krieges in Schlesien verstorbene Generalfeldmarschall Michail Kutusow – dessen Grab sich in der Kathedrale befindet. Die ebenfalls etwa vier Meter hohe Statue rechts zeigt mit Michail Barclay de Tolly den Eroberer von Paris und zweiten wichtigen russischen Heerführer der Kriege von 1812 bis 1814.

Orthodoxe Hauptkirche

Die Kasaner Kathedrale ist heute die orthodoxe Hauptkirche von St. Petersburg, entsprechend intensiv ist das religiöse Leben mit Gottesdiensten und Andachten. Viele gläubige Menschen kommen den ganzen Tag über in die feierlich, aber immer etwas finster und streng wirkende Kathedrale, um still vor einer der vielen Ikonen zu beten und Kerzen zu entzünden. Inzwischen ist es kaum noch vorstellbar, dass die Sowjets 1932 gerade dieses Gebäude wählten, um hier ein Museum der Religion und des Atheismus einzurichten. Erst im Jahr 2000 zog das staatliche Museum endgültig aus und befindet sich nun beim Hauptpostamt.

Haus des Buches

Das zweite, äußerst markante Gebäude an diesem Newski-Abschnitt ist das Haus des Buches, ein einmalig schöner Jugendstilbau mit einer zwei Stockwerke hohen, üppig verzierten, aber dennoch filigranen Glaskuppel an der Ecke des Newski Prospekts zum Kanal Gribojedowa. Zusammen mit den bunten Zwiebeltürmen der Auferstehungskirche und der klassizistisch strengen Kuppel der Kasaner Kathedrale bildet die Glaskuppel ein lebhaftes Dreigestirn vertikaler Akzente im Stadtzentrum.

Autofrei zur Eremitage

Natürlich ist der Newski Prospekt sehenswert. Aber er ist auch anstrengend: Menschenmassen, Verkehrslärm und Abgase können einem den Spaziergang über die Hauptachse der Stadt vergällen. Warum also nicht eine fast autofreie Alternativroute wählen, um zu Fuß zum Schlossplatz zu gelangen?

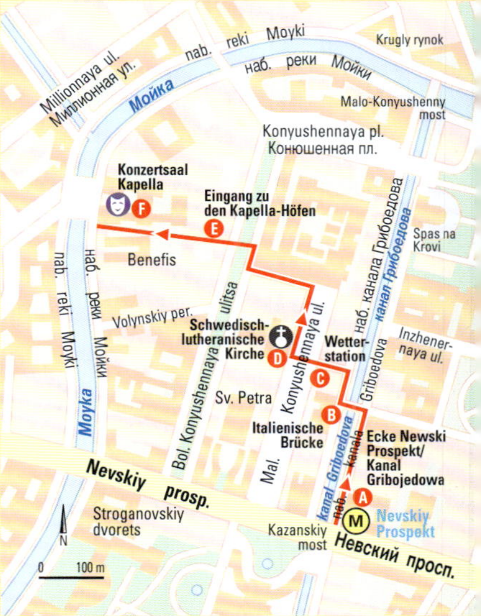

A Das Gedränge ist groß auf dem Newski Prospekt. Wo er den Kanal Gribojedowa quert, lohnt sich die Flucht zur Seite. Am besten biegt man auf die rechte Kanalseite ein, da hier die Uferstraße eine verkehrsberuhigte Zone ist: Sitzbänke und Straßencafés statt parkender Autos!

B Die 1955 gebaute Italienische Brücke über den Kanal ist nur ein Fußgängersteg und beliebt bei Straßenmusikanten. Von hier bietet sich ein besonders schöner Blick auf die Auferstehungskirche. Die erste Brücke an dieser Stelle war übrigens ein Privatprojekt: Ein Ingenieur baute sie 1896 für 3500 Rubel – und wollte von jedem Benutzer eine Kopeke Maut kassieren.

C Auf der anderen Kanalseite geht es durch eine kurze Seitengasse, den Tscheboksarski Pereulok, auf die Malaja Konjuschennaja Uliza – eigentlich eine Fußgängerzone, aber mangels Geschäften recht leblos. Die Nachbildung eines 1914 hier errichteten Wetterstationpavillons ist leider ohne technisches Innenleben.

Das Haus des Buches prunkt mit einer aufwendigen Jugendstilfassade.

D Fast am Ende der Fußgängerzone steht die turmlose schwedisch-lutheranische Katharinen-Kirche (Haus 1). Das prächtige Jugendstilwohnhaus links davon gehörte einst auch dieser reichen Gemeinde, der Hofjuwelier Carl Fabergé (1846 bis 1920) und der Dynamit-Erfinder Alfred Nobel (1833 bis 1896) angehörten.

E Durch den Schwedski Pereulok (Schwedische Gasse) gelangt man auf einen begrünten Boulevard, die Bolschaja Konjuschennaja Uliza. Bei dem Haus Nr. 11 auf der gegenüberliegenden Straßenseite (blaue Leuchtreklame »Kapella«) geht es durch einen Torbogen.

F Durch eine Kette von vier mit Durchgängen verbundenen sanierten Innenhöfen führt der Weg nun zur breiten Sängerbrücke – und diese zum Schlossplatz. Im letzten Hof befindet sich der bildhübsche Konzertsaal »Kapella« (s. Highlight 1).

AUTORENTIPP!

DIE DEUTSCHE »SCHWIMMBADKIRCHE«

1833 bis 1838 ließ sich die deutsch-lutherische Gemeinde eine Kirche im neoromanischen Stil errichten. 1937 schloss die Sowjetmacht das Gotteshaus, die Pastoren kamen im Gulag um. 1962 wurde der Bau dann in ein Schwimmbad umfunktioniert. Wo einst der Altar stand, erhob sich nun ein Sprungturm. Als die Gemeinde 1992 die Kirche »zurückerstattet« bekam, stellte sich heraus, dass Einsturzgefahr bestünde, würde man das 25-Meter-Becken aus Beton herausreißen. Deshalb wurde es nur mit einem neuen Fußboden abgedeckt, die Kirchenbänke stehen heute eine Etage höher als früher. Auch die Zuschauertribünen blieben erhalten.

Petrikirche. Tgl. ca. 10–20 Uhr, So 10.30 Uhr Gottesdienst auf Deutsch, Führungen in die Katakomben unter dem Becken nach tel. Vereinbarung, Newski Pr. 22/24, Tel. 812/312 07 98, www.petrikirche.ru

Prestigebau von Singer

Die Kuppel wird nicht umsonst von einer Weltkugel (Durchmesser 2,8 Meter) gekrönt. Das Gebäude wurde zwischen 1902 und 1904 als Russlandzentrale des damaligen Weltmarktführers einer jungen Hightech-Branche errichtet: vom Nähmaschinenhersteller Singer. Eigentlich wollte der US-Konzern an dieser markanten Stelle ein Hochhaus nach New Yorker Vorbild bauen, doch genehmigte die Stadt keine Abweichung von der damaligen eisernen Regel, dass kein Haus höher als der Winterpalast sein dürfte – Kuppeln und Türmchen ausgenommen. Dies war aber kein Hindernis, den Prestigebau mit fortschrittlichster Technik zu spicken. In seinem Innern steckt wie bei Wolkenkratzern ein Stahlskelett; Besucher erfreuten sich an einem Aufzug und einem verglasten Atrium.

Nach der Oktoberrevolution zogen Verlage und eine große Buchhandlung in das Singer-Haus. Den Buchladen gibt es bis heute – er erstreckt sich über die drei untersten Etagen und hat auch eine gute Auswahl an deutschsprachiger Petersburg-Literatur. Die zwei Etagen unterm Dach sind heute übrigens das Hauptquartier von vk.com, dem russischen Pendant von Facebook.

Bankbrücke

Unbedingt aufsuchen sollte man noch den Knick des Gribojedowa-Kanals 300 Meter weiter südlich. Dort überspannt die kleine Bankbrücke (1826) den Wasserweg. Sie ist unbestritten die originellste der 500 Brücken Petersburgs. Vier mystische Greifen mit goldenen Flügeln und wie Heiligenscheine über den Köpfen schwebende Lampen halten den Fußgängersteg in der Schwebe. Er ist ein Werk des aus Mannheim gebürtigen Brückenbau-Ingenieurs Wilhelm von Traitteur (1788–1859).

Infos und Adressen

SEHENSWÜRDIGKEITEN

Kasaner Kathedrale (Kasanski sobor). Mo–Fr ab 8.30, Sa/So ab 6.30 Uhr bis zum Ende des Abendgottesdienstes, Gottesdienste tgl. 18 Uhr sowie Mo–Fr 9, Sa 10, So 7 und 10 Uhr, Newski Pr. 25/27, Tel. 812/314 46 63, www.kazansky-spb.ru

Stroganow-Palast (Stroganowski dworez). Das 1752–1754 errichtete Stadtpalais ist eine Filiale des Russischen Museums. Es enthält zwei prächtige Zimmerfluchten und eine interessante historische Mineraliensammlung. Mi, Fr–Mo 10–18, Do 13–21 Uhr, Newski Pr. 17, Tel. 812/595 42 48, www.rusmuseum.ru

ESSEN UND TRINKEN

Café Singer. Konditorei mit schöner Aussicht: Haus des Buches, erstes Obergeschoss. Tgl. 9–23 Uhr, Newski Pr. 28, Tel. 812/571 82 23, www.singercafe.ru

Garcon. Pariser Patisserie mit satten Quiches. Tgl. 12–22 Uhr, Nab. kan. Gribojedowa 25, Tel. 812/315 52 67.

Teplichniye uslovije. Gasthaus in frischer Datscha-Romantik. Tgl. 11 Uhr bis zum letzten Gast, Nab. kan. Gribojedowa 25, Tel. 812/571 56 59, www.teplichnie.ru

Terrassa. Teuer, chic und mit exquisiter Aussicht von der Dachterrasse. Mo–Fr ab 11, Sa/So ab 12 Uhr bis zum letzten Gast, Kasanskaja Ul. 3, Tel. 812/937 68 37, www.terrassa.ru

ÜBERNACHTEN

Griboedova 29. Kleine Pension eines Schweizer Besitzers, verteilt auf zwei Wohnungen in ruhiger und malerischer Lage. Die Gäste teilen sich Bad und Küche. Nab. kan. Gribojedowa 29 und 40, Tel. 812/913 96 57, www.petersburg-hotel.com

Kathedralenkuppel zum Menü: das Dachrestaurant »Terrassa«

AUSGEHEN

Barrel. Cocktail-Bar in neon-schwarzem Design. Mo–Di 12 Uhr bis zum letzten Gast, Mi–Fr 12–6, Sa/So 15–6 Uhr, Fr–Sa ab 22 Uhr Disco mit DJ, Kasanskaja Ul. 5, Tel. 812/929 82 98, www.project-barrel.ru

EINKAUFEN

Chapeaulé. Eisiger Wind fegt über den Newski – und keine Mütze? In diesem gut sortierten Hutgeschäft gibt es was auf die Ohren. Mo–Sa 11–21, So 11–20 Uhr, Newski Pr. 19, Tel. 812/571 60 91.

Haus des Buches/Singer-Haus (Dom knigi). Tgl. 9–24 Uhr, Newski Pr. 28, Tel. 812/448 23 55, www.spbdk.ru

INFORMATION

Metrostation Gostiny Dwor (Linie 3), Ausgang Kanal Gribojedowa

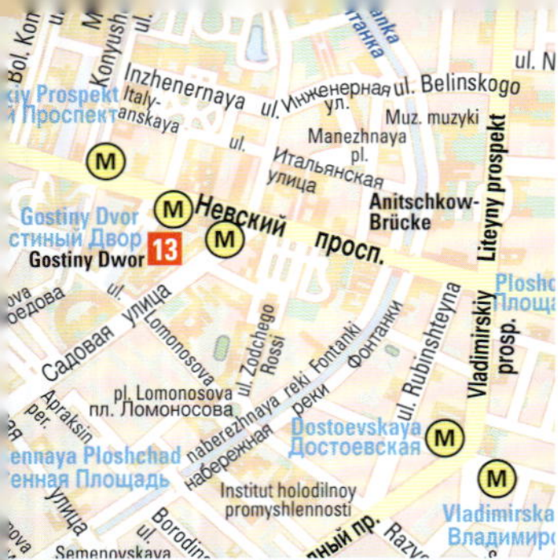

Oben: Eine ungewohnte Kaufhausfassade: die doppelstöckigen Arkaden des Gostiny Dwor
Unten: Statt Rolltreppen gibt es in dem Kaufhaus elegante Treppenaufgänge.

13 Gostiny Dwor
Shoppen historisch

Fragt man Petersburger, wo für sie die Stadtmitte liegt, so lautet die Antwort fast immer: am Gostiny Dwor. Hier hat der Newski Prospekt mit über 60 Metern die Breite eines veritablen Boulevards, hier stehen große Geschäfte und traditionsreiche Kaufhäuser dicht an dicht. Das größte – und zugleich älteste und ungewöhnlichste – ist das Gostiny Dwor. Es ist eine Petersburger Institution.

Und wo ist nun dieses große Kaufhaus, das die Mitte des Zentralabschnitts des Newski Prospekts markiert? Petersburg-Neulinge sind da manchmal ratlos, denn hinter der langen Reihe zweistöckiger Arkaden könnte man alles Mögliche vermuten, aber eben kein Kaufhaus. Denn die für dieses Einzelhandelsgenre üblichen Glas-Atrien und Rolltreppen gibt es hier nicht – schließlich stammt das Gebäude aus dem 18. Jahrhundert und steht unter Denkmalschutz. Um die heutige Nutzung des weitläufigen Arkadenkarrees zu verstehen, braucht es

MAL EHRLICH

RAUSCHENDES UNVERGNÜGEN

Straßencafés sind eine wunderbare Erfindung: Man sitzt in der Sonne, beobachtet den Alltag und genießt das Ambiente der Stadt. Trotz der kurzen Open-Air-Saison stellt inzwischen fast jeder Petersburger Wirt Tische aufs Trottoir. Eine schöne Errungenschaft – aber am Newski Prospekt wird definitiv kein Genuss draus: Die Menschenmassen drängen viel zu dicht am Tisch vorbei. Und hinter ihnen rauscht sechsspurig der Cityverkehr.

einen Blick in die Geschichte: Gostiny dwor heißt wörtlich übersetzt »Gästehof«. So nannte man im alten Russland abgeschlossene Großmärkte, wo reisende Händler haltmachten, ihre Waren abluden und so lange wohnten, bis sie alles verkauft und sich mit neuer Ware eingedeckt hatten – also eine Mischung aus Markt, Messe, Hotel und Karawanserei. Auch im schnell wachsenden St. Petersburg gab es großen Bedarf für einen solchen zentralen Güterumschlagplatz: Sein Standort wechselte allerdings in der Frühzeit der Stadt dreimal – jeweils mit dem sich verlagernden Stadtzentrum.

Ein Gebäude – ein Stadtviertel

Das heutige Gostiny Dwor wurde in den Jahren 1757 bis 1785 hauptsächlich von dem Franzosen Jean-Baptiste Vallin de la Mothe (1729–1800), dem ersten in Russland tätigen Architekturprofessor, gebaut. Er gestaltete das von einem zweistöckigen Laubengang umgebene Karree im frühklassizistischen Stil. Etwa 170 Kaufleute von Rang und Namen bezogen hier ihre Läden – mit Kontoren im Obergeschoss und Lagerhäusern im Innenhof. Aus schlechter Erfahrung klug geworden,

AUTORENTIPP!

SPAZIERGANG IM 1. STOCK
Einst rannten hier Laufburschen von Kontor zu Kontor, und Waren aus aller Herren Länder wurden mit Bollerwagen verschoben – heute ist der obere Laubengang des Gostiny Dwor ein fast mystisch einsamer Ort mitten im größten Trubel der Innenstadt: Die soliden Granitplatten auf dem Fußboden hätten sicher viel zu erzählen. 380 schnurgerade Meter, Bogen um Bogen, zieht sich der elegante überdachte Balkon ein Stockwerk über dem Asphalt die lebhafte Sadowaja Uliza entlang. Zwar gibt es aus dem Kaufhaus immer wieder offene Türen auf die schier endlosen Arkaden rund um das Gebäude, aber außer vielleicht für eine kurze Rauchpause wird der Balkon faktisch nicht genutzt. Ein Rundgang eröffnet Fotografen mannigfaltige Perspektiven – und bietet selbst bei regnerischem Wetter Frischluft ohne nass zu werden.

AUTORENTIPP!

ERHOLUNG IN DER DATSCHA
Russen erholen sich gern »auf« der Datscha – wer es hingegen »in« der Datscha tut, steht nicht auf Gartenarbeit und Liegestuhl, sondern auf Bier am Tresen, auf Tischfußball und trendige Musik. Schon vor zehn Jahren verpflanzte die Hamburger Szene-Missionarin Anna-Christin Albers lockeres Reeperbahn-Flair an die Newa. In ihrer zwanglosen DJ-Bar im »Kleinen Gostiny Dwor«, einem gammeligen alten Handelshof gleich neben dem Gostiny Dwor, kann man drei Dinge definitiv nicht: etwas essen, auf einen TV-Bildschirm starren und verkrampft bleiben. Bei jungen Leuten, auch bei den in Petersburg lebenden Gaststudenten, ist der Laden hochbeliebt. Inzwischen gibt es in der Nachbarschaft eine ganze Reihe ähnlich gestrickter Kneipen – und Albers hat drei weitere Lokale in der Stadt aufgemacht.

Datscha. Tgl. 18–6 Uhr, ab 22 Uhr DJs. Ul. Dumskaja 9

wurde hoher Wert auf Brandschutz gelegt. Das Handelszentrum, das einen ganzen Straßenblock einnimmt, wurde nur aus Stein und Eisen errichtet, auf heizende Öfen verzichtete man zunächst.

Nach der Revolution 1917 verödete der einst so lebhafte Bau. Erst in den 1950er-, 1960er-Jahren wurden die Wände zwischen den einzelnen Sektionen herausgebrochen – und diese zum größten Kaufhaus der Stadt vereinigt. Wer heute auf beiden Etagen je einmal den Rundweg durch alle Abteilungen macht, legt zwei Kilometer zu Fuß zurück. Eine durchschaubare Logik, wo welche Waren stehen, gibt es dabei nicht. Einen Sonderstatus hat allein das Obergeschoss der »Newski-Linie«, wo in einer Haute-Couture-Galerie Läden namhafter Labels angesiedelt sind. Und im Erdgeschoss gibt es eine große Souvenirabteilung ohne groben Schund.

Wer zwischen all der Massenware von billig bis nobel im Gostiny Dwor etwas ganz Individuelles sucht, sollte auf der oberen Etage der Längsseiten, der Sadowaja- und der Perinnaja-Linie, auf die beiden Verkaufsstände von *Tschary kamnej* achten. Hier gibt es schöne Juwelierarbeiten von russischen Meistern – und zwar Einzelstücke und nicht, wie so oft in der Stadt, aus Serienfertigung.

Passash

Weitere gute Shoppingmöglichkeiten bieten sich in einem nahen Radius rund ums Gostiny Dwor. Auf der gegenüberliegenden Newski-Straßenseite lockt eine feine Ladenpassage vom Ende des 19. Jahrhunderts namens Passash. Hier konzentriert sich das Angebot auf die Bereiche Schmuck, Accessoires, Taschen, Schuhe, Porzellan, Kleidung und Pelz. Auf dem Brückchen quer durch die stilistisch an das berühmte Moskauer GUM erinnernde Passage stehen Café-Tische – ein atmosphärisch angenehmes Plätzchen für eine Pause.

Wer es zeitgeistiger mag und einen ruhigen Platz zum Postkartenschreiben oder für Computerarbeit sucht, sollte hingegen im zweiten Stock das »Ziferblat« aufsuchen. In dieser »freien Räumlichkeit« kann sich jeder ein Eckchen mieten. Bezahlt wird die Aufenthaltsdauer in Minuten; Kaffee, Tee, Müsli, Kekse und gelegentliche Kulturevents sind dafür inklusive.

Grand Palace

Links neben dem Passash schließt sich die Tag und Nacht geöffnete Buchhandlung Bukwojed an, die sich angesichts seiner Größe stolz »Park der Kultur und des Lesens« nennt. Und ein Haus weiter folgt Grand Palace: Hinter der alten Fassade einer Bank steckt ein elitäres Shoppingcenter mit Labels von Welt. Die Preise sind horrend, die Marmorböden spiegelblank – und das siebenstöckige Glasatrium bietet viel zweckfrei umbauten Raum.

Perinnyje rjady

Kunstliebhaber, die etwas Zeit und Fantasie mitbringen, werden das Perinnyje rjady als wahre Fundgrube erleben. In der dreistöckigen Neubauladengalerie direkt rechts neben dem Gostiny Dwor sind Dutzende Galerien, Antiquariate, Schmuckboutiquen, Kunsthandwerkshops und Läden für Sammler aller Couleur transparent hinter Glaswänden aufgereiht. Statt einheitlicher Standardmitbringsel à la Matrioschka findet man hier ganz bestimmt etwas Originelles! Zum Knuddeln komisch sind zum Beispiel die Nosuni der Designerin Julia Lapina – handgefertigte Stofftiere aus Socken mit Knopfaugen: Sie gibt es exklusiv im Laden B15.

Oben: Nur am Gostiny Dwor unterqueren Fußgängerunterführungen den Newski.
Unten: Nostalgisch-nobles Shoppingvergnügen ermöglicht die Ladengalerie Passash.

Oben: Die Katharinenkirche ist die Hauptkirche der Katholiken in der Stadt.
Mitte: Lustige »Nosuni«, hergestellt aus Socken
Unten: Das Apraxin Dwor ist ein volksnaher Markt für alles, was nicht essbar ist.

Galereja stekla

Weiter geht die Einkaufsrunde rund ums Gostiny Dwor auf dessen Rückseite. An der Uliza Lomonossowa kann man der Glasgalerie Galereja stekla einen Besuch abstatten. Im Erdgeschoss wird originelle Glaskunst aus Petersburger Produktion feilgeboten, in den oberen Etagen auch Geschenke von Künstlerhand aus Stoff oder Pappmarchee – oder gleich veritable Kunstwerke. Hoch unterm Dach versteckt sich eine Fonduebar namens »Künstlerdachboden« (*Tscherdak chudoschnika*). Der Blick vom Balkon über die Dachlandschaft ist wirklich romantisch, der Service aber manchmal etwas langsam.

Apraxin Dwor

Zu guter Letzt ist ein Ort ganz in der Nähe zu nennen, an dem das Einkaufen einen Hauch von Abenteuer bekommt: Das Areal des Apraxin Dwor beginnt an der Sadowaja Uliza auf der Höhe, wo das Gostiny Dwor aufhört – nur auf der anderen Straßenseite. Wie in einer Zeitblase haben sich hier 40 Lagerhäuser aus dem 19. Jahrhundert erhalten, teils saniert, teils als Ruinen. Diese Stadt in der Stadt mit ihren engen Kopfsteinpflastergassen (das gibt es also auch in St. Petersburg!) ist ein orientalisch angehauchter Basar für billige Alltagswaren aller Art, vom T-Shirt bis zum Fahrrad, in der Masse aus Asien importiert.

Die »Aprakscha«, wie die Petersburger sagen, ist traditionell ein Revier von Kleinhändlern, illegalen Migranten und flinken Geschäftemachern. Gehandelt wird in den Gebäuden selbst und davor. Wer sich ins Getümmel stürzen möchte, sollte versuchen, sich nicht allzu touristisch zu verhalten. Ganoven und Taschendiebe sind allgegenwärtig. Auch der gezückte Fotoapparat ist in dieser Gegend nicht gern gesehen.

Infos und Adressen

SEHENSWÜRDIGKEITEN

Bolschoi Gostiny Dwor. Tgl. 10–22, Mi/Do bis 22.30 Uhr, Modegalerie ab 11 Uhr, Newski Pr. 35, Tel. 812/630 54 08, www.bgd.ru

ESSEN UND TRINKEN

Tscherdak chudoschnika. Tgl. 11–23 Uhr, Ul. Lomonossowa 1, Tel. 812/315 96 54, www.glassdesign.ru/cherdak

Tolsty frajer. Originelle Kneipe mit süffigem Hausbier und sättigender Küche zu günstigen Preisen. Tgl. 10–1, Fr/Sa bis 3 Uhr, Dumskaja Ul. 3, Tel. 812/570 01 02, www.tolstiy-fraer.ru

Ziferburg. Tgl. 11–24, Fr/Sa bis 7 Uhr, Newski Pr. 48, zweites Obergeschoss, Tel. 981/180 70 22, www.ziferburg.ziferblat.net

ÜBERNACHTEN

Stony Island. Kleines designtes Hotel hinter dem Gostiny Dwor. Ul. Lomonossowa 1, Tel. 812/740 15 58, www.stonyisland.ru

Friends Hostel. Fröhlich gestaltete Traveller-Unterkunft. Standard sind Dreibettzimmer. Bankowski Per. 3, Tel. 812/310 49 50, www.friendsplace.ru

Das geräumige Shoppingcenter Grand Palace

Auch rund ums Apraxin Dwor ist die Einkaufswelt eher bunt als edel.

AUSGEHEN

Money Honey. Alteingesessener Musikklub, einem Wild-West-Saloon nachempfunden. Tgl. 10–5 Uhr, Sadowaja Ul. 28, Korpus 13 (im Apraxin Dwor), Tel. 812/310 05 49, www.money-honey.ru

EINKAUFEN

Apraxin Dwor. Marktbetrieb tgl. ca. 10–20 Uhr, Sadowaja Ul. 28–30.

Bukwojed. Tgl. 0–24 Uhr, Newski Pr. 46, Tel. 812/601 06 01, www.bukvoed.ru

Galereja stekla. Tgl. 10–21 Uhr, Ul. Lomonossowa 1, Tel. 812/312 22 14, www.glassdesign.ru

Grand Palace. Tgl. 11–21 Uhr, Newski Pr. 44, Tel. 812/570 61 20, www.grand-palace.ru

Otkrity mir. Gut sortiertes Musikgeschäft für Klassik, Jazz, alte Schlager und russische Kirchen- und Volksmusik. Tgl. 10–22 Uhr, Newski Pr. 32 (im Hof links neben der Kirche), Tel. 812/315 82 22, www.cd-classic.ru

Passash. Mo–Sa 10–21, So 11–21 Uhr, Newski Pr. 48, www.passage.spb.ru

Perinnyje Rjady. Tgl. 10–21 Uhr, Dumskaja Ul. 4

INFORMATION

Das Areal am Gostiny Dwor ist bestens durch die Kreuzungsstation der Metrolinien 2 (Newski Prospekt) und 3 (Gostiny Dwor) erschlossen.

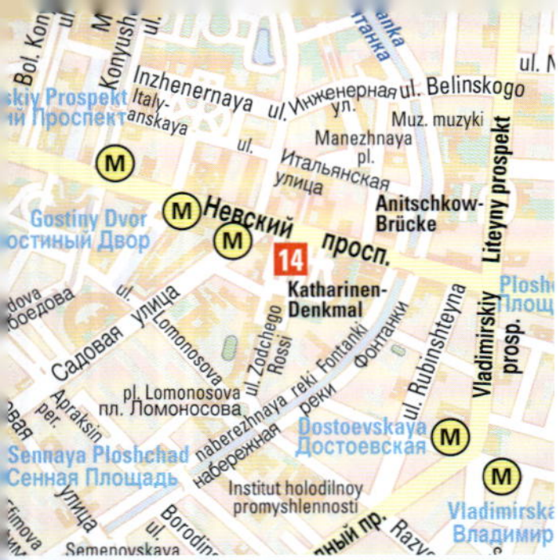

Oben: Das Alexandrinski-Theater ist der eindrucksvollste Bühnenbau der Stadt.
Unten: Dem Ambiente angepasste Architektur: Dieses Haus ist ein Neubau!

14 Katharinen-Denkmal
Die deutsche Zarin

Neben Kirchen und Kommerz ist auch die Kultur am Newski Prospekt eine feste Größe. Besonders geballt tritt sie am Ostrowski-Platz auf. Hier befinden sich die größte Bibliothek und das älteste Dramentheater der Stadt – und all dies im Rahmen des wohl schlüssigsten Architektur-Ensembles, das St. Petersburg zu bieten hat. Sein Mittelpunkt ist ein monumentales Denkmal für Zarin Katharina die Große (1729–1796).

»Katkin sad« – also Käthchen-Garten, nennen die Petersburger die kleine Grünanlage, die zwischen Sadowaja Uliza und Fontanka die ansonsten geschlossene Newski-Bebauung unterbricht. Hier lohnt sich ein Halt beim Gang entlang des Prospekts – und dies nicht nur wegen der Möglichkeit, einmal auf einer Parkbank sitzend den Beinen eine Pause zu gönnen. Denn Käthchen ist eine veritable Dame aus gutem deutschen Hause: Sophie Auguste Frederike von Anhalt-Zerbst wurde im Alter von 16 Jahren mit dem russischen Thronfolger verheiratet. Als dieser nach 17 frustrierenden Ehejahren 1762 als Kaiser Peter III. den Thron bestieg, fackelte seine Gattin nicht lange: Ein halbes Jahr später putschten ihre Vertrauensleute – und die deutsche Provinzadelige bestieg als Katharina II. den Zarenthron.

Katharina die Übergroße

Mehr als drei Jahrzehnte regierte und vergrößerte die aufgeklärte absolutistische Herrscherin Russland. Ihrem Kunstsinn wie auch ihrer Liebe zur Prachtentfaltung hat das heutige Petersburg viel zu verdanken: die Eremitage beispielsweise. Deshalb nahm 100 Jahre nach ihrer Thronbesteigung das Projekt eines hinreichend würdigen und großen Denkmals Formen an. Fertig war das 15 Meter hohe Monument aber erst 1873. Die ausdrucksstarke Bronzeskulptur zeigt die gütig lächelnde Kaiserin im Kreise ihr nahestehender Zeitgenossen. Diese illustre Runde aus acht Herren und einer Dame haben die Bildhauer allerdings eine Etage tiefer auf dem Sockel Platz nehmen lassen.

Kultur am Platz

Hinter dem Denkmal erhebt sich das Alexandrinski-Theater (1832), das älteste und zugleich pompöseste Dramentheater der Stadt. Der mächtige Bau ist dabei nur ein Objekt eines hocheleganten städtebaulichen Ensembles, das an dieser Stelle der damalige Stararchitekt Karl Rossi (1775–1849) realisieren durfte. Dazu gehört neben dem Theater zunächst einmal die blassblaue, auf den Platz ausgerichtete Hauptfassade der Nationalbibliothek: Mit ihren über 36 Millionen Schriften ist diese altehrwürdige Bibliothek die fünftgrößte der Welt.

Die Straße des Herrn Rossi

Sein eigentliches Meisterstück lieferte Rossi aber hinter dem Theater ab. Denn dort beginnt eine Straße, die heute zu Recht den Namen des Baumeisters trägt. Sie ist auf ganzer Länge beidseitig von identischen, mit mächtigen Säulen geschmückten Gebäuden mit einer Einheitsfassade flankiert, die sich wie Spiegelbilder gegenüberstehen. Verstärkt wird die perfekte Symmetrie durch den quadratischen Querschnitt. Die Häuser sind 22 Meter hoch, die Straße 22 Meter breit – und ihre Länge beträgt 220 Meter.

AUTORENTIPP!

DER NEWSKI BEI NACHT

Die Weißen Nächte sind stimmungsmäßig natürlich etwas ganz Besonderes. Nachts wird es nicht mehr richtig dunkel, und nach drei Stunden Dämmerlicht ist es auch schon wieder hell. Ganz Petersburg ist dann in zarte Pastellfarben getaucht, der Himmel im Norden leuchtet leicht orange – und die Newa und die Kanäle spielen mit diesem magischen Licht. Das ist sehr reizvoll – aber bei diesem Dauertageslicht verpasst man eben auch andere Eindrücke: So kommt die Grandezza des Newski Prospekts eigentlich erst richtig bei Nachtdunkel zur Geltung. Dann werden die Gebäude allesamt angestrahlt, und bei vielen Fassaden, an denen man tagsüber vielleicht achtlos vorbeiging, eröffnet das Scheinwerferlicht erst richtig die Tiefe der Gestaltungselemente. Ein angenehmer Nebeneffekt: Nach Feierabend nimmt der Verkehr deutlich ab.

Oben: Lomonossow-Brücke
Mitte: Architektonisch ungewöhnlich ist die Fassade des Feinkostgeschäfts Jelissejew.
Unten: Denkmal für eine deutsche Zarin: Katharina II. im Kreise ihrer Favoriten

Lomonossow-Platz

Am anderen Ende dieser Blickachse befindet sich der ebenfalls von Rossi konzipierte runde Lomonossow-Platz. Architekturfreunde sollten noch einen Blick auf die dort 1788 eröffnete Brücke über die Fontanka werfen. Sie ist ein weiteres schönes Beispiel für das Bemühen um ein abgerundetes Stadtbild. Da die Brücke nicht rechtwinklig, sondern schräg über die Fontanka führt, wurden die vier Pavillons darauf mit völlig schiefen Grundrisswinkeln errichtet. Aus der Ferne betrachtet ergibt sich so wieder Symmetrie!

Fotogener Schlemmertempel

Sehenswertes gibt es aber auch auf der dem Katharinen-Denkmal gegenüberliegenden Newski-Seite zu entdecken: Da ist zum einen das Delikatessengeschäft der Gebrüder Jelissejew, ein 1903 in üppiger Jugendstilpracht eröffneter Feinschmeckertempel. Wer im Innern fotografieren möchte, sollte zunächst etwas kaufen, so die Hausordnung. Apropos Fotografie: Ein Haus weiter ist im einstigen Atelier der Petersburger Lichtbildnerlegende Karl Bulla (1855–1925) ein nettes Museum gewidmet. Und in der hier beginnenden Malaja Sadowaja Uliza, einer gastronomiereichen Fußgängerzone, steht seit 2001 ein Fotograf – auch er, wie vis-à-vis Katharina die Große, ganz aus Bronze.

Infos und Adressen

SEHENSWÜRDIGKEITEN

Katharinen-Denkmal (Pamjatnik Jekaterine II). Pl. Ostrowskogo (gegenüber Newski Pr. 54–56).

Karl-Bulla-Fotomuseum (Musej fotografii im. Karla Bully). Tgl. 10–20 Uhr, Newski Pr. 54, Tel. 812/312 20 83, www.bullafond.ru

Theater-Museum (Teatralny musej). Zwei Ausstellungen zu Theatergeschichte und der »Wunderwelt des Theaters«, die einen Blick hinter die Kulissen erlaubt. Do–Mo 11–19, Mi 13–20 Uhr, Pl. Ostrowskogo 6, Tel. 812/571 21 95, www.theatremuseum.ru

ESSEN UND TRINKEN

Stolowaja Nr. 1. Spottbillige Kantine mit soliden Mahlzeiten. Tgl. 0–24 Uhr, Newski Pr. 54

Mascha i medwed. »Mariechen und der Bär« ist ein auf urig getrimmtes Kellerrestaurant mit allen Gaben der deftigen russischen Küche. Tgl. 11–23 Uhr, Malaja Sadowaja Ul. 1, Tel. 812/310 46 31, www.restorauntspb.ru

Jugendstil vom Feinsten dominiert das Interieur bei Jelissejew.

Auf dem Newski beim Katharinen-Gärtchen bieten Porträtisten ihre Dienste an.

ÜBERNACHTEN

Hotel Rossi. Romantisches Boutiquehotel; die teureren Zimmer haben Blick aufs Wasser. Nab. reki Fontanki 55, Tel. 812/635 63 33, www.rossihotels.com

AUSGEHEN

Rossi's. Eine typische russische Disco: mainstreamige Musik, günstiges Essen und über 500 Rubel Eintritt zur Partyzeit. Tgl. 18–6 Uhr, Ul. Sodtschego Rossi 1, Tel. 812/710 40 16, www.rossis.ru

EINKAUFEN

Jelissejew (Magasin kupzow Jelisejewych). Tgl. 10–22 Uhr, Newski Pr. 56, Tel. 812/456 66 66, www.kupetzeliseevs.ru

INFORMATION

Hauptbüro der städtischen Touristeninformation. Mo–Fr 10–19, Sa 12–18 Uhr, Sadowaja Ul. 14 (Ecke Newski Pr. 52), Tel. 812/310 28 22, www.visit-petersburg.ru

Anfahrt. Der Ostrowski-Platz und die Rossi-Straße sind am besten zu Fuß von der Metrokreuzungsstation Newski Prospekt/Gostiny Dwor (Linien 2/3) zu erreichen.

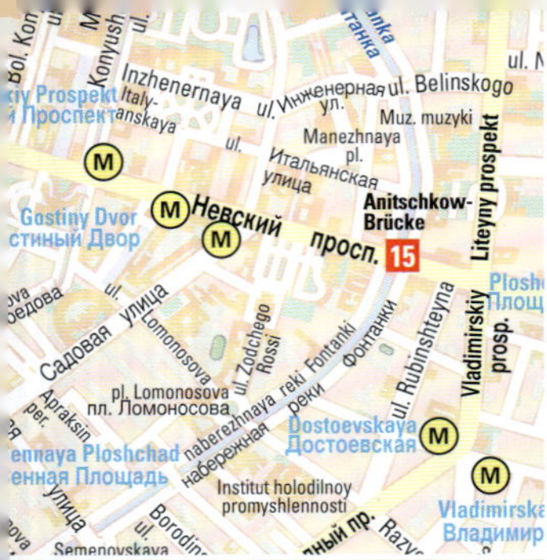

Oben: An der Anitschkow-Brücke gibt es mehrere Anleger für Kanalrundfahrten.
Unten: Vier Skulpturen von Pferdebändigern schmücken die Anitschkow-Brücke.

15 Anitschkow-Brücke

Pferde über der Fontanka

Diese Brücke ist eine der bekanntesten der Stadt, dabei ist die dreibögige Querung der Fontanka selbst ein unauffälliges Bauwerk. Doch wird die Anitschkow-Brücke von vier Rossbändigerskulpturen geschmückt, die perfekt die klassische Eleganz Petersburgs ausdrücken. Einige Häuser weiter dokumentiert seit 2014 das Fabergé-Museum ähnlichen Kunstsinn im Kleinformat.

Von der ersten Brücke an dieser Stelle hat sich nur der Name erhalten: Michail Anitschkow kommandierte ein Pionierbataillon, das 1716 eine Holzbrücke im Verlauf des neu angelegten Newski Prospekts über die Fontanka schlug. Als zwischen 1840 und 1841 diese Brücke zum wiederholten Male breiter, solider und repräsentativer ausgebaut wurde, schlug die Stunde des deutschbaltischen Bildhauers Peter Klodt (1805 bis 1867): Er galt als Spezialist für Pferdeskulpturen und schuf zunächst zwei elegante Figuren-

MAL EHRLICH

VERGEBLICH GERANNT

Da gibt man sich alle Mühe, noch rechtzeitig in ein schönes Museum zu kommen, hat im Reiseführer genau die Öffnungszeiten nachgesehen, damit man wenigstens eine knappe Dreiviertelstunde die Ausstellung genießen kann – und kommt doch nicht hinein. Das heißt, hinein schon, aber der Kassenschalter ist bereits geschlossen. Dies ist eine Eigenart des russischen Museumswesens: In fast allen Häusern macht die Ticketkasse genau eine Stunde vor Museumsschließung zu.

gruppen. Sie zeigen, wie ein entblößter junger Mann ein Ross niederzwingt.

Klodts Pferdeskulpturen

Zunächst wurden nur zwei Figuren in Bronze gegossen, die Sockel auf der dem Stadtzentrum abgewandten Seite wurden mit Gipskopien bestückt. Als einige Jahre später Dubletten gegossen waren, beschloss Zar Nikolaus I. (1796–1855), diese dem König von Preußen zu schenken. Sie stehen heute im Berliner Kleistpark. Klodt machte sich wieder an die Arbeit, und erneut nutzte sein Gönner die Werke zur Pflege der Außenbeziehungen. Diesmal war der König von Neapel der Beschenkte.

Erst 1850 konnte Klodt die fehlenden Skulpturen aufstellen. Inzwischen hatte er zwei andere Figurengruppen geschaffen, sodass alle vier Skulpturen heute unterschiedlich sind. Sie sind als szenische Allegorie der Bändigung der Naturgewalten durch den Menschen zu deuten. »Klodt, du machst bessere Pferde als ein Zuchthengst«, soll der Zar zu Meister Klodt bei der Enthüllung schulterklopfend gesagt haben.

Während der Belagerung im Zweiten Weltkrieg grub man die vier Rossbändiger in einem nahen Garten ein. Die Granitsockel bekamen aber so manches Artillerie-Schrapnell ab. Diese Schrammen wurden bei späteren Restaurierungen bewusst belassen. An einer Stelle hängt eine kleine Gedenktafel: »Dies sind Spuren von einem der 148 478 Geschosse, die von den Faschisten 1941 bis 1944 auf Leningrad abgefeuert wurden.«

Zwei Paläste am Newski

Auf der Südseite flankieren zwei markante Gebäude die Brücke: Der hellgraue Anitschkow-Pa-

AUTORENTIPP!

NEUJAHR IST JEDEN TAG

Ziemlich durchgeknallt ist die Stimmung in der Bar Purga, die es am Fontanka-Ufer in einem Haus gleich zweimal gibt. Das Interieur ist so schräg wie das Programm. In der »Purga I« wird täglich um Mitternacht Silvester gefeiert. Alle tragen Hasenohren, und zu Wunderkerzen rockt Väterchen Frost mit Gästen und Personal, während Breschnew vom Videoschirm eine Neujahrsansprache lallt. In der »Purga II« ein paar Schritte weiter heiratet derweil ein Pärchen in wilden weißen Plastikkreationen zur Probe. Wie es sich für solch hohe Feste geziemt, ist eine Tischreservierung (nur gegen Kaution) angeraten, denn der Platz ist knapp. Die Speisekarte und die Kreationen des Küchenchefs können sich übrigens auch sehen lassen.

Purga. Tgl. 16–6 Uhr, Nab. reki Fontanki 11, Tel. 812/570 51 23 oder 812/571 23 10, www.purga-club.ru

Oben: Das Beloselski-Beloserski-Palais steht direkt an der Anitschkow-Brücke.
Mitte: Atlanten schmücken die Fassade des für die Innenstadt typischen Adelspalasts.
Unten: Auch ein Teil des Stadtbildes: junge Offiziersschüler

last (Newski Pr. 39, 1741–1778) beherbergte im Lauf der Zeit zahlreiche Günstlinge und hochrangige Angehörige der Zarenfamilie. Heute verdecken allerdings von der Fontanka her die von zweistöckigen Säulen flankierten Bauten der zaristischen Vermögensverwaltung weitgehend den Blick auf den Palast. 1937 wurde er zum Pionierpalast umgewidmet. Auch heute noch besuchen hier viele Kinder unterschiedliche kreative Kurse – die Kosten trägt die Stadt.

Auf der anderen Seite der Fontanka steht das karminrote Beloselski-Beloserski-Palais (1847–1848). Auch dieser Prachtbau wechselte in seiner Geschichte mehrfach die Besitzer. Heute dient er als Bürogebäude, in einem Saal werden regelmäßig Konzerte veranstaltet. Aber auch ohne Eintrittskarte kann man einen Blick in das nicht nur an der Fassade, sondern auch im Treppenhaus mit Atlanten geschmückte Palais werfen.

Uliza Rubinsteina

Ein Haus weiter zweigt die Uliza Rubinsteina vom Newski Prospekt ab. Ein Abstecher dort hinein lohnt sich, wenn man eine gute Gelegenheit zum Essen sucht. In fast jedem Haus gibt es ein Lokal, alle Preis- und Güteklassen sind vertreten. Um zur Fontanka zurückzukehren, biegt man am besten zwischen den Häusern 15 und 17 in eine hohe Hofeinfahrt ein: Das Mietshaus des Grafen Tolstoi (1912) von Architekt Fjodor Lidval (1870–1945) beeindruckt durch die schönen Fassaden in den leicht zueinander versetzten drei Höfen. Von hohen Arkaden getrennt bilden sie einen Durchgang zur Fontanka.

Fabergé-Museum

Feine Adelspaläste stehen auch nördlich der Anitschkow-Brücke, so das Naryschkin-Schuwalow-

Palais (1780–1849) an der Ecke des Fontanka-Ufers zur Italianskaja Uliza. Hier eröffnete 2014 eine neue, im wahrsten Wortsinne hochkarätige Attraktion: Das Fabergé-Museum zeigt eine umfangreiche Kollektion von Werken des einstigen Hofjuweliers Peter Carl Fabergé (1846–1920) – bis heute wohl der berühmteste Vertreter seiner Branche aller Zeiten.

Seinen Ruhm mehrten vor allem die prachtvollen und filigranen Fabergé-Eier, die die letzten Zaren Alexander III. und Nikolaus II. jedes Jahr zu Ostern ihren Gemahlinnen sowie der Frau Mutter schenkten. Über 30 Jahre lang hatte Fabergé jeweils am Karfreitag dem russischen Herrscher neue Schöpfungen der besten Goldschmiede seiner damals weltbekannten Juweliermanufaktur überbracht. 43 der insgesamt 50 Zarenostereier – in der Regel mit einer hochkarätigen Überraschung im Innern gefüllt – sind bis heute erhalten, die mit zehn Stück größte Kollektion befindet sich im Moskauer Kreml. Alle anderen gingen in der Zeit nach der Revolution verloren oder wurden in den 1920er-, 1930er-Jahren von der Sowjetmacht gegen Devisen ins Ausland verkauft.

Die Ostereier des Oligarchen

Dass nun die mit neun Eiern zweitgrößte Sammlung in St. Petersburg bewundert werden kann, ist dem russischen Milliardär Viktor Wechselberg zu verdanken: Die Erben des amerikanischen Medien-

AUTORENTIPP!

ANNA ACHMATOWAS KOMMUNALKA

Anna Achmatowa (1889–1966) war eine herausragende Dichterin des Silbernen Zeitalters, wie man in russischen Kulturkreisen die Ära zu Beginn des 20. Jahrhunderts nennt. Unter den Kommunisten war sie immer wieder Repressalien ausgesetzt. Von 1924 bis in die 1950er-Jahre lebte sie in einer überfüllten Wohnung in einem Gartenflügel des Scheremetjew-Palais. Dort musste Achmatowa mehrmals miterleben, wie Stalins Schergen ihren Lebensgefährten und ihren Sohn verschleppten. Die von Angst und Kummer, aber auch von Kunstsinn getränkte Wohnung ist heute mit vielen liebevoll arrangierten Details als Museum im Stil einer Intellektuellen-»Kommunalka« zugänglich.

Anna-Achmatowa-Museum. Di, Do–So 10.30–18.30, Mi 12–20 Uhr, Litejny Pr. 53 (im Hof), deutscher Audioguide erhältlich, Tel. 812/272 22 11, www.akhmatova.spb.ru

moguls Malcolm Forbes wollten 2004 dessen einmalige Sammlung von Fabergé-Produkten versteigern lassen. Wechselberg gelang es, die gesamte Forbes-Kollektion vor der Auktion im Paket aufzukaufen, was ihn etwa 100 Millionen Dollar gekostet haben soll. Dieser Coup wurde in Russland als vorbildlicher patriotischer Akt gefeiert, denn Wechselberg versprach, alle Stücke zurückzubringen und zugänglich zu machen. Auf diese Weise sollte wenigstens partiell der enorme kulturelle Schaden getilgt werden, den der Ausverkauf von Kunstschätzen nach der Revolution angerichtet hatte.

Viktor Wechselberg und die von ihm eigens gegründete Kulturstiftung finanzierten auch die Renovierung des von der Stadt St. Petersburg zur Verfügung gestellten Palais. Dafür strahlt es nun wie aus dem Fabergé-Ei gepellt. Neben den kaiserlichen »Überraschungseiern« verfügt die Sammlung über insgesamt 4000 Exponate, darunter zahlreiche weitere Fabergé-Arbeiten sowie Ikonen und andere wertvolle Schöpfungen des russischen Kunsthandwerks. Wechselberg stellt auch Gemälde aus seiner privaten Sammlung aus.

Scheremetjew-Palais

Ein weiteres sehenswertes Adelspalais steht schräg gegenüber am Fontanka-Ufer: Das leuchtend gelbe Scheremetjew-Palais, auch bekannt als Fontänenhaus, stammt noch aus der Mitte des 18. Jahrhunderts. Die Großzügigkeit des Anwesens lässt spüren, dass es damals noch vor der Stadt lag. Fünf Generationen einer der einflussreichsten Adelssippen Russlands residierten hier. Das Palais kann besichtigt werden, neben einer Ausstellung zu den kunstsinnigen Hausherren gibt es hier auch ein mit über 3000 Exponaten sehr gut bestücktes Museum für Musikinstrumente. Sonderschauen widmen sich dem Theater, dem Tanz und der Musik.

Oben: Das Scheremetjew-Palais beherbergt ein großes Museum für Musikinstrumente.
Unten: Osterei mit Uhr: Fabergé-Eier waren Geschenke mit Mehrwert.

Infos und Adressen

SEHENSWÜRDIGKEITEN

Fabergé-Museum (Musej Fabershe). Mi/Do/Sa/So 11–21 Uhr nur als Führung alle 30 Minuten von 11–19 Uhr, Nab. reki Fontanki 21, Tel. 812/333 26 55, Sa–Do 9.30–20.45 Uhr, www.fabergemuseum.ru

Scheremetjew-Palais (Scheremetjewski dworez). Do–Mo 11–19, Mi 13–21 Uhr, letzter Mi im Monat geschlossen, Musikinstrumentesammlung nur mit Führung Mo, Do, Sa 11.30, 13, 15 Uhr, Nab. reki Fontanki 36, Tel. 812/272 44 41, www.theatremuseum.ru

ESSEN UND TRINKEN

Coffeeshop Company. Die Beste der Petersburger Kaffeehausketten. Diese Filiale ist in einem alten Palais untergebracht. Mo–Do 10–23, Fr/Sa 0–24, So 0–23 Uhr, Newski Pr. 47, Tel. 911/940 28 62, www.coffeeshopcompany.ru

Odessa Mama. Günstige ukrainische und russische Küche. Tgl. 11–24 Uhr, Karawannaja Ul. 7, Tel. 812/312 11 36, www.odessa-mama.ru

Sardina. Gemütlicher Mittelklasse-Italiener. Im Sommer darf die sardische und sizilianische Küche auch auf hübschen Gehsteigplätzen genossen werden. Tgl. 12–24 Uhr, Ul. Rubinstejna 6–8, Tel. 812/314 05 97.

Hochkarätiges in Vitrinen: das neue Fabergé-Museum

Dieses Fabergé-Ei dient als Garage für ein Modell der Zarenkutsche.

ÜBERNACHTEN

Radisson Royal Hotel. Fünf Sterne hinter historischer Fassade. Newski Pr. 49, Tel. 812/322 50 00, www.radisson.ru

EINKAUFEN

Generator Nastrojenija. Geschenke und Designobjekte für Leute mit Freude an Gags. Fast keine Fabrikware, sondern nur Ding gewordene Hirngespinste! Tgl. 11–22 Uhr, Karawannaja Ul. 9, Tel. 812/314 53 51

Maska. Spezialgeschäft für Kostüme und Masken. Tgl. 11–20, So – 19 Uhr, Karawannaja Ul. 26, Tel. 812/312 85 44

Art Lebedev. Designladen voller seltsamer Eigenkreationen in einem Café-Hinterzimmer. Das Firmenmotto lautet nüchtern: »Kein Scheiß«. Tgl. 9 bis 23 Uhr, Ul. Schukowskogo 2, Tel. 812/702 88 58, www.artlebedev.com

INFORMATION

Der Newski-Abschnitt beiderseits der Anitschkow-Brücke liegt zwischen den Metrostationen Majakowskaja und Gostiny Dwor der Linie 3.

DER WESTEN DER INNENSTADT

Nasch Hotel
Marco Polo
Tolsty frajer
Troizki most
Trezzini Art-Hotel
Jean-Jacques Rousseau
Taverna Grolle
Sokos Vasilievsky
Trezzini Pa
Russki Kitsch
SENNOI OKRUG
СЕННОЙ ОКРУГ
U-Boot Narodowolez
Kabantschik
Kuryokhin Center
Kunst-museum Erata
17
Nikolajewskaja Trapesa
U-Boot S-189
Rumjanzev
Hotel Stschastliwy Puschkin
19
Neu-Holland
o. Novaya Gollan
o. Новая Голлан
o. Novo-Admiralteyskiy
o. Ново-Адмиралтейский
Eisbrecher Krassin
BOLSHAYA NEVA
БОЛЬШАЯ НЕВА
Moyka
Matisov Domik
o. Matisov
o. Матисов
Admiraltejskaja
Alexander-Blok-Museumswohnung
Red Stars
Konzertsaal des Mariinski-Theaters
Große Synagoge
Pryazhka
o. Kolomenskiy
o. Коломенский
Pizza-Bar
Courtyard St. Petersburg Center West/Pushkin
Alarchin most
pl. Kulibina
пл. Кулибина
pl. Turgeneva
пл. Тургенева
pl. Trezini
пл. Трезини
Sredniy prospekt
Средний проспект
Bolshoy prospekt
Большой проспект
Blagoveshchenskiy most
Благовещенский мост
nab. Leytenanta Shmidta
наб. Лейтенанта Шмидта
Angliyskaya naberezhnaya
Galernaya ulitsa
nab. Admiralteyskogo kanala
nab. reki Moyki
наб. Реки Пряжки
nab. reki Pryazhki
Angliyskiy prospekt
Английский просп.
ul. Pisareva
ул. Писарева
ulitsa Dekabristov
Masterskaya ulitsa
Rabochiy per.
ulitsa Soyuza Pechatnikov
Lotsmanskaya ul.
kan. Griboedova
Kanonerskaya ul.
Масляный канал
Maslyany kanal
Kozhevennaya liniya
Syezdovskiy per.
Akademicheskiy per.
Matisov per.
ul. Aleksandra Bloka
Perevoznaya ul.
Drovyanoy ulitsa
ulitsa Volodi Ermaka
Rimskogo-Korsakova
Myasnaya ul.
Мясная ул.
Vitebskaya ul.
Витебская ул.
Pskovskaya ul.
Псковская ул.

Dvorets Petra II
Дворец Петра II
Dvorets Menshikova
Дворец Меншикова
Университетская наб.
Universitetskaya nab.
Rumyantsevskaya pl.
Румянцевская пл.
BOLSHAYA NEVA
БОЛЬШАЯ НЕВА
Dvortsovy most
Dvortsovaya nab.
Ermitazh
Millionnaya ul.
Zimniy dvorets
Зимний дворец
Nevskiy prosp.
Dvortsovaya pl.
Дворцовая пл.
nab. reki Moyki
наб. реки Мойки
Admiralteyskaya naberezhnaya
Chernomorskiy per.
Невский просп.
16
Senatskaya pl.
Сенатская пл.
Admiralteyskiy prospekt
Gorokhovaya ulitsa
Kirpichny per.
Stroganovskiy dvorets
Строгановский дворец
Moyka
Английская набережная
Artischok
Grand Mark Hotel
Zamyatin per.
Галерная улица
bulvar
бульвар
Якубовича
Ausstellungssaal Manege
Isaakievskiy sobor
Исаакиевский собор
Voznesenskiy prosp.
Mal. Morskaya
ulitsa Morskaya
Bolshaya
Sankt-Peterburg Opera
Russian Vodkaroom
Stroganoff Steak House
Post- und Fernmelde-museum
18
Postviertel
Nikolaus-Palast
Konnogvardeyskiy
Конногвардейский
Wodka
Yakubovicha ul.
Pochtamtskiy per.
Почтамтская ул.
Galereja kukol
Isaakievskaya pl.
Hauptpostamt
Renaissance Baltic
nab. reki Moyki
наб. реки Мойки
Dom Shtegelmana
(Aleksandrovskiy sirotskiy dom)
Дом Штегельмана
(Александровский сиротский дом)
Truda
Труда
ulitsa
Konnogvardeyskiy per.
Pochtamtskaya ul.
Museum für Religionsgeschichte
Бол. Морская ул.
Domina Prestige
nab. reki Moyki
Мойка
per. Grivtsova
Mariinskiy dvorets
Мариинский дворец
Казанская улица
Kriegsmarine-Museum
Bolshaya Morskaya ul.
набережная реки Мойки
Prachechny per.
Idiot
Fonarny per.
Pirogova
KOLOMNA
КОЛОМНА
Вознесенский проспект
Kazanskaya ulitsa
Griboedova
кан. Грибоедова
наб. канала Грибоедова
Гороховая улица
Jussupow-Palast
pereulok
Декабристов улица
Kazanskaya ul.
Demidov most
Spasskiy per.
Potseluev most
Stolle/Lindfors
Фонарный пер.
ulitsa
Hotel Dom Dostojewskogo
Sennaya Ploshchad
Сенная Площадь
Sadko
Dworjanskoje Gnesdo
ul. Glinki
Sorry Mama
The Shamrock
Kafema
Lviny most
Grazhdanskaya
Stolyarny per.
nab.
пер. Гривцова
Sennaya pl.
Сенная пл.
Rimski-Korsakow-Konservatorium
Mal. Podyacheskaya ul.
Sr. Podyacheskaya ul.
Бол. Подьяческая ул.
Krasnogradskiy per.
канал Грибоедова
Kaznacheyskaya ul.
Sewerjanin
Nebo
Sadovaya/Spasskaya
Садовая/Спасская
ul. Efimova
ул. Ефимова
Pik
Mariinski-Theater
Крюкова канала
Voznesenskiy most
Kokushkin most
20
Teatralnaya pl.
Театральная пл.
nab. kan. Griboedova
Sennaja, Eingänge von drei Seiten
Vincent
ул. Глинки
канала Грибоедова
Римского-Корсакова
Садовая улица
Eisenbahn-museum
Moskovskiy prospekt
Московский проспект
Swiss Star
Swarog-Film-Hotel
проспект
Gribоedova
Voznesenskiy prospekt
Sennoi rynok
Romeo's Bar & Kitchen
Nikolskaya pl.
Никольская пл.
22
Nikolaus-Marine-Kathedrale
ulitsa
Sadovaya ulitsa
Novo-Nikolskiy most
Садовая улица
Nikolskiy per.
Bol. Podyacheskaya
Dvorets Yusupovykh
Дворец Юсуповых
per. Boytsova
канал Грибоедова
nab. Kryukova kanala
Крюкова канала
Alexander House
Makarenko per.
Izmaylovskiy most
Фонтанка
наб. реки Фонтанки
nab. reki Fontanki
Fontanka
Usadba Derzhavina
Усадьба Державина
Sehenswürdigkeit, Denkmal
Aktivität, Ausgehen, Theater
Museum, Galerie
Shopping
Restaurant, Bar, Café
Übernachtungsmöglichkeit
Kirche, Synagoge
0
100 m
N

16 Sphinxen

Alt-Ägypten auf der Wassili-Insel

Die Newa ist nicht der Nil – aber mystische Sphinxen wachen dennoch an ihren Gestaden. Am Ufer der Wassili-Insel flankieren vor der altehrwürdigen Kunstakademie zwei Sphinxen aus Oberägypten einen der schönsten Blicke auf die Stadt und den Strom. Landeinwärts lohnt ein Streifzug durch die »Linien«: So heißen die parallel verlaufenden Straßen auf der Insel. Sie bilden einen Stadtteil mit eigenem Charme.

Unvergängliche herrschaftliche Ausstrahlung sollte die neue Hauptstadt des Russischen Reiches haben – in diesem Anspruch unterschieden sich die Zaren wenig von den Pharaonen. Als in den 1820er-Jahren in Europa eine Welle der Ägyptomanie ausbrach (befeuert vor allem durch die Entzifferung der Hieroglyphen anhand des Steins von Rosette 1822), ließ sich davon auch die russische Elite anstecken: Ägyptische Motive waren

Seite 116/117: Kanalbrücke an der Nikolaus-Marine-Kathedrale
Oben: Petersburgs ägyptische Sphinxen sind genauso alt wie die Newa.

MAL EHRLICH

HAFEN AUSSER SICHT

St. Petersburg hat maritimes Flair: Auf der Newa unterhalb der Blagoweschtschenski-Brücke liegen kleinere Kreuzfahrtschiffe und ein paar Frachter. Auch Museumsschiffe und Kais von Werften sieht man – aber wo ist nun der größte Hafen der Ostsee? Er entzieht sich im Südwesten der Stadt völlig den Blicken. Es gibt weder Hafenrundfahrten noch irgendeinen frei zugänglichen Punkt, von dem sich Seefahrtsfans einen Überblick verschaffen könnten. Schade …

gefragt. So nimmt es kein Wunder, dass Andrej Murawjow, ein gelehrter russischer Adliger auf Bildungs- und Pilgerreise im Nahen Osten, dem Zarenhof Bescheid gab, als er 1830 in Alexandria zwei uralte Sphinxen zum Verkauf entdeckte. Sie waren aus dem Tal der Könige in Oberägypten herangeschafft worden.

3400 Jahre alte Skulpturen

Bis die positive Antwort aus St. Petersburg kam, waren die beiden Sphinxen allerdings schon von Frankreich bestellt worden, doch der Deal platzte, in Paris war gerade die Juli-Revolution ausgebrochen. So bekam Russland den Zuschlag. 1834 wurden die Figuren mit Löwenleibern und dem Gesicht des Pharaos Amenophis III. links und rechts eines neu gestalteten Anlegers am Universitätskai aufgestellt. Es entstand ein besonders stimmungsvoller Platz am Wasser. Vier eigens angefertigte, trotz ihrer Pausbäckigkeit streng blickende Bronzegreifen (1960 aufgestellte Nachbildungen der verlorenen Originale) begrenzen eine Ebene tiefer steinerne Sitzbänke. Von hier bietet sich ein schöner Blick auf das andere Newa-Ufer mit dem Senatsgebäude, den vielen Adelspalais und der Isaakskathedrale im Hintergrund – ein Petersburg-Fotomotiv par excellence!

In Ägypten hatten die beiden je 23 Tonnen schweren Kolosse den Grabtempel des Pharaos bewacht. Da dieser um das Jahr 1350 v. Chr. starb, beträgt ihr Alter also etwa 3400 Jahre. Damit sind sie genauso alt wie die erdgeschichtlich äußerst junge Newa! Denn nach neuen Forschungsergebnissen durchbrach das Wasser des Ladogasees erst um die gleiche Zeit (plus minus 100 Jahre) einen Landriegel östlich von St. Petersburg und fließt seither auf diesem Weg in die Ostsee.

AUTORENTIPP!

BIERSELIGER RETRO-TRIP

Man muss noch gar nichts intus haben, um manche Kneipe doppelt oder dreifach zu sehen: Erfolgreiche Gastronomiekonzepte werden in Petersburg von ihren Inhabern gern geklont und mehrfach realisiert. Eine solche Lokalkette ist »Tolsty frajer«. Diese Bierkneipen sind mit heute komisch wirkender Sowjetpropaganda und längst vergessenen Alltagsattributen dekoriert. Im Hintergrund unaufdringliche Schlagermusik der 1970er-Jahre. Die Lokale locken mit zivilen Preisen und einer deftigen Küche. Nicht zu verachten ist das hauseigene Bier in drei Sorten. Zum ersten Humpen gibt es einen Teller Knabberzeugs umsonst – einschließlich eines traditionellen Dörrfisches. Man muss ihn ja nicht essen …

Tolsty frajer. Tel. 812/327 71 62, 8. Linie 43, weitere Lokale im Stadtzentrum: Ul. Belinskogo 13, Ul. Dumskaja 3, Ul. Mira 11, www.tolstiy-fraer.ru

Das Denkmal für die Pferdebahn auf der 6./7. Linie.

AUTORENTIPP!

BRÜCKEN-LÜCKEN

Wer Petersburg im Juni oder Juli besucht, ohne im Pastellzwielicht einer »Weißen Nacht« einen Spaziergang an der Newa gemacht zu haben, hat definitiv etwas verpasst: Der Himmel im Norden bleibt dämmrig hell. Auch der Blick von den Sphinxen oder der Strelka aus ist zauberhaft, denn die Fenster der Paläste am anderen Ufer reflektieren den rosaroten Nordhimmel, stehen aber selbst vor ultramarinblauem Hintergrund. Doch ab etwa 1.30 Uhr werden die Brücken hochgezogen. Wie nun ins Hotel im Zentrum zurückkommen, wenn die Augen früher zuklappen als die bis kurz vor 5 Uhr geteilten Brücken? Entweder über die Schlossbrücke oder die Blagoweschtschenski-Brücke (sie werden etwa um 2.50 Uhr für 20 Minuten herabgelassen) – oder wochenends zwischen 1 und 3 Uhr mit einem Metro-Pendelverkehr zwischen den Stationen Sportiwnaja und Admiraltejskaja (Linie 5).

Akademie der Künste

Hinter den Sphinxen erhebt sich das mächtige frühklassizistische Gebäude der Akademie der Künste (1764–1788), einer schon im 18. Jahrhundert gegründeten staatlichen Hochschule für Maler, Bildhauer und Architekten. Die Akademie verfügt über ein eigenes großes Museum. Wer bereits die Eremitage und das Russische Museum gesehen hat, muss schon sehr kunstbeflissen sein, um auch diese Ausstellung noch zu goutieren: Die gezeigten Werke sind zumeist Kopien von Bildern oder Skulpturen großer Meister, denn Kopieren galt lange Zeit als die beste Ausbildung. Die so geschaffenen Werke dienten dann wieder als Lehrmaterial für neue Auszubildende des Instituts. Darüber hinaus gibt es auch viele originale Arbeiten von Absolventen der Akademie zu sehen. Für Architekten und Städtebauer interessant ist die Kollektion an historischen Architekturmodellen Petersburger Baumeister. So steht hier auch das Smolny-Kloster im Miniaturmaßstab. Angesichts dieses 1748 gefertigten Modells verstand Architekt Bartolomeo Rastrelli (1700–1771), dass er es mit dem geplanten 140 Meter hohen Glockenturm wohl übertrieben hatte – im Modell ist er vorhanden, gebaut wurde er aber nie.

Trezzinis Denkmal und Haus

Nur wenige Schritte weiter westlich steht auf dem Trezzini-Platz seit 2013 ein großes Denkmal für Domenico Trezzini (ca. 1670–1734), den ersten in Petersburg tätigen Architekten. Kritiker sagen zwar, es sei eher ein Denkmal für dessen üppigen Fellmantel, mit dem sich der gebürtige Tessiner zumindest auf diesem Abbild gegen das raue Klima an seiner nördlichen Wirkungsstätte wappnet. Im Haus dahinter, nach mehrfachen Umbauten heute ein Luxushotel, hat Trezzini in seinen letzten Lebensjahren gewohnt und gearbeitet.

Auf Linie gehen

Die 6. und 7. Linie ist die schönste Straße für einen Spaziergang durch die Altbauquartale der Wassili-Insel. Sie ist reich an Sehenswürdigkeiten wie auch an Gastronomie – und zudem auf weiter Strecke Fußgängerzone.

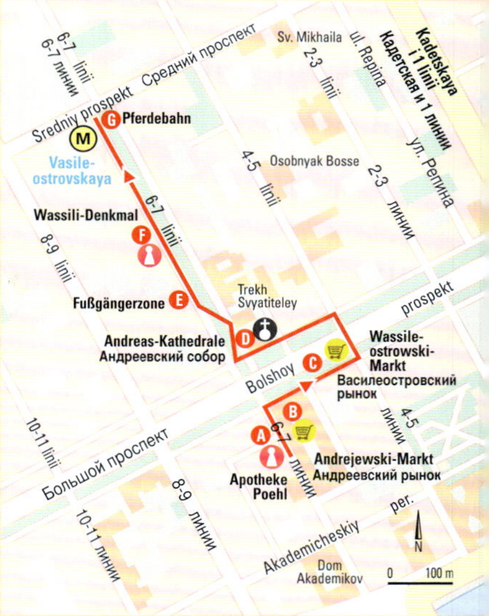

A Das imposante Jugendstilhaus (1910) der deutschstämmigen Pharmazeuten-Dynastie Poehl ist leicht an seinen altmodischen Firmenschriftzügen erkennbar. Auch das noble Interieur der Apotheke hat überlebt, einige der Glasvitrinen sind mit Produkten und Gerätschaften aus der Poehl-Ära gefüllt. Pharma-Nostalgikern verkauft die Apotheke leere Fläschchen und Glaskolben im alten Design. Tgl. 9–21 Uhr, 7. Linie 16

B Der Andrejewski-Markt (1790) erinnert mit seinen Kolonnaden stark an das Gostiny Dwor am Newski Prospekt. Nach einer Sanierung dient er heute als Einkaufszentrum. 6. Linie 9

C Auf dem benachbarten Wassileostrowski-Markt (1960) lohnt sich ein Blick in die Markthalle und den Hof mit Verkaufsständen. Tgl. 8–19, So bis 18 Uhr, Bolschoi Prospekt 14

D Vier schlanke Türmchen umstehen die Hauptkuppel der Andreas-Kathedrale (1764–68) und geben der in blassrosa gehaltenen Kirche ein geradezu verspieltes Aussehen. Im Innern beeindruckt eine bestens erhaltene große Ikonostase im Barockstil. Gottesdienste tgl. 10 und 17 Uhr, 6. Linie 11

Die Linien der Wassili-Insel sind ein dicht bebauter, lebhafter Stadtteil.

E Die Fußgängerzone zwischen Bolschoi und Sredni Prospekt ist die einzige in der Stadt, in der lebhaftes urbanes Leben herrscht – ganz ohne Edel-Shopping. Kleine Läden und nette Lokale wechseln sich hier ab.

F 2003 errichtete man dem 300 Jahre zuvor auf der Strelka stationierten Kanonier Wassili Kortschmin ein Denkmal. Einer Legende zufolge wurde die Insel nach ihm benannt – faktisch wird sie aber schon im Jahr 1500 unter diesem Namen erwähnt. 7. Linie 34

G Am Ende der Fußgängerzone vor der Metrostation Wassileostrowskaja steht ein Nachbau der ersten Pferdebahn, die ab 1863 in Petersburg Passagiere beförderte. Im Innern des Waggons befindet sich eine Theaterkasse.

Oben: Die Andreas-Kathedrale am Bolschoi Prospekt markiert das Zentrum der Wassili-Insel.
Unten: In der Kunstakademie wird Kunst nicht nur geschaffen, sondern auch ausgestellt.

Trockene Kanäle

Dass die am Newa-Ufer endenden Seitenstraßen gewöhnungs- und erklärungsbedürftige Namen wie »4. und 5. Linie der Wassili-Insel« tragen, ist ebenfalls Trezzini zu verdanken, er zeichnete im Jahr 1716 den ersten Bebauungsplan von St. Petersburg. Zum Wohlgefallen des alles Maritime und Holländische liebenden Stadtgründers Peter I. (1672–1725) hatte er für die damals als zukünftiges Stadtzentrum auserkorene Insel ein Schema aus parallelen Kanälen erdacht, die in Nord-Süd-Richtung verlaufen, gekreuzt von einem großen Querkanal (dem heutigen Bolschoi Prospekt).

Da es bei einem Wasserlauf im Gegensatz zu einer Straße von vornherein wichtig ist zu wissen, ob man auf die linke oder rechte Seite will, wurden nicht die Kanäle, sondern die zukünftigen Ufer bei der Zuweisung der Adressen durchnummeriert und Linien genannt. Doch die Kanäle wurden nie ausgehoben, die Wassili-Insel verwandelte sich nicht in Russlands Amsterdam – aber die unterschiedlichen Adressen für jede Straßenseite blieben erhalten. Insgesamt gibt es 29 Linien sowie eine »Null-Linie«: Sie heißt aber wegen der einst dort befindlichen Kadettenanstalt Kadetten-Linie (Kadetskaja linija).

Infos und Adressen

SEHENSWÜRDIGKEITEN

Anleger mit Sphinxen. Gegenüber der Akademie der Künste, Universitetskaja Nab. 17.

Museum der Russischen Akademie der Künste (Musej Rossijskoi Akademii Chudoshestw). Mi bis So 11–18 Uhr, Tel. 812/323 64 96, Universitetskaja Nab. 17, www.nimrah.ru

ESSEN UND TRINKEN

Jean-Jacques Rousseau. Stilvoll-französisches Großbistro. Tgl. 0–24 Uhr, 7. Linie 24, Tel. 812/322 67 34, www.jj-cafe.com

Russki Kitsch. Dieses Restaurant mit Newa-Blick ist so kitschig, dass es schon wieder schön ist. Tgl. 12–2 Uhr, Universitetskaja Nab. 25, Tel. 812/325 11 22, www.russiankitch.ru

Taverna Grolle. Solides Gasthaus, u.a. auch mit orientalischer Küche. Tgl. 0–24 Uhr, W. O. Bolschoj Pr. 20, Tel. 812/323 62 58, www.grolle.ru

Troizki most. Vegetarische/vegane Cafeteria. Tgl. 9–23 Uhr, 6. Linie 27 (im Hof), Tel. 812/327 46 22, www.t-most.ru

ÜBERNACHTEN

Trezzini Art-Hotel. Karneval in Venedig lautet die Designdevise dieses Mini-Hotels hinter der Andreas-Kathedrale. W. O. Bolschoj Pr. 21, Tel. 812/332 10 35, www.trezzini-hotel.com

Das Modell des Smolny-Klosters zeigte: Der Glockenturm ist zu viel des Guten.

Trezzini Palace Hotel. Hochexquisites Haus mit 21 Stilmöbel-Suiten im ehemaligen Wohnhaus von Baumeister Domenico Trezzini. Universitetskaja Nab. 21, Tel. 812/313 66 22, www.trezzinipalace.com

Sokos Vasilievsky. Das Viersternehaus strahlt finnische Perfektion aus. 8. Linie 11–13, Tel. 812/335 22 90. www.sokoshotels.fi

INFORMATION

Der Zentralbereich der Wassili-Insel wird durch die Metrostation Wassileostrowskaja (Linie 3) erschlossen. Die vom Newski Prospekt kommenden Trolleybus-Linien 10 und 11 sowie Bus 7 halten in der Nähe der Sphinxen an der Kadetskaja Linie und fahren weiter über den gesamten Bolschoi Prospekt.

Schon die Dimensionen der Akademie beweisen: Kunst stand früher hoch im Kurs.

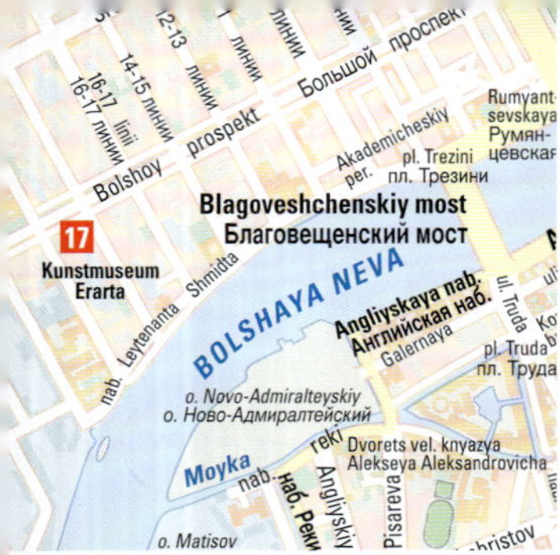

Oben: Kunsttempel in einem Bau aus der Stalin-Zeit: der Eingang von Erarta
Unten: Erarta: moderne Engel – oder eine Allegorie auf heutige Vielflieger?

17 Kunstmuseum Erarta
Moderne Kunst und Seefahrt

Bei der modernen Kunst des 20. und 21. Jahrhunderts dünnen die hochkarätigen Kollektionen von Eremitage und Russischem Museum drastisch aus: Zu Sowjetzeiten war vieles tabu, danach fehlte das Geld für Anschaffungen. Doch diese Lücke füllt seit 2010 das erstaunlich große Privatmuseum Erarta. Und da der Westteil der Wassili-Insel dem Meer besonders nahe ist, gibt es hier auch drei Museen für Seefahrtsbegeisterte.

Wer glaubt, ein Museum für moderne Kunst müsse auch äußerlich danach aussehen, wird zunächst einmal eines Besseren belehrt. Erarta befindet sich in einem pompösen fünfstöckigen Bau aus der Stalin-Zeit, in dem einst ein Gummiforschungsinstitut logierte. Doch schon die monumentalen Skulpturen – sie symbolisieren »era« und »arta«, also Zeit und Kunst – vor dem Eingang zeigen, wo es langgeht: in einen großzügigen Tempel der Gegenwartskunst.

Kunst und Kommerz

Träger von Erarta, dem größten privaten Museum für moderne Kunst im Land, ist eine privatrechtliche Stiftung, die sich der Förderung zeitgenössischer russischer Künstler verschrieben hat. Dabei geht man einen durchaus pragmatischen Weg: Ihre Werke werden nicht nur vom Museum angekauft und ausgestellt, sondern auch verkauft. In dem Gebäude befinden sich neben dem Museum kleine Kunst-Shops und eine Galerie – wobei diese nicht die Einzige ist: Erarta betreibt mit den Werken seiner etwa 150 Schützlinge auch Galerien in den Kunstmetropolen New York, London, Zürich und Hongkong.

Die Ausstellung selbst gibt einen interessanten und angesichts der Massigkeit mancher Werke wirklich eindrucksvollen Einblick in das Schaffen russischer Künstler seit den 1950er-Jahren bis heute. 2300 Exponate aus den Bereichen Malerei, Grafik, Skulptur, Objekte und Installationen füllen die modern ausgestatteten Räume. Vorbildhaft für viele andere Museen in der Stadt ist die durchgehend auf Englisch duplizierte Beschriftung. Und als Interpretationshilfen hängen bei zahlreichen Werken ebenfalls zweisprachige Kurzrezensionen, die Erarta-Besucher über die Webseite des Museums einreichen können.

Auch für das leibliche Wohl ist in diesem Museum – anders als in den meisten der Stadt – gut gesorgt: Im Keller gibt es ein Restaurant, im dritten Stock ein schickes Café, das sich im Sommer auf den Balkon davor ausweitet. Zudem plant Erarta noch eine Erweiterung um ein Modemuseum.

U-Boote zu Lande und zu Wasser

Gawan heißt das Viertel im Südwesten der Wassili-Insel, in dem sich dieses Museum befindet. Dieses alte russische Wort bedeutet »Hafen«, denn hier wurde zur Zeit Peters des Großen (1672–1725) ein Galeeren-Hafen angelegt – ein beträchtlicher Teil der russischen Flotte bestand damals aus Kriegsschiffen, die auch gerudert werden konnten. Unweit dieses heute ziemlich verkommenen Wasserbeckens nahe des Messegeländes Lenexpo befindet sich ein ungewöhnliches Monument aus einer anderen Epoche der Seekriegsführung: Das U-Boot D-2 »Narodowolez« lief schon 1929 vom Stapel und kam im Zweiten Weltkrieg zum Einsatz. Heute

AUTORENTIPP!

EXPERIMENTELLE MUSIK

Gleich um die Ecke von Erarta befindet sich ein weiterer Brennpunkt des zeitgenössischen Kunstgeschehens: Das Kuryokhin Center, benannt nach dem Petersburger Avantgarde-Musiker und Komponisten Sergej Kurjochin (1954–1996), konzentriert sich allerdings mehr auf die Sektoren Musik und Videokunst. Neben zahlreichen Festivals gibt es in dem ehemaligen Kinogebäude auch Ausstellungen und interessante Filmvorführungen. Festivalkalender: SKIF (Internationales Festival für experimentelle Musik und artverwandte Kunst), Mitte Mai; Ethno-Mechanika (experimentelle Ethno-Musik), September; Art-Stena (Street-Art und Graffiti), Oktober; Elektro-Mechanika (elektronische Musik, audiovisuelle Kunst), November; Megapolis (Amateurfilm), Dezember.

Kuryokhin Center. Sredny Prospekt 93, Bus 6 oder Straßenbahn 6, Tel. 812/322 42 23, www.kuryokhin.net

Erarta präsentiert nur Werke zeitgenössischer russischer Künstler.

Oben: Erarta: Kunst enthüllt Verstecktes – und verhüllt Bekanntes. **Unten:** Polare Legende: der Eisbrechers »Krassin« von 1916

liegt es aufgebockt und sorgsam konserviert auf dem Trockenen – und es darf besichtigt werden. In Begleitung eines Führers kann man durch den engen Rumpf mehr kriechen als gehen und sich dabei ausmalen, wie in dieser Enge 53 Seeleute ihren Dienst taten.

Dies ist nicht das einzige U-Boot in dem Stadtteil: Seit 2010 gibt es auch die Möglichkeit, das U-Boot S-189 zu besichtigen. Es wurde 1954 gebaut und stand bis 1990 im Dienst der Sowjetflotte. Zehn Jahre später lag es verrottet und halb versunken im Hafen von Kronstadt. Aufgrund einer Initiative russischer U-Boot-Veteranen wurde es wieder hergerichtet, sodass es heute als schwimmendes Museum Besucher empfangen kann. An Platzangst sollten diese allerdings auch hier nicht leiden.

Eisbrecher »Krassin«

Ebenfalls am Leutnant-Schmidt-Ufer liegt der Museumseisbrecher »Krassin«. 1928 erlangte das Schiff Weltruhm, als es bei Spitzbergen erst die mit einem Luftschiff abgestürzte Nobile-Expedition und dann auch noch das leckgeschlagene deutsche Kreuzfahrtschiff »Monte Cervantes« rettete. Die Decksaufbauten sind allerdings moderner, denn das Schiff wurde in den 1950er-Jahren in Wismar gründlich modernisiert.

Infos und Adressen

SEHENSWÜRDIGKEITEN

Erarta. Mi–Mo 10–22 Uhr, 29. Linie 2, Busse 6 und 7 oder Trolleybusse 10 und 11, Tel. 812/324 08 x09, www.erarta.com

Eisbrecher Krassin (Ledokol Krasin). Mi–So 11–18 Uhr, Führungen auf Russisch zu jeder vollen Stunde, Nab. Lejtenanta Schmidta auf Höhe der 23. Linie, Bus 1 ab Metro 3: Wassileostrowskaja, Tel. 812/325 35 47, www.krassin.ru

U-Boot Narodowolez (Podwodnaja lodka D-2). Mi–So 11–18 Uhr, letzter Do im Monat geschlossen, stündlich Führungen auf Russisch, Schkiperski Pr. 10, Trolleybusse 10 und 11 oder Busse 7 und 128 ab Metro 3: Primorskaja, Tel. 812/356 52 77.

U-Boot S-189 (Musej podwodnaja lodka S-189). Mi–So 11–19 Uhr, Führungen auf Russisch, Nab. Lejtenanta Schmidta auf Höhe der 16. Linie, Bus 1 ab Metro 3: Wassileostrowskaja, Tel. 904/613 70 99, www.s-189.ru

ESSEN UND TRINKEN

Kabantschik. Rustikales georgisches Restaurant – nicht teuer und, wie es sich für die Kaukasusküche gehört, mit leckeren Grillgerichten. Tgl. 11–1 Uhr, Gawanskaja Ul. 25, Bus 6 oder Straßenbahn 6, Tel. 812/322 00 22, www.gourmetproject.ru

Nikolajewskaja Trapesa. Günstiges kleines Lokal mit russischer Küche. Tgl. 11–23 Uhr, Nab. Lejtenanta Schmidta 29, Bus 1 ab Metro 3: Wassileostrowskaja, Tel. 812/321 25 68.

ÜBERNACHTEN

Nasch Hotel. Komfortables Viersternehotel für Geschäftsleute. 11. Linie 50, Metro 3: Wassileostrowskaja, Tel. 812/323 22 31, www.nashotel.ru

Marco Polo. Kleines, aber sehr feines Hotel mit gediegener Atmosphäre. 12. Linie 27, Metro 3: Wassileostrowskaja, Tel. 812/449 88 77, www.mpolo-spb.ru

In diesem Museum kann man in die Röhre schauen: das U-Boot S-189.

18 Postviertel

Die etwas anderen Museen

Oben: Auch wenn es so aussieht: Dies ist kein Museum, sondern das Hauptpostamt.
Unten: Kommunikation auf die alte Tour: vergessene Technologien im Postmuseum

Petersburgs Hauptpostamt liegt etwas abseits der City, ist dafür aber eng umgeben von interessanten Spezialmuseen zu den Themenbereichen Kommunikation, Religion und – Wodka! Auch das Postamt selbst hat etwas Museales, sowohl was das sehenswerte Gebäude wie auch die logistischen Abläufe darin angeht. Gute Restaurants locken ebenfalls in das Viertel.

Üblicherweise kann man in Großstädten das Hauptpostamt intuitiv in Bahnhofsnähe finden. In St. Petersburg ist das nicht so: Es versteckt sich in einem engen Stadtviertel abseits der großen Prospekte – und allenfalls die Tatsache, dass sich hier die »Post-Straße« mit der »Post-Gasse« kreuzt, gibt einen Hinweis, wo die Post abgeht.

An dieser Kreuzung ließ sich in den 1780er-Jahren Graf Alexander Besborodko (1747–1799), einer der Favoriten von Kaiserin Katharina II. (1729 bis 1796), ein Stadtpalais errichten. Da der mächtige Besborodko neben der Außenpolitik auch für das Postwesen zuständig war, sorgte er dafür, dass dessen Hauptstadtzentrale gleich neben seinem Anwesen geschaffen wurde: Zur Hauptpost wurde ein von ihm 1782 erworbenes Gebäude schräg gegenüber bestimmt, auf der anderen Straßenseite ließ Besborodko parallel einen Posthof errichten. Trotz der klassizistischen Fassade war dies eher ein Betriebsgelände mit Stallungen und Schuppen, aber auch mit Dienstwohnungen. 1859 wurden beide Postgebäude mit einer verglasten Brücke über die Straße verbunden – damit die Postvorsteher trockenen Fußes von ihren Wohnungen ins Amt schreiten konnten.

Post modern – vor 100 Jahren

1903 baute man dann den Posthof zu einem hochmodernen Hauptpostamt um. Der Innenhof bekam ein Glasdach, damals das größte Atrium der Stadt. Anstelle der Stallungen und Schuppen richtete man rundum Postschalter ein, eine gusseiserne Galerie mit Jugendstilornamentik umspannt die elegante Schalterhalle im ersten Stock. Diese nostalgische Pracht hat den Lauf der Zeit scheinbar unberührt überstanden – denn noch immer werden hier Briefe, Pakete und auch Telegramme (ja, in Russland gibt es sie noch!) angenommen. Herauszufinden, an welchem Schalter wann welche Dienstleistung erfolgt, ist für Uneingeweihte allerdings beinahe ein Ding der Unmöglichkeit. Auch sind die Wartezeiten oft unsäglich lang, die Arbeitsweise der »Potschta Rossii« scheint genauso antiquiert zu sein wie die Architektur dieses Postamts.

Telekommunikation

Gleich nebenan befindet sich das Post- und Fernmeldemuseum – und es erscheint im Vergleich zum Hauptpostamt geradezu futuristisch: Im ehemaligen Besborodko-Palais wurden zwei Innenhöfe zu Atrien umgestaltet – in einem steht ein riesiger Kommunikationssatellit, wie sie in den 1980er-Jahren benutzt wurden, um Kontakt mit der Raumstation »Mir« zu halten. Im anderen Atrium geht es um moderne Netztechnologien. Dieses Museum dürfte gerade auch Kindern gut gefallen: In der Abteilung zur Postgeschichte können sie eine Rohrpost verschicken, im Saal für elektrotechnische Grundlagen der Kommunikation gibt es jede Menge Do-it-yourself-Experimente.

Museum für Religionsgeschichte

Im ersten Postamtsgebäude ist ein Museum untergebracht, das ebenfalls die Kontaktpflege »nach

AUTORENTIPP!

DAS HAUS DER PUPPEN
Seit über zehn Jahren betreibt die Puppenbauerin Warwara Skripkina eine ungewöhnliche kleine Kellergalerie im Museumsviertel: Die ausgestellten Kunstwerke sind allesamt Puppen. Etwa 150 Schöpfungen von 60 verschiedenen Künstlern bevölkern die Regale. Massenware und Billigprodukte haben keine Chance, hier aufgenommen zu werden. Es handelt sich durchgehend um hochwertige, einmalige Figuren aus Meisterhand – ausdrucksstarke, individuelle Persönlichkeiten, die einen rührend, die anderen witzig (wohl so wie ihre Schöpfer), viele einfach nur schön. Gelegentlich gibt es thematische Sonderausstellungen. Fast alle Puppen stehen zum Verkauf, dennoch wird für den Eintritt wie auch die Fotoerlaubnis ein kleiner Obolus erhoben.

Galereja kukol. Di–Fr 12–19, Sa 12–18 Uhr, Bolschaja Morskaja Ul. 53, Tel. 812/314 49 34.

Auch so ging früher die Post ab: Modell einer ostsibirischen Kamel-Troika

Oben: Das Museum für Religionsgeschichte verfügt über moderne Säle.
Unten: Idole, Götter und Götzen – hier sind sie alle einfach nur Exponate.

oben« thematisiert, diesmal aber ganz ohne Hightech: Das Museum für Religionsgeschichte verfügt über ansprechend präsentierte, wertvolle Kollektionen zu allen Weltreligionen wie auch zu archaischen und antiken Kulten – seine Fonds zählen 180 000 Exponate.

Wodka museal und auf dem Tisch

Und im dritten Museum in diesem Areal geht es abschließend nur um geistige Inhalte – im Trinkglas: Das private Wodka-Museum erzählt anhand vieler alter Objekte die Geschichte und die Geheimnisse des für Russland so identitätsstiftenden Wässerchens. Das Museum ist klein, hat aber einen großen Vorteil: Man kann die Theorie mit der Praxis in Form einer Degustation kombinieren. Oder man verlegt diese gleich in das angeschlossene Restaurant »Russian Vodkaroom No. 1«, in dem es 213 Wodkasorten zu probieren gibt. Zudem bietet es echte russische Küche auf hohem gastronomischem Niveau. Und typisch russisch: Die Auswahl an Vorspeisen ist riesig – die Suppenteller aber auch!

Infos und Adressen

SEHENSWÜRDIGKEITEN

Ausstellungssaal Manege (Manesh). Die im Stil eines antiken Tempels zwischen 1804 und 1807 errichtete Reithalle des Garde-Reiter-Regiments ist oft Ort großer Kunstschauen. Bei Redaktionsschluss wegen Sanierung geschlossen. Issakjewskaja Pl. 1, Tel. 812/314 88 59, www.manege.spb.ru

Hauptpostamt (Glawpotschtamt). Tgl. 0–24 Uhr, Potschtamtskaja Ul. 9

Post- und Fernmeldemuseum (Musej swajsi). Di–Sa 10.30–18 Uhr, letzter Do im Monat geschlossen, Potschtamtski Per. 4, Tel. 812/323 97 18, www.rustelecom-museum.ru

Museum für Religionsgeschichte (Musej istorii religii). Do–Mo 10–18, Di 13–21 Uhr, Potschtamtskaja Ul. 14, Tel. 812/315 30 80, www.gmir.ru

Wodka-Museum (Musej russkoi wodki). Tgl. 12–19 Uhr, Konnogwardejski Bulwar 4, Tel. 812/570 64 22, www.vodkamuseum.su

ESSEN UND TRINKEN

Russian Vodkaroom No. 1. Tgl. 12–24 Uhr, Konnogwardejski Bulwar 4, Tel. 812/570 64 20, www.vodkaroom.ru

Wichtig beim Wodka-Trinken: etwas dazu essen und Flüssigkeit zum Nachspülen

Im Restaurant »Vodkaroom No. 1« gibt es russische Küche zum Volksgetränk Nr. 1.

Stroganoff Steak House. Gutes Restaurant für Fleischfreunde. Tgl. 12–24 Uhr, Konnogwardejski Bulwar 4, Tel. 812/314 55 14, www.stroganoffsteakhouse.ru

ÜBERNACHTEN

Domina Prestige. Fünfsternehaus hinter historischer Fassade mit einem grellen Stilmix aus Romantik und Plüsch-Pop-Art. Nab. reki Moiki 99, Tel. 812/385 99 11, www.dominarussia.com

Renaissance Baltic. Vom Terrassen-Restaurant im sechsten Stock des noblen Hotels bietet sich ein schöner Ausblick auf die Isaakskathedrale. Potschtamtskaja Ul. 4, Tel. 812/380 40 00, www.marriott.com

INFORMATION

Das Postviertel ist vom Newski Prospekt mit den Trolleybussen 5 und 22 sowie den Bussen 3, 22 und 27 erreichbar. Die nächste Metrostation ist Admiraltejskaja (Linie 5) in zehn Gehminuten Entfernung.

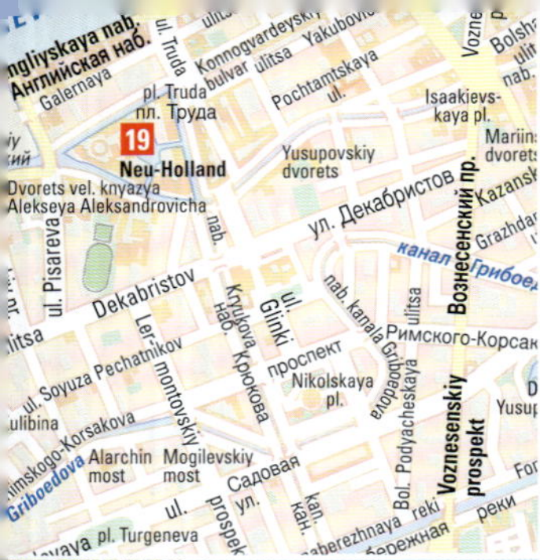

Das geheimnisvolle Tor nach Neu-Holland – ein Kulturzentrum im Werden

19 Neu-Holland
Die geheimnisvolle Insel

Drei Jahrhunderte lang war Neu-Holland, eine Insel mitten in der Stadt, für Normalbürger nicht frei zugänglich. Kein Wunder, dass sie den Petersburgern geheimnisvoll erscheint. Nun soll aus dem einstigen militärischen Sperrgebiet ein Kunst- und Kulturzentrum werden. Direkt daneben hat das Marinemuseum in einer alten Kaserne ein aufwendig saniertes neues Heim bezogen – ein lohnenswertes Ziel für Seefahrtfans.

Neu-Holland ist eine künstliche Insel: 1719 hatte Zar Peter I. (1672–1723) angeordnet, zwischen Moika und Newa zwei Kanäle zu graben. Auch wenn der Herrscher alles Holländische hoch schätzte: Wer glaubt, er hätte hier ein Grachten-Viertel anlegen wollen, liegt falsch. Die dabei entstandene dreieckige Insel mit einem Hafenbecken in der Mitte wurde 1721 zum ersten Militärhafen der Stadt. Und auch der Name ergab sich anders: Denn als »Holland« bezeichneten die Schiffbauer der nahen Admiralität den Platz, auf dem das Holz für die Schiffe ablagerte. Über den heute weitgehend zugeschütteten Admiralitätskanal (an seiner Stelle verläuft jetzt der breite Konnogwardejski Bulwar) wurde das Material zur nahen Werft transportiert.

Industriearchitektur

In den Jahren 1765 bis 1787 errichtete man entlang der Ränder der Insel hohe Lagerhäuser, in denen die Balken und Bretter stehend und nicht liegend trocknen konnten – im Schiffbau war dies eine technische Neuerung. Als Letztes entstand auf der Südseite ein klassizistischer Torbogen über der Einfahrt in das innere Bassin. Er präsentiert sich in einer architektonisch ungewöhnlichen Kombination aus nacktem Ziegelwerk und Granitsäulen. 1820 baute die Marine dann auf der Westspitze noch ein kreisrundes Gefängnis, im Volksmund »die Flasche« genannt.

Das pompöse Kanaltor war und ist das markanteste Objekt Neu-Hollands, das man vom anderen Ufer aus betrachten kann – und auch muss. Denn in der Zarenzeit wie auch unter den Sowjets blieb die Insel in der Hand der Marine, die hier Lager und Werkstätten betrieb. Erst 2004 wurde das völlig heruntergekommene Eiland der Stadt übereignet. Der erste Versuch, hier ein Kultur- und Freizeitzentrum zu errichten, scheiterte in der Finanzkrise 2008, ein ambitionierter Entwurf des britischen Stararchitekten Norman Foster blieb unverwirklicht. Zahlreiche, nicht unter Denkmalschutz stehende Gebäude wurden damals abgerissen.

Kulturpark des Oligarchen

In einer erneuten Ausschreibung bekam 2010 das Wirtschaftsimperium des russischen Milliardärs Roman Abramowitsch (geb. 1966) den Zuschlag. Seine New Yorker Architekten planen einen Kunst-Mode-Film-Gastronomie-Cluster in den drei alten Lagerhäusern, die durch einen schwebenden Boulevard im Innern verbunden werden sollen. Als Vorbild dient das von Abramowitschs kunstbegeisterter Lebensgefährtin Darja Schukowa in Moskau zunächst in einem alten Busdepot geschaffene Kulturzentrum Garage.

Während der Planungsphase zwischen 2011 und 2013 hatten die Petersburger drei Sommer lang die Gelegenheit, auf Neu-Holland gratis an Freizeit- und Kulturevents teilzunehmen, doch jetzt

AUTORENTIPP!

WOHNEN WIE PUSCHKIN

»Glücklicher Puschkin« ist ein seltsamer Name für ein Hotel, aber er hat seine Berechtigung. In diesem Haus bezog anno 1831 der russische Dichterfürst Alexander Puschkin (1799–1837) mit seiner frisch angetrauten Ehefrau Natalia die erste gemeinsame Wohnung in St. Petersburg. Glücklich schätzen können sich auch die heutigen Bewohner des 46-Zimmer-Hotels: Das romantische Interieur wahrt den Stil der Puschkin-Zeit, das Personal ist zuvorkommend und gebildet (der Rezeptionist sagte mir sogleich Heinrich Heines »Loreley« auf – obwohl sich damit sein Deutsch erschöpfte) und die Preise sind erstaunlich moderat. Einige Zimmer unterm Dach sind doppelstöckig. In einem zweiten Gebäudeteil, erreichbar über den Hof, gibt es Riesensuiten mit Newa-Blick.

Hotel Stschastliwy Puschkin. Ul. Galernaja 53, Tel. 812/777 17 99, www.happypushkin.ru

Die Waffen einer alten Seemacht: Schiffskanonen im Marinemuseum

Oben: Der »Großvater der russischen Flotte« bildet das Zentrum der Ausstellung.
Unten: Geschütze beweisen: Dies ist ein Museum der Kriegs-, nicht der Handelsmarine.

ist die Insel wegen des Generalumbaus erneut unzugänglich. 2017 soll das 300 Millionen Euro teure Projekt fertig sein – und St. Petersburg ist um eine neue Kulturattraktion mit hohem Lifestylegehalt reicher.

Kriegsmarine-Museum

Seine maritime Tradition hat das Viertel deshalb aber nicht ganz verloren: 2013 öffnete in dem Neu-Holland gegenüberstehenden Kasernenbau am Krjukow-Kanal das Museum der Kriegsmarine wieder seine Pforten. Die Sanierung des um 1850 errichteten Komplexes wie auch der Umzug aus der alten Börse auf der Strelka waren mit Korruptionsskandalen verbunden, doch das Resultat ist ansehnlich. Der lang gezogene Innenhof wurde überglast und erinnert nun an einen Schiffsrumpf.

Zu sehen ist eine riesige Kollektion von Modellen und Bildern russischer Kriegsschiffe aller Epochen. Anhand von Dioramen und einer Vielzahl maritimer Ausrüstungsgegenstände leben vergangene Seeschlachten wieder auf. Wertvollstes Exponat ist der »Großvater der russischen Flotte«: ein Boot, mit dem sich Peter der Große in jungen Jahren nahe Moskau selbst das Segeln beigebracht hat.

Infos und Adressen

SEHENSWÜRDIGKEITEN

Kriegsmarine-Museum (Wojenno-morskoi musej). Mi–So 11–18 Uhr, Pl. Truda 5, Tel. 812/303 85 13, www.navalmuseum.ru

Neu-Holland. Nab. Admiraltejskogo Kanala 2, www.newhollandsp.ru

Nikolaus-Palast/Palast der Arbeit (Nikolajewski dworez/Dworez truda). Die von Andrej Stackenschneider um 1860 errichtete prächtige Stadtresidenz des Großfürsten Nikolaj Nikolajewitsch gehört den Gewerkschaften. Im Festsaal gastiert im Sommer eine russische Folklore-Show vor ausländischen Gruppenreisenden. Pl. Truda 4, Tel. 812/312 55 00, www.folkshow.ru

Rumjanzew-Villa (Osobnjak Rumjanzewa). Ausstellung zur Stadtgeschichte von 1920 bis 1945. Do–Di 11–18 Uhr, Anglijskaja Nab. 44, Tel. 812/571 75 44, www.spbmuseum.ru

ESSEN UND TRINKEN

Artischok. Speisecafé mit großem russischem Menü zu fairen Preisen. Tgl. 12–23 Uhr, Galernaja Ul. 11, Tel. 812/570 66 61, www.artishokspb.ru

Der Nikolaus-Palast ist heute die Stadtresidenz des Gewerkschaftsbundes.

Durchweg maritim sind auch die Gemäldemotive im Marinemuseum.

ÜBERNACHTEN

Grand Mark Hotel. Für Service und Sauberkeit hochgelobtes Mini-Hotel, nur 300 Meter vom Ehernen Reiter entfernt. Galernaja Ul. 12, Tel. 812/570 05 36, www.grandmarkhotels.com

AUSGEHEN

Sankt-Peterburg Opera. Kleines, aber sehr feines Opernhaus in einem Adelspalais. Galernaja Ul. 33, Tel. 812/312 39 82, www.spbopera.ru

EINKAUFEN

Northway. Souvenir-Supermarkt mit großer Auswahl auch an Bernstein, Textilien und Schmuck. Tgl. 9–20 Uhr, Galernaja Ul. 37, Tel. 812/312 20 62, www.matreshastore.com

INFORMATION

Zum Platz der Arbeit (Pl. Truda) fahren vom Newski Prospekt oder der Metrostation Admiraltejskaja (Linie 5) die Trolleybusse 5 und 22 sowie die Busse 3, 22 und 27.

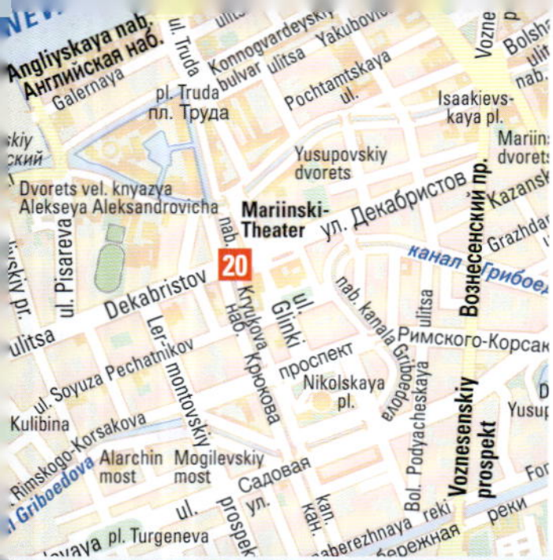

Oben: Akustik geht vor Architektur: der unauffällige Neubau des Mariinski-Theaters.
Unten: Moderne Eleganz bestimmt das Innere des neuen Mariinski-II.

20 Mariinski-Theater

Oper und Ballett mit Weltruhm

Ob Tschaikowski-Ballett oder Wagner-Oper, die klassische Bühnenkunst steht in St. Petersburg ganz besonders hoch im Kurs. So sehr, dass es das weltweit berühmte Mariinski-Theater des Stardirigenten Waleri Gergijew dank zweier Neubauten nicht nur doppelt, sondern sogar dreifach gibt. Trotz seiner nicht eben zentralen Lage ist der Theaterplatz unbestritten das kulturelle Epizentrum der Stadt.

Was die Eremitage für Freunde der bildenden Kunst, ist das Mariinski-Theater für Opern- und Ballettfans. Schon zu Sowjetzeiten wurde das Theaterensemble weltweit gefeiert. Doch unter der Regentschaft von Waleri Gergijew (geb. 1953), seit 1988 künstlerischer Leiter und seit gut 20 Jahren auch Intendant, avancierte das von Kirow- in Mariinski-Theater rückbenannte Haus zu einem Aushängeschild erster Güte für Russlands Bühnenkultur.

MAL EHRLICH

SCHWANENSEE ÜBER ALLES

»Schwanensee« heißt der Kultureinheitsbrei, mit dem in der Hochsaison Pauschaltouristen abgespeist werden. Das rührige Tschaikowski-Ballett mit den trippelnden Tänzerinnen im steifen Tutu wird zeitgleich auf einem halben Dutzend Bühnen gegeben – im Konservatorium sechs Wochen nonstop! Leider ist dies keineswegs hochkarätiges Petersburger Ballett, was hier zum Teil gezeigt wird. Also besser vorab das Mariinski-Programm studieren!

Das alte Mariinski am Theaterplatz

Das einst äußerst prunkvoll in Szene gesetzte klassische Opern- und Ballettrepertoire hat Gergijew sorgsam erweitert. Inzwischen ist hier auch Platz für moderne Inszenierungen und gelegentliche künstlerische Experimente sowie für ausländische Gastspiele. Zu Gergijews Festival »Stars of the White Nights« reisen Jahr für Jahr Weltstars der Klassikszene an die Newa. Gesungen wird im Mariinski übrigens in Originalsprache, und man muss es den hochprofessionellen Sängern lassen: Ihr Italienisch und Deutsch ist beinahe akzentfrei!

Das alte Mariinski

So sieht ein Theater mit langer Tradition aus: Das Ensemble entstand schon 1783, damals bezog die Truppe auch ihre erste Bühne an diesem Platz. Das heutige Hauptgebäude des Mariinski stammt aus dem Jahr 1860 und verzaubert auch ohne jede Musik allein schon durch seine innere Gestaltung. Hinter und über den Plätzen im Parterre erheben sich – teils mit Logen – fünf Ränge, und alles glänzt und gleißt in feierlichem Gold. 1625 Zuschauer finden hier Platz, wobei es auf den oberen Rängen mit der Zeit schon recht stickig werden kann. Dennoch sind die Vorstellungen im

AUTORENTIPP!

DAS PIROGGEN-PARADIES

Wenn die Kaffeepause auch gleich günstig eine ganze Mahlzeit ersetzen soll, ist man bei den nostalgisch angehauchten Kaffeehausketten Stolle und Lindfors genau richtig. Hier gibt es vorrangig nach alten russischen Rezepten hergestellte Piroggen. Die gedeckten Hefekuchen kommen gleich blechweise auf die Theke – aber bevor man sich ein Stück abschneiden lässt, gilt es zu entscheiden, welche kalorienreiche Füllung es sein soll: Neben Obst oder Quark gibt es für Westeuropäer so gewöhnungsbedürftige Varianten wie Hackfleisch, Fisch, Kohl oder sogar Kaninchen mit Pilzen. Aber warum nicht mal probieren?

Stolle bzw. Lindfors. Im Stadtzentrum: Ul. Dekabristow 19 und 33, Newski Pr. 11 und 111, Ul. Wosstanija 32, Konjuschenny Per. 1, tgl. 9–21 Uhr; Wassili-Insel: 1. Linie 50, 8–22 Uhr, www.stolle.ru, www.lindfors.ru

AUTORENTIPP!

JÜDISCHE KULTUR

Juden durften sich anfangs in Petersburg offiziell nicht niederlassen. Erst im 19. Jahrhundert entstanden Gemeinden. Zwischen 1883 und 1888 durften diese dann endlich eine Synagoge errichten, mussten dafür aber ihre Bethäuser in allen Stadtteilen schließen. Das im maurischen Stil errichtete Gotteshaus wurde so zum Zentrum des jüdischen Lebens in der Stadt und auch während der Sowjetzeit nur einmal, 1930, für ein halbes Jahr geschlossen. Inzwischen ist die Synagoge bestens renoviert. Nach Meinung ihrer orthodox orientierten Gemeinde ist sie die schönste Europas – und die zweitgrößte nach Budapest. Ihr ist das koschere Restaurant »Lechaim« angeschlossen.

Große Synagoge. Besichtigung tgl. außer Sa 10–18 Uhr, Lermontowski Pr. 2, Tel. 812/713 81 86.
Restaurant Lechaim. Mo–Do 10–22 Uhr, Fr bis Sabbatbeginn, Tel. 812/572 56 16, www.jeps.ru

Mariinski so gut wie immer ausverkauft.
Die Preis- und Kartenpolitik des Hauses verdient eine nähere Erläuterung: Zum einen werden die Tickets nicht an den über die Stadt verteilten kommunalen Theaterkassen verkauft. Es gibt sie nur in den drei Theaterhäusern selbst, auf der Mariinski-Webseite sowie an zwei Vorverkaufsstellen in der Innenstadt. Zum anderen gilt für die meisten Plätze die feine Unterscheidung zwischen »vollem Preis« und »Spezialpreis«. Letzterer ist zwischen 20 und 50 Prozent billiger, aber nur russischen Staatsbürgern oder in Russland arbeitenden Ausländern (also Steuerzahlern) vorbehalten. Wer als Tourist glaubt, mit einem billigen »Russen-Ticket« hineinzukommen, scheitert meist am routinierten Röntgenblick der Kartenabreißerinnen – und wird zum Nachzahlen an die Kasse geschickt.

Das neue Mariinski

Eine Bühne allein, zumal in einem alten, engen und wenig flexiblen Theaterbau, ist für einen Maestro wie Gergijew einfach zu wenig. Zumal dem alten Mariinski in absehbarer Zeit eine wohl recht langwierige Generalsanierung bevorsteht. Deshalb entstand die Idee, direkt dahinter, jenseits des schmalen Krjukow-Kanals, ein neues, modernes Theater zu bauen und beide Häuser mit einem Steg zu verbinden. Schon kurz nach der Jahrtausendwende gewann der französische Stararchitekt Dominique Perrault den ersten hochkarätig besetzten internationalen Architekturwettbewerb des nachsowjetischen Russlands. Doch sein mutiger Entwurf mit einer riesigen netzartigen goldenen Kuppel wurde alsbald zu den Akten gelegt: Zu teuer, zu unpraktisch, zu unpassend, monierten Kritiker – über die Grundmauern kam das Projekt nicht hinaus.

Nur Gergijews Gewicht im Kreml war es zu verdanken, dass dennoch etwas daraus wurde: Weit-

aus weniger prominente Architekten, das kanadische Büro Diamond & Schmitt, realisierten schließlich die 2013 eröffnete neue Bühne, auch »Mariinski-II« genannt. Von außen sieht der Bau, der letztlich 550 Millionen Euro verschlang, aber längst nicht so teuer aus – eher wie ein Kaufhaus oder eine Bank. Entsprechend heftige Kritik hagelte es, als die Baugerüste fielen und eine nüchtern-graue Fassade zum Vorschein kam. Das Innere des neuen Hauses konnte jedoch überzeugen. Lakonisches skandinavisches Biodesign bestimmt das Bild, neurussischer Protz blieb außen vor. Und das Wichtigste: Die Akustik auf den in Hufeisenform angeordneten 2000 Plätzen stimmt. »Digitale Studioqualität« urteilten Kritiker. Wer also das Mariinski in erster Linie wegen seiner Aufführungen und nicht wegen der romantischen Aura besucht, ist im Neubau an der richtigen Adresse.

Oben: Der Saal des Mariinski-II bietet alle technischen Finessen – und 2000 Plätze.
Unten: Komponist Michail Glinka hat auf ewig den Theaterplatz gut im Blick.

Konzertsaal

Aller guter Dinge sind drei: Während sich der Hickhack um den Bau des Mariinski-II schier endlos hinzog, wurde nur 300 Meter weiter an der Uliza Dekabristow der Bau eines dritten Aufführungsortes für das ehrwürdige Haus zügig durchgezogen: 2003 waren die Werkstätten und Kulissenlager des Mariinski abgebrannt. Schon vier Jahre später eröffnete dort ein äußerlich unscheinbarer, aber für seine akustischen Qualitäten

AUTORENTIPP!

OASE DES REALISMUS
Nur weg von politischen Themen und dem grauen Sowjetalltag – das dachten sich viele russische Künstler in der zweiten Hälfte des 20. Jahrhunderts. An der Newa entstand daraus eine eigene Malschule des Leningrader Realismus. Mit gefühlvollen Stadt- und Landschaftsbildern, Stillleben und Porträts setzte sie sich vom plump-agitativen Sozialistischen Realismus ebenso ab wie von der grell-progressiven Avantgarde. Diesem Stil ist eine Privatkollektion gewidmet, die in den eleganten Räumen des Museums »Petersburger Künstler« nobel präsentiert wird. Angeschlossen ist eine Galerie, in der Werke von Anhängern der Schule verkauft werden. In der gediegenen Salon-Atmosphäre finden gelegentlich auch Kammerkonzerte statt.

Peterburshki Chudoschnik. Mi–So 11–20 Uhr, Nab. reki Moiki 100, Tel. 812/314 06 09, www.piter-art.com

Das Gegenüber des Mariinski-Theaters: Auch das Konservatorium hat Weltruf.

in höchsten Tönen gelobter moderner Konzertsaal. 2009 wurde noch eine in Frankreich gefertigte Orgel eingebaut. Anders als in den beiden Haupthäusern befindet sich hier die Bühne für Sänger und Orchester in der Mitte, die 1100 Zuschauerplätze steigen wie in einem Amphitheater auf allen Seiten an. Einen klassischen Bühnenvorhang gibt es also nicht, aber Musikliebhaber kommen hier voll auf ihre Kosten.

Konservatorium

Opern, Ballette und Konzerte von hohem Niveau werden auch direkt gegenüber des alten Mariinski aufgeführt. Dort befindet sich das Rimski-Korsakow-Konservatorium (1891–1896), Petersburgs renommierteste Musikhochschule. Sie verfügt über einen 1700 Plätze bietenden Bühnensaal und einen kleinen Saal für Kammerkonzerte. Peter Tschaikowski, Igor Strawinsky, Sergej Prokofjew und Dmitri Schostakowitsch – sowie in neueren Zeiten Waleri Gergijew und Anna Netrebko – gehören zu den Absolventen dieser 150 Jahre alten Musikkaderschmiede von Weltruf.

Ihr heutiger Namenspatron Nikolai Rimski-Korsakow (1844–1908) unterrichtete dort selbst fast 40 Jahre lang Komposition. Sein Denkmal steht übrigens links vom Konservatorium in einer kleinen schattigen Grünanlage. Und Komponistenkollege Michail Glinka (1804–1857), der Urvater der russischen klassischen Musik, steht verdienterweise in Bronze gegossen auf einem Sockel rechts neben dem Gebäude.

Jussupow-Palast

Geht man die Glinka-Straße vom Theaterplatz nach Norden und biegt am Ufer der Moika rechts ab, erreicht man in wenigen Minuten den Jussupow-Palast (1830er-Jahre). Die äußerlich dezente, im Innern aber umso noblere Stadtresidenz eines der reichsten Adelsgeschlechter Russlands verfügt zwar auch über ein standesgemäßes – soll heißen: atemberaubend schönes – Haustheater. Doch richtig berühmt wurde der Palast durch eine brutale Bluttat. Hier wurde in den frühen Morgenstunden des 17. Dezember 1917 Grigori Rasputin (geb. 1869) ermordet. Der sibirische Wanderprediger, der als Geistheiler einen bedenklich starken Einfluss auf die Zarenfamilie und die russische Politik erlangt hatte, fiel einem Komplott des Hochadels unter aktiver Beteiligung des Hausherrn Felix Jussupow zum Opfer.

Im Rahmen einer kleinen Sonderausstellung im Keller ist der Auftakt des Mordes am Originalschauplatz mit Wachsfiguren nachgestellt. Damit kommt der Palast auch seinem Bildungsauftrag nach, denn formell handelt es sich nach wie vor um den »Kulturpalast der Angestellten des Bildungswesens«. Der Berufsstand der Pädagogen hatte das Adelspalais nach der Revolution in den 1920er-Jahren übereignet bekommen und gut behütet über die Zeit gerettet.

Alexander-Blok-Museumswohnung

Wo Alexander Blok (1880–1921) die letzten neun Jahre seines kurzen Lebens verbrachte, erinnert heute ein Museum an Russlands »Puschkin des 20. Jahrhunderts«. Der Dichterstar des »Silbernen Zeitalters« hatte die Revolution eifrig begrüßt, doch letztlich starb er hier geschwächt und moralisch ausgelaugt während der Wirren des russischen Bürgerkriegs. Das »hohe und graue Haus«, wie er es einst beschrieb, ist heute ockerfarbig, der von Blok geschätzte freie Ausblick über das Flüsschen Prjaschka auf die Newa-Mündung ist durch Werftanlagen verbaut. In einer zweiten Wohnung befindet sich eine Ausstellung mit Bloks literarischen Werken.

Oben: Hinter dem alten Mariinski-Theater fließt der Krjukow-Kanal vorbei.
Unten: Der nahe Jussupow-Palast steht hingegen am Ufer der Moika.

Infos und Adressen

SEHENSWÜRDIGKEITEN

Jussupow-Palast (Jusupowski dworez). Tgl. 11–17 Uhr, stündlich Führungen auf Russisch oder individuelle Besichtigung mit Audioguide, Nab. reki Moiki 94, Tel. 812/314 98 33, www.yusupov-palace.ru

Alexander-Blok-Museumswohnung (Musej-kwartira A. A. Bloka). Do–Mo 11–18, Di 11–17 Uhr, Ul. Dekabristow 57, Tel. 812/713 86 16, www.spbmuseum.ru

Vorstellungsbeginn 19 Uhr: Tagsüber ist es immer ruhig vor dem Mariinski-Theater.

ESSEN UND TRINKEN

Dworjanskoje Gnesdo. Extrem teures, intimes Nobelrestaurant mit fürstlichem Interieur – denn es befindet sich im ehemaligen Gartenpavillon des Jussupow-Palastes. Wenn die Küche dem hohen Anspruch gerecht werden mag, der Service tut es oft nicht. 12 Uhr bis zum letzten Gast, Ul. Dekabristow 21, Tel. 812/312 09 11, www.noblenest.ru

Kafema. Alternativ angehauchtes Café mit Kaffeeladen. Die Beschallung erfolgt sommers aus den offenen Fenstern an der Rückseite des Konservatoriums. Tgl. 10–23 Uhr, Teatralnaja Pl. 4, Tel. 812/312 01 18, www.kafema.ru

Romeo's Bar & Kitchen. Ruhiger, dezenter Mittelklasse-Italiener mit einer räumlichen Zweiteilung in Restaurant und Konditorei. Tgl. 9–24, Sa/So ab 10 Uhr, Pr. Rimskogo-Korsakowa 43, Tel. 812/572 54 48, www.romeosbarandkitchen.ru

Sadko. Dem Mariinski würdig: Restaurant und Weinbar mit gehobener russischer Küche und ebensolchem Preisniveau. Tgl. 12–24 Uhr, Ul. Glinki 2, Tel. 812/903 23 73, www.sadko-rst.ru

Vincent. Fein und frisch: mediterran orientiertes Restaurant, nur ein Steinwurf vom alten Mariinski entfernt. Tgl. 12–24 Uhr, Teatralnaja Pl. 16, Tel. 812/997 90 07.

ÜBERNACHTEN

Admiraltejskaja. Äußerlich simples Hotel in ziemlich abgelegener und auch etwas finsterer Lage in einem alten Arbeiterviertel. Aber im Innern offenbart sich ein durchaus solides Komfortniveau. Ul. Alexandra Bloka 8, Bus 22, Tel. 812/495 44 65, www.amaranta.ru

Matisov Domik. Kleines Hotel in Uferlage auf der ebenso ruhigen wie abgelegenen Matisow-Insel, 15 Gehminuten vom Mariinski entfernt. Nab. reki Prjashki 3, Bus 22, Tel. 812/495 02 42, www.matisov.com

Premiere. Schlichtes Mini-Hotel mit nur 15 Zimmern – aber dafür in Stöckelschuh-Entfernung von beiden Mariinski-Bühnen gelegen. Ul. Sojus Petschatnikow 4, Tel. 812/714 18 77, www.spbhotel.com

Red Stars. Außen Glasfassade, innen grelle Graffitis – stilistisch das totale Kontrastprogramm zum Mariinski. Achtung: Ein Viersternehotel und ein billiges Hostel teilen sich hier Namen, Adresse und Design. Nab. reki Prjashki 30, Bus 22, Tel. 812/640 00 00, www.red-stars-hotel.com

Swarog-Film-Hotel. Günstiges und einfaches Mini-Hotel, cineastisch ausdekoriert. Zwei Einzelzimmer mit Bad sowie ein Luxuszimmer mit Jacuzzi sind auch im Angebot. Das Mariinski-Theater liegt um die Ecke. Rimskogo-Korsakowa 37 a, Tel. 812/644 99 01, www.svarog-film-hotel.com

AUSGEHEN

Mariinski-Theater (Mariinski teatr). Teatralnaja Pl. 1; Mariinski-II, Ul. Dekabristow 34; Konzertsaal (Konzertny sal): Uliza Dekabristow 37. Theaterkassen befinden sich in den drei Häusern und im Obergeschoss des Gostiny Dwor, Ecke Newski Pr./Perinnaja Linie, tgl. 11–14.30 und 16–21 Uhr, sowie im Erdgeschoss der Zentralen Eisenbahnkasse, Kanal Gribojedowa 24, tgl. 10.30–13 und 14–20 Uhr, So bis 16 Uhr. Tel. 812/326 41 41, www.mariinsky.ru

St. Petersburger Staatliches Rimski-Korsakow-Konservatorium (Konserwatorija imeni Rimskogo-Korsakogo). Teatralnaja Pl. 3, Tel. 812/312 25 19, www.conservatory.ru

Sorry Mama. Kellerbar mit Live-Gigs (Blues, Rap, Rock'n'Roll). Tgl. 18–6 Uhr, Ul. Glinki 5, Tel. 965/054 75 90

The Shamrock. Irischer Pub gegenüber dem alten Mariinski – deshalb kann man hier abends an der Theke jenen begegnen, die vorhin noch nebenan auf der Bühne standen. Tgl. 11–2 Uhr, Ul. Dekabristow 25, Tel. 812/570 46 25, www.shamrock.spb.ru

VERANSTALTUNGEN

Festival Stars of the White Nights. Ende Mai bis Ende Juli zeigt das Mariinski auf allen drei Bühnen sein Best-of-Programm, garniert mit Gastspielen internationaler Klassikstars.

International Ballet Festival Mariinski. Tanzgrößen aus aller Welt gastieren Anfang März im Mariinski.

INFORMATION

Am Theaterplatz (Teatralnaja Pl.) soll 2017 die neue Metrostation Teatralnaja in der Verlängerung der Linie 4 eingeweiht werden. Bis dahin erreicht man ihn am besten vom Newski Prospekt oder der Metrostation Admiraltejskaja (Linie 5) mit den Bussen 3, 22 oder 27 sowie K-169 und K-180. Alternativ empfiehlt sich der malerische Fußweg (20 Minuten) vom Metroknotenpunkt am Heuplatz (Sennaja Ploschtschad) entlang des Kanals Gribojedowa.

Der Jussupow-Palast ist vor allem durch den Mord an Rasputin bekannt.

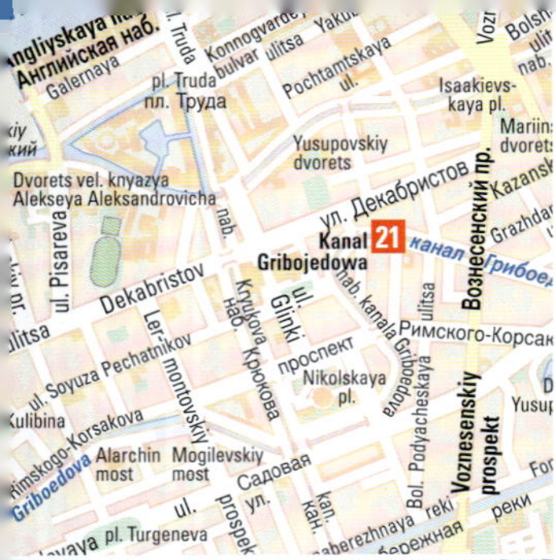

21 Kanal Gribojedowa

Dostojewski am Heuplatz

Weniger hochkarätige Sehenswürdigkeiten, aber umso mehr intensive Petersburg-Aura bietet das Areal zwischen dem Citybereich am Newski Prospekt und dem Kultur-Olymp am Theaterplatz: Nur ein paar Schritte trennen das rege Geschäftsleben am Heuplatz von den stillen Winkeln am malerischen Kanal Gribojedowa. Hier war früher die Welt von Fjodor Dostojewski und seinen Romanfiguren.

Der Kanal Gribojedowa (zu Ehren von Katharina II. hieß er bis 1923 Katharinen-Kanal) ist der mittlere und engste der drei Wasserläufe, die das Zentrum Petersburgs in drei schmale, aber lange Inseln zerschneiden. Auch er verläuft zunächst relativ geradlinig. Doch im Bereich des Heuplatzes (Sennaja Ploschtschad) beginnt der Kanal Gribojedowa Mäander zu schlagen. Er führt hier durch alte, eher stille Wohnviertel, die Uferstraße ist oft so schmal, dass sich entgegenkommende Autos nur mit Mühe ausweichen können.

Petersburgs verträumtester Wasserlauf ist der Kanal Gribojedowa.

MAL EHRLICH

TOURISTEN-DRESS

St. Petersburg liegt nicht auf Kamtschatka, eine Kanalfahrt hier ist kein Wildwasser-Rafting. Outdoor-Kleidung mag ja praktisch sein, aber beim Besuch einer Kulturmetropole wie St. Petersburg wirkt sie eher befremdlich. Wer so ausstaffiert auf Stadtbummel geht, braucht sich nicht zu wundern, wenn ständig Taschendiebe, Bettler und Ramschsouvenir-Verkäufer die Wege der Trecking-Stiefel kreuzen. Und ist ein dezenter Schirm nicht noch atmungsaktiver als eine grelle Regenjacke?

All diese Umstände sorgen dafür, dass die Kanalschleifen zwischen dem Heuplatz und der Nikolaus-Marine-Kathedrale eine der schönsten Strecken für einen geruhsamen Stadtbummel sind – erst recht am späteren Abend, wenn der Autoverkehr hier fast völlig zum Erliegen kommt. Wer mag, kann ihn leicht mit dem Besuch der wichtigsten Dostojewski-Schauplätze (siehe Spaziergang) kombinieren. Obwohl die angrenzenden Wohnviertel einst nicht die besten Adressen waren, entlang des Kanals stehen manche durchaus repräsentable Stadtpalais und Mietshäuser. Der Blick auf einen Wasserlauf war auch in der vorrevolutionären Zeit schon ein Prestigefaktor.

Löwenbrücke

Ab und an führen Treppen in den alten Granitufermauern hinunter zum Wasser, und kleine und größere Brücken queren den Kanal. Die romantischste von allen auf diesem Kanalabschnitt ist unbestritten die Löwenbrücke auf Höhe der Hausnummern 96 und 97, eine 1826 eröffnete kleine Hängebrücke. Vier Löwenfiguren halten in ihren Mäulern die Tragketten, die jedoch weder Ketten noch Stahlseile, sondern flexibel miteinander verbundene Eisenstäbe sind. Die Löwen erscheinen aus der Ferne wie Marmorskulpturen, doch handelt es sich um weiß gestrichene gusseiserne Figuren. In ihrem Innern verbergen sie tief im Boden verankerte Eisengestelle, die das Gewicht des Fußgängerstegs aufnehmen.

Diese Brücke ist – wie auch die in analoger Technologie im gleichen Jahr errichtete Bankbrücke bei der Kasaner Kathedrale – ein Werk des aus Mannheim gebürtigen Konstrukteurs Wilhelm von Traitteur (1788–1859). Dank seiner filigranen eisernen Hängebrücken kam er als Militäringenieur in St. Petersburg zu Ruhm und einem Generals-

AUTORENTIPP!

EINKEHR IM IDIOTEN

»Idiot« ist ein seltsamer Name für eine Gaststätte, aber da auch Dostojewski ein ganzes Werk so nannte, mag er berechtigt sein. Und so wie man in einem Roman versinken kann, ist dies auch in dem am Moika-Ufer gelegenen wohnlichen Kellerlokal möglich: Antiquierte Sofas laden zum Plauschen ein, Bücherregale zum Schmökern, Brettspiele zum Zeitvertreiben und der in Kännchen servierte Tee zum Philosophieren. Die Speisekarte bietet nur wenige Fleischgerichte, Vegetarier und Fischliebhaber haben dafür umso mehr Auswahl. Besonders zu empfehlen sind die Pilz-Pelmeni. Weitere Besonderheiten: ein Gratis-Gläschen Wodka für jeden Gast – und die wohl engste Toilette der Stadt (jene neben der Bar). Jenseits von Kleidergröße M wird es schwierig.

Idiot. Tgl. 11–1 Uhr, Nab. reki Moiki 82, Tel. 812/571 59 05, www.idiot-spb.com

AUTORENTIPP!

ZU HAUSE IM HOTEL

Irgendwann hatte er genug von seinem Job als TV-Kriegsberichterstatter – und auch die Welt gesehen. Alexander Schukow beschloss, in seiner Heimatstadt ein Hotel aufzumachen, in dem er selbst gern leben würde – was er tatsächlich auch tut. Sein »Alexander House« hat den Charme eines Familienbetriebs, die Gäste können sich in dem sorgsam renovierten alten Kaufmannshaus unweit des Mariinski-Theaters wie bei Freunden fühlen. Die 20 individuellen Zimmer sind alle im Stil von Städten gestaltet, die Schukow und seiner Frau gefallen haben – samt einem Originalobjekt von dort. »Wir tun alles, damit sich bei uns nicht der Stil eines Kettenhotels breitmacht«, sagt der Hausherr und serviert auf Wunsch das Abendessen auch mal in der Bibliothek am lodernden Kamin.

Alexander House. Nab. Krjukowa kanala 27, Tel. 812/575 38 77, www.a-house.ru

rang. Eine kleinere Kopie der Löwenbrücke steht übrigens im Berliner Tiergarten. Die Löwen schuf, wie auch die Greifen der Bankbrücke, der Bildhauer Pawel Sokolow (1764–1835).

Heuplatz

Zentrum dieses eher ruhigen Stadtteils ist der umso quirligere Heuplatz, der größte Verkehrsknotenpunkt der Stadt – allerdings unterirdisch: Gleich drei Metrolinien treffen aufeinander, wobei die bislang hier noch endende Linie 4 zunächst zum Theaterplatz und bis 2018 auch auf die Wassili-Insel verlängert werden soll. An der Oberfläche ist der Verkehr zum Glück erträglich, denn der Platz ist weitgehend Fußgängerzone – und ein beliebtes Einkaufsareal.

Lebhaft ging es hier immer zu, der Heuplatz war schon im 18. und 19. Jahrhundert ein rastloser Warenumschlagplatz – damals aber der berüchtigtste Ort der ganzen Stadt. Man nannte ihn, analog zu den Markthallen von Paris, den »Bauch von St. Petersburg«. Anständige Bürger mieden ihn, er war das Reich der Bettler und Bauern, der Tagelöhner, Kleinhändler und Ganoven. Am 22. Juni 1831 schlug hier das zaristische Militär einen »Cholera-Aufstand« des einfachen Volkes nieder. Russlands großer Romancier Fjodor Dostojewski (1821–1881) fand rund um den Heuplatz viele Inspirationen und Charaktere für seine Epen über die materiellen wie seelischen Qualen der kleinen Leute.

Kirchenrekonstruktion

Erst nach Dostojewskis Tod wurden auf dem Platz große Markthallen errichtet, aber in den mageren 1930er-Jahren wieder abgerissen. Die 2003 errichteten Laden-Pavillonreihen nehmen deren Stil auf,

Durch Dostojewskis Gassen

Fjodor Dostojewski war ein unruhiger Geist. Oft wechselte er seine Wohnungen – er lebte an 20 verschiedenen Adressen in der Stadt. Einige davon befinden sich in den Gassen nahe des Heuplatzes, wo auch die Handlung seines großen Romans *Schuld und Sühne* spielt.

A Der Heuplatz spiegelt auch auf andere Art Dostojewskis Vita: In der Hauptwache (1820) an der Nordecke des Platzes saß er im März 1874 für zwei Tage ein – wegen eines Verstoßes gegen die Zensurvorschriften. Heute ist hier ein Touristeninformationsbüro. Mo–Fr 10–19, Sa 12–18 Uhr, Sadowaja Ul. 37

B Im Westen öffnet sich der Platz zum fotogenen Kanal Gribojedowa. Über die Heubrücke (1952), einen kleinen Fußgängersteg, gelangt man aufs andere Kanalufer.

C Das erste Gebäude, das Dostojewski zwischen 1861 und 1863 in diesem Viertel bewohnte, war wie alle seine Wohnsitze ein Eckhaus, wobei hier keine Kirche im Blickfeld ist, wie es der Dichter so gern hatte. Kasnatschejski Ul. 1

D An der Ecke Kasnatschejskaja Uliza 7/Stoljarny Pereulok 14 (Eckhäuser haben in Russland zwei Adressen) schuf Dostojewski von 1864 bis 1867 *Schuld und Sühne* wie auch – wegen drückender Schulden – in nur 26 Tagen *Der Spieler.* Bei der Arbeit half ihm als Stenografistin Anna Snitkina (1846–1918), seine spätere Ehefrau.

E Eine Straßenecke weiter, an der Kreuzung des Stoljarny Pereulok mit der Grashdanskaja Uliza siedelte der Autor in einer Dachstube den zum Mörder werdenden Romanhelden Raskolnikow an. Diesem wurde hier sogar ein Denkmal gesetzt. Direkt daneben ist eine Hochwassermarke in der Wand eingelassen: »Gedenke des hohen Wassers am 7. November 1824« steht darauf auf Deutsch – zur Erinnerung an die höchste Flut, die Petersburg je heimsuchte.

F 600 Schritte weiter erschlug Raskolnikow die alte Wucherin. Diese Beschreibung in *Schuld und Sühne* passt nur auf das Haus 104 am Kanal Gribojedowa, das jedoch 750 Meter entfernt liegt. Dostojewskis vermeintlich exakte Ortsbeschreibungen stimmen nicht immer!

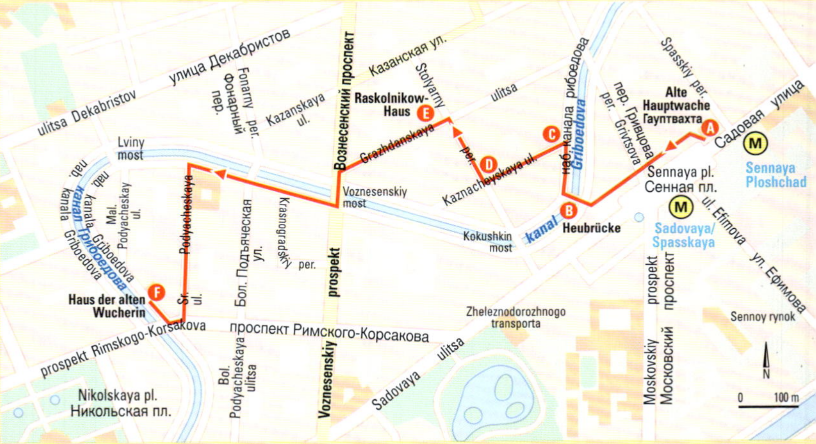

Oben: Die Löwenbrücke markiert den romantischsten Winkel im Dostojewski-Viertel.
Mitte: Hochwassermarke am Raskolnikow-Haus
Unten: Jenseits des Glockenturms und des Krjukow-Kanals beginnt das Viertel Kolomna.

doch sind die Stadtväter über diese Bebauung schon nicht mehr glücklich – man diskutiert eine weitere große Umgestaltung. Denn einst stand in der Ostecke des Platzes eine große Kirche. 1961 wurde »Spas-na-Sennoi« jedoch gesprengt, da sie angeblich beim Bau der ersten Metrostation störte. Heute möchte man die Kathedrale am alten Standort wieder aufbauen, denn ihre Grundmauern samt der Krypta sind unter dem Asphalt erhalten gebliebenen – die Metrostation Sennaja Ploschtschad wurde haarscharf daneben errichtet.

Zwei Shoppingcenter

Zusammen mit dem provisorischen Eingangspavillon der benachbarten Metrostation Spasskaja soll die Station Sennaja Ploschtschad jetzt in ein neues Shoppingcenter integriert werden, das wiederum mit dem dahinterstehenden Einkaufsglaspalast Pik (2004) fusioniert werden soll.

Pik ist nicht die einzige moderne große Shoppingmöglichkeit am Heuplatz: Auf der anderen Seite der Uliza Jefimowa, einer hier einmündenden schmalen Straße, steht etwas zurückversetzt noch die Shoppingmall Sennaja. Sie verfügt im zweiten Stock über einen »Food Court«, wo man sich günstig mit Fast Food verschiedener Anbieter stärken kann – in einem derart vom Kommerz geprägten Umfeld vielleicht die passendste Verpflegung.

Infos und Adressen

SEHENSWÜRDIGKEITEN

Eisenbahnmuseum (Musej shelesnodoroshnogo transporta). Viele große Modelle von Lokomotiven, Brücken und Stellwerken in einem antiquiert wirkenden Museum. So–Do 10.30–17 Uhr, letzter Do im Monat geschlossen. Sadowaja Ul. 50, Tel. 812/315 14 76, www.cmzt.narod.ru

ESSEN UND TRINKEN

Nebo. Lounge-Restaurant mit schöner Aussicht auf den Platz und die Isaakskathedrale. Tgl. 12–24 Uhr, Ul. Jefimowa 2, Shoppingcenter Pik, 5. Stock, Tel. 812/449 24 88, www.nebo-pik.ru

Sewerjanin. Gehobenes Restaurant in kultiviertem Alt-Petersburger Stil mitten im Dostojewski-Viertel. Tgl. 12–24 Uhr, Stoljarny Per. 18, Tel. 812/951 63 96.

ÜBERNACHTEN

Hotel Dom Dostojewskogo. Mini-Hotel in einem Haus, das Dostojewski bewohnte. Nab. kan. Gribojedowa 61, Tel. 812/314 82 31, www.ddspb.ru

Swiss Star. Ganz in Weiß gehaltene Frühstückspension mit acht Zimmern eines Schweizer Inhabers. Nab. reki Fontanki 93, Tel. 911 929 27 93, www.swiss-star.ru

Die alte Hauptwache am Heuplatz

EINKAUFEN

Pik. Tgl. 10–22 Uhr, Ul. Jefimowa 2, www.tk-pik.ru

Sennaja. Tgl. 10–22 Uhr, Eingänge von drei Seiten: Ul. Jefimowa 3, Moskowski Pr. 4–6 und Nab. reki Fontanki 95, www.sennaya.ru

Sennoi rynok. Große Markthalle, versteckt im Hof. Tgl. 8–20 Uhr. Moskowski Pr. 4 a.

INFORMATION

Am Heuplatz kreuzen sich drei Metrolinien. Die Eingänge der Linie 2 (Sennaja Ploschtschad) und der Linie 4 (Spasskaja) sind oberirdisch und befinden sich an der Ostecke des Platzes. Die Zugänge zur Linie 5 (Sadowaja) liegen in der Fußgängerunterführung unter dem Platz.

Das moderne Einkaufszentrum Pik überragt den historischen Platz des Heumarkts.

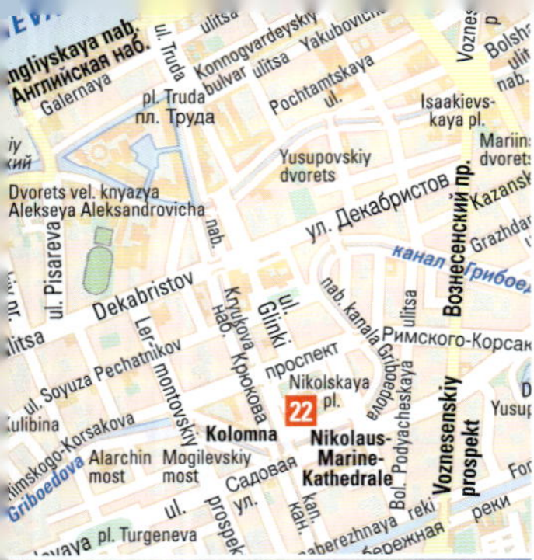

Oben: Eine Kirche im Erdgeschoss, eine darüber: die Nikolaus-Marine-Kathedrale
Unten: Himmelblau und schneeweiß sind die klassischen Farben des elisabethanischen Barocks.

22 Nikolaus-Marine-Kathedrale

Romantik am Kanalkreuz

Über Geschmack lässt sich streiten, aber die Nikolaus-Marine-Kathedrale halten viele Einheimische für die schönste Kirche der Stadt – innen wie außen. Das blau-weiße barocke Gotteshaus mit separatem Glockenturm verzückt auch durch seine romantische Lage in einem ruhigen Innenstadtwinkel an der brückenreichen Kreuzung zweier Kanäle – wo St. Petersburg wirklich wie das »Venedig des Nordens« wirkt.

Bevor man sich die Kirche ansieht, sollte man sich etwas Zeit für die Aura dieses scheinbar von der Zeit vergessenen Innenstadtbereichs nehmen. Der beste Ort für eine Umschau ist die kleine Pikalow-Brücke, die als Straßenbrücke an der Kreuzung mit dem Krjukow-Kanal über den Kanal Gribojedowa führt. Hier ist der einzige Punkt der Stadt, von dem aus man bei einem 360-Grad-Schwenk sieben andere Brücken sehen kann – und wenn man den neuen Fußgängersteg zwischen den beiden Mariinski-Bühnen mitzählt, sind es sogar acht.

Auch zwei markante Kirchen mit je fünf Kuppeln sind im Blickfeld: Im Westen ist dies, malerisch in der Kanalachse gelegen, die gelbe, von hochaufgeschossenen Zwiebeltürmen garnierte Isodor-Kirche (1907). Sie beherbergte einst eine Gemeinde orthodoxer Esten. Weitaus bedeutender ist jedoch die Nikolaus-Marine-Kirche auf der anderen Seite des Krjukow-Kanals. Baumeister Sawwa Tschewakinski (ca. 1710–1780) schuf hier um 1760 im Stil des elisabethanischen Barocks ein feierliches Ensemble, das den Frieden einer ländlichen Klosteranlage ausstrahlt.

Direkt am Kanal erhebt sich der Glockenturm, die Kirche steht zurückversetzt in der Mitte einer kleinen Parkanlage mit alten Bäumen. Einst lebten in diesem Stadtviertel vorrangig Werftarbeiter und Seeleute, den Bau finanzierte die Admiralität. So wurde die Kathedrale zur Hauskirche der Marine und aller Petersburger Seefahrer. Im Innern sind deshalb Gedenktafeln für umgekommene U-Boot-Crews angebracht, darunter die der »Kursk«. Auch während der Stalin-Ära und der Blockade wurde die Kathedrale nicht geschlossen, was den Erhalt des reichen Interieurs ermöglichte – für das nicht weniger Blattgold aufgewandt worden war als für die weithin glänzenden Kuppeln.

Von außen zunächst nicht erkennbar, stehen hier zwei Kirchen übereinander: Die wegen der vielen tragenden Säulen trotz ihrer prächtigen Ausstattung mystisch und katakombenhaft wirkende Unterkirche im Erdgeschoss ist bis heute ein religiöses Zentrum der Stadt. Den ganzen Tag über finden Andachten, Gebete, Fürbitten und Gottesdienste statt. Die Oberkirche hingegen ist hell und festlich, die Ikonostase eine Augenweide. Allerdings kann man sie nur während der wenigen Gottesdienste besichtigen. Eine dezente Absperrung trennt dann Touristen von Kirchgängern.

Das jenseits des Krjukow-Kanals gelegene alte Kleine-Leute-Viertel Kolomna ist der richtige Ort für Entdeckerseelen, die sich für den morbiden Charme enger Hinterhöfe begeistern können. In den Erdgeschossen der Häuser befinden sich keine Cafés, Geschäfte und Büros, sondern Wohnungen. Dostojewski-Stimmungen wie auch Sowjetzeit-Flashbacks findet man am besten an der Uliza Labutina oder rund um den Kulibin-Platz.

Das Altstadtviertel Kolomna besitzt keine Sehenswürdigkeiten, aber viel Aura.

Infos und Adressen

SEHENSWÜRDIGKEITEN

Nikolaus-Marine-Kathedrale (Nikolski morskoi sobor). Unterkirche tgl. geöffnet von 6.45–19 Uhr, Oberkirche nur zu Gottesdiensten Sa ab 18 und So/feiertags 9.30–12.30 Uhr, Nikolskaja Pl. 1/3, Tel. 812/714 70 85, www.nikolskiysobor.ru

ESSEN UND TRINKEN

Pizza-Bar Street. Das einzige Lokal weit und breit steckt voll Flohmarkttrödel. Mo–Fr 11–23, Sa/So 12–23 Uhr, Anglijski Pr. 39, Tel. 812/495 14 51, www.streetbar.ru

ÜBERNACHTEN

Courtyard St. Petersburg Center West/Pushkin Hotel. Seine Gäste lockt das Viersternehaus mit einer deutschen Kleinbrauerei, einem Shuttlebus in die Innenstadt und der ruhigen Lage. Kanonerskaja Ul. 33, Tel. 812/610 50 00, ww.marriott.com

INFORMATION

Anfahrt mit der Straßenbahnlinie 3 und den Bussen 49 oder 181 vom Heuplatz (Metrostationen Sennaja Pl., Spasskaja, Sadowaja, Linien 2, 4 u. 5)

DER NORDEN – PETROGRADER SEITE

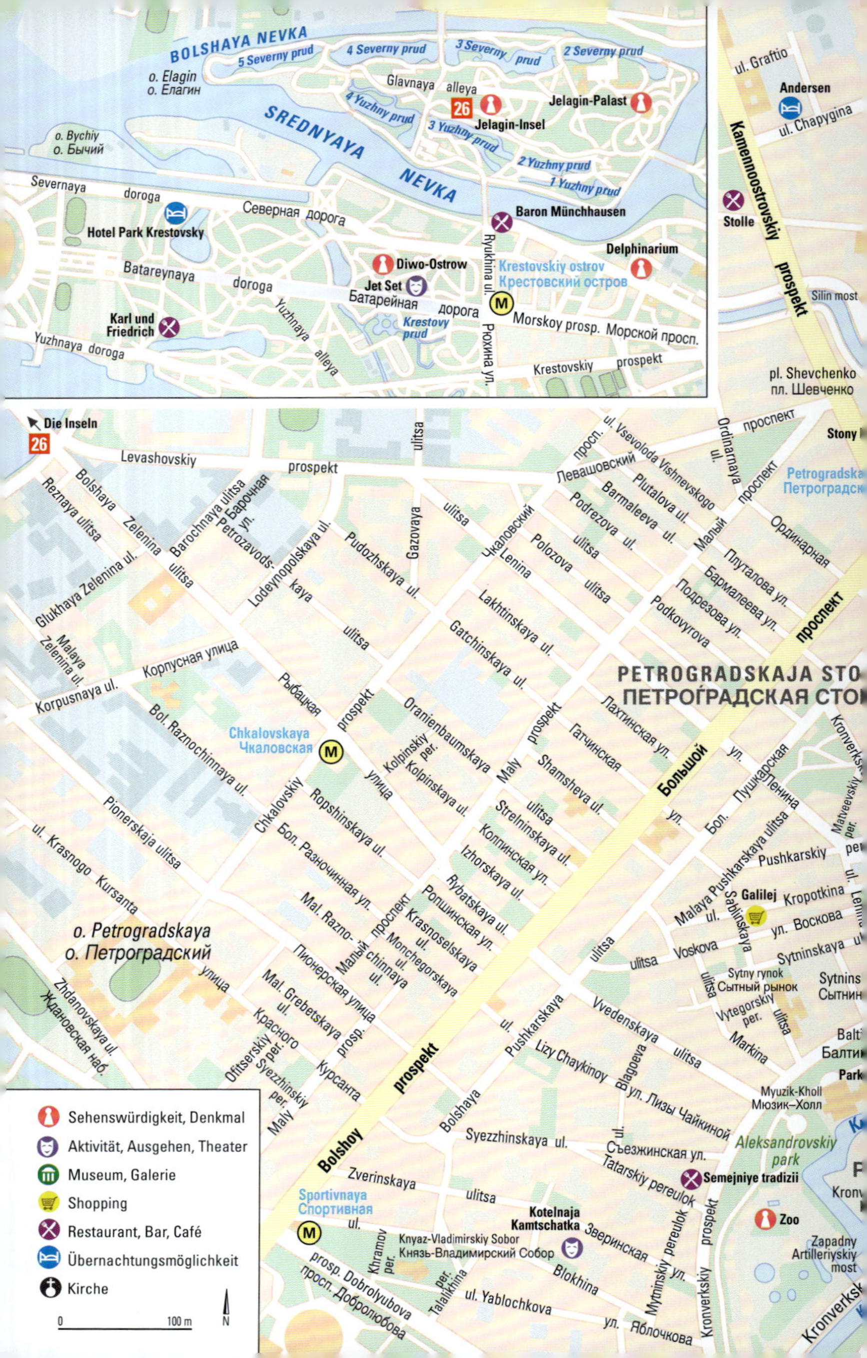

BOLSHAYA NEVKA
5 Severny prud
4 Severny prud
3 Severny prud
2 Severny prud
o. Elagin
о. Елагин
Glavnaya alleya
26
Jelagin-Palast
Jelagin-Insel
4 Yuzhny prud
3 Yuzhny prud
2 Yuzhny prud
1 Yuzhny prud
SREDNYAYA NEVKA
o. Bychiy
о. Бычий
Severnaya doroga
Северная дорога
Hotel Park Krestovsky
Baron Münchhausen
Ryukhina ul.
Рюхина ул.
Delphinarium
Diwo-Ostrow
Krestovskiy ostrov
Крестовский остров
Jet Set
Batareynaya doroga
Батарейная дорога
Krestovy prud
Morskoy prosp. Морской просп.
Karl und Friedrich
Yuzhnaya doroga
Yuzhnaya alleya
Krestovskiy prospekt
ul. Graftio
Andersen
ul. Chapygina
Kamennoostrovskiy prospekt
Stolle
Silin most
pl. Shevchenko
пл. Шевченко
Die Inseln
26
Levashovskiy prospekt
Левашовский просп.
ulitsa
ul. Vsevoloda Vishnevskogo
Ordinarnaya ul.
проспект
Stony
Petrogradska
Петроградск
Bolshaya Zelenina ulitsa
Reznaya ulitsa
Barochnaya ulitsa
Барочная ул.
Petrozavodskaya ulitsa
Lodeynopolskaya ul.
Pudozhskaya ul.
Gazovaya ulitsa
Чкаловский
Lenina
Polozova ulitsa
Podrezova ul.
Barmaleeva ul.
Plutalova ul.
Малый проспект
Ординарная
Плуталова ул.
Бармалеева ул.
Подрезова ул.
Podkovyrova
Glukhaya Zelenina ul.
Malaya Zelenina ul.
Lakhtinskaya ul.
Gatchinskaya ul.
проспект
PETROGRADSKAJA STO
ПЕТРОГРАДСКАЯ СТО
Корпусная улица
Korpusnaya ul.
Рыбацкая
Oranienbaumskaya
Лахтинская ул.
Гатчинская
Maly prospekt
Kronverks
Bol. Raznochinnaya ul.
Chkalovskaya
Чкаловская
Kolpinskiy per.
Kolpinskaya ul.
улица
Shamsheva ul.
Большой
ул.
Пушкарская
Ленина
Bol.
Matveevskiy per.
Chkalovskiy
Ropshinskaya ul.
Strelninskaya ulitsa
Колпинская ул.
Izhorskaya ul.
Malaya Pushkarskaya ulitsa
Pushkarskiy
Pionerskaja ulitsa
ul. Krasnogo Kursanta
Бол. Разночинная ул.
Mal. Razno-chinnaya ul.
Малый проспект
Rybatskaya ul.
Ропшинская ул.
Krasnoselskaya ul.
Monchegorskaya ul.
Galilej
Sablinskaya ul.
Kropotkina
ul. Voskova
ulitsa Voskova
Sytninskaya
o. Petrogradskaya
о. Петроградский
улица
Пионерская улица
Mal. Grebetskaya ul.
Sytny rynok
Сытный рынок
Vytegorskiy per.
Sytnins
Сытнин
Zhdanovskaya ul.
Ждановская наб.
Красного Курсанта
Ofitserskiy per.
Syezzhinskiy per.
Maly prosp.
Bolshoy prospekt
ul. Pushkarskaya
Vvedenskaya ulitsa
Markina
Balti
Балти
Lizy Chaykinoy
ул. Лизы Чайкиной
Blagoeva ul.
Myuzik-Kholl
Мюзик–Холл
Park
Bolshaya
Syezzhinskaya ul.
Съезжинская ул.
Aleksandrovskiy park
Tatarskiy pereulok
Semejniye tradizii
Zverinskaya ulitsa
Sportivnaya
Спортивная
Kotelnaja Kamtschatka
Kronverkskiy prospekt
Mytninskiy pereulok
Зверинская ул.
Zoo
Knyaz-Vladimirskiy Sobor
Князь-Владимирский Собор
Khramov per.
Talalikhina per.
prosp. Dobrolyubova
просп. Добролюбова
ul. Yablochkova
ул. Яблочкова
Blokhina
Zapadny Artilleriyskiy most
Kronverksk
Sehenswürdigkeit, Denkmal
Aktivität, Ausgehen, Theater
Museum, Galerie
Shopping
Restaurant, Bar, Café
Übernachtungsmöglichkeit
Kirche
0
100 m
N

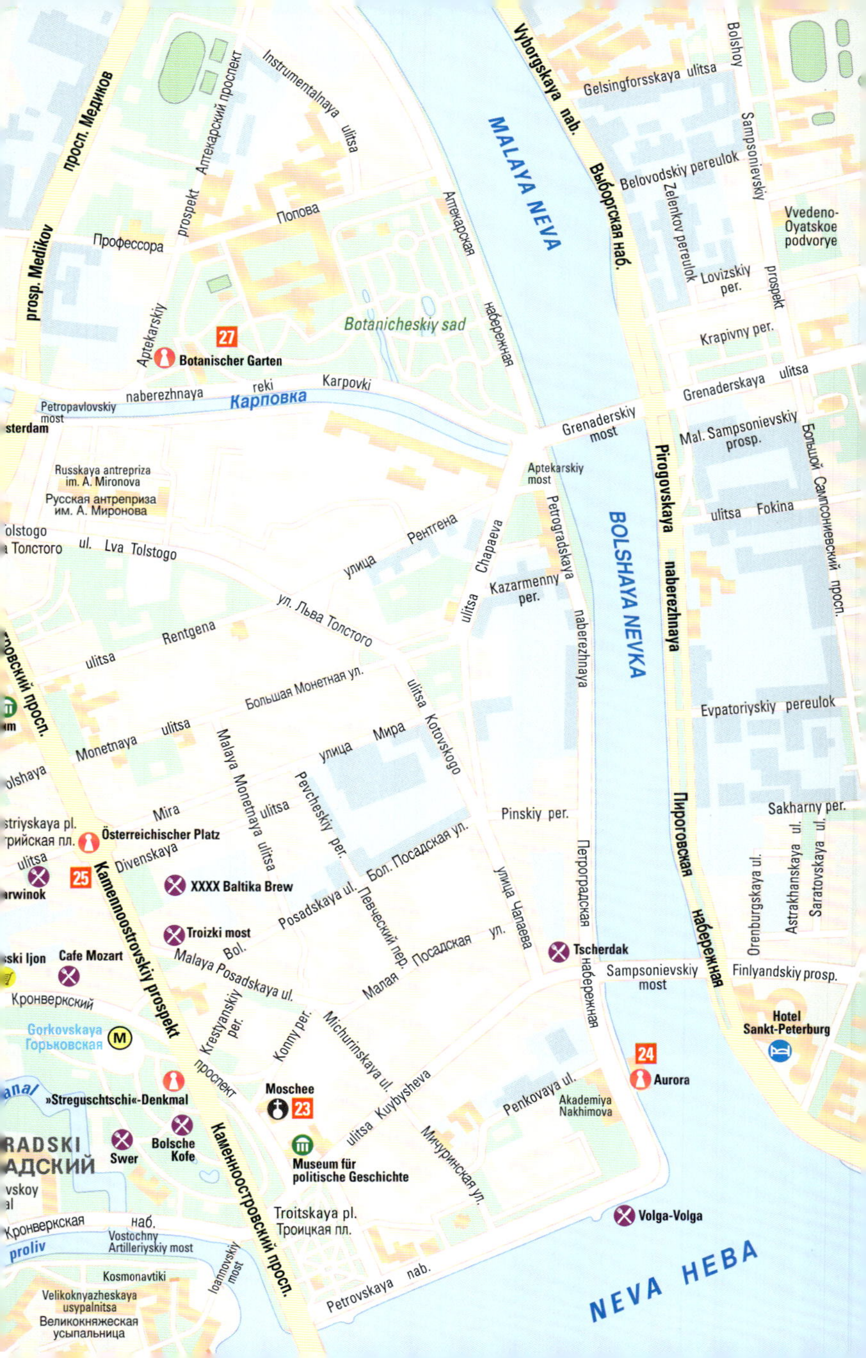

MALAYA NEVA
BOLSHAYA NEVKA
NEVA НЕВА
Vyborgskaya nab.
Выборгская наб.
Gelsingforsskaya ulitsa
Bolshoy
Sampsonievskiy prospekt
Belovodskiy pereulok
Zelenkov pereulok
Vvedeno-Oyatskoe podvorye
Lovizskiy per.
Krapivny per.
Grenaderskaya ulitsa
Grenaderskiy most
Mal. Sampsonievskiy prosp.
Большой Сампсониевский просп.
Pirogovskaya naberezhnaya
Пироговская набережная
ulitsa Fokina
Evpatoriyskiy pereulok
Sakharny per.
Orenburgskaya ul.
Astrakhanskaya ul.
Saratovskaya ul.
Finlyandskiy prosp.
Sampsonievskiy most
Hotel Sankt-Peterburg
24
Aurora
Akademiya Nakhimova
Penkovaya ul.
Volga-Volga
Petrovskaya nab.
Troitskaya pl.
Троицкая пл.
Museum für politische Geschichte
Moschee
23
ulitsa Kuybysheva
Michurinskaya ul.
Мичуринская ул.
Konny per.
Krestyanskiy per.
Kamennoostrovskiy prospekt
Каменноостровский просп.
проспект
Tscherdak
Petrogradskaya naberezhnaya
Петроградская набережная
улица Чапаева
ulitsa Chapaeva
Kazarmenny per.
Pinskiy per.
Aptekarskiy most
Малая Посадская ул.
Бол. Посадская ул.
Posadskaya ul.
Bol.
Malaya Posadskaya ul.
Певческий пер.
Pevcheskiy per.
улица Мира
Malaya Monetnaya ulitsa
ulitsa Kotovskogo
Большая Монетная ул.
Bolshaya Monetnaya ulitsa
Mira ulitsa
ulitsa Rentgena
улица Рентгена
ул. Льва Толстого
ul. Lva Tolstogo
Толстого
Russkaya antrepriza im. A. Mironova
Русская антреприза им. А. Миронова
Petropavlovskiy most
naberezhnaya reki Karpovki
Карповка
Botanischer Garten
27
Botanicheskiy sad
Aptekarskiy prospekt
Аптекарский проспект
Аптекарская набережная
Instrumentalnaya ulitsa
Попова
Профессора
prosp. Medikov
просп. Медиков
Österreichischer Platz
Divenskaya ulitsa
25
XXXX Baltika Brew
Troizki most
Cafe Mozart
Кронверкский
Gorkovskaya
Горьковская
»Streguschtschi«-Denkmal
Bolsche Kofe
Swer
Кронверкская наб.
Vostochny Artilleriyskiy most
Ioannovskiy most
Kosmonavtiki
Velikoknyazheskaya usypalnitsa
Великокняжеская усыпальница
proliv

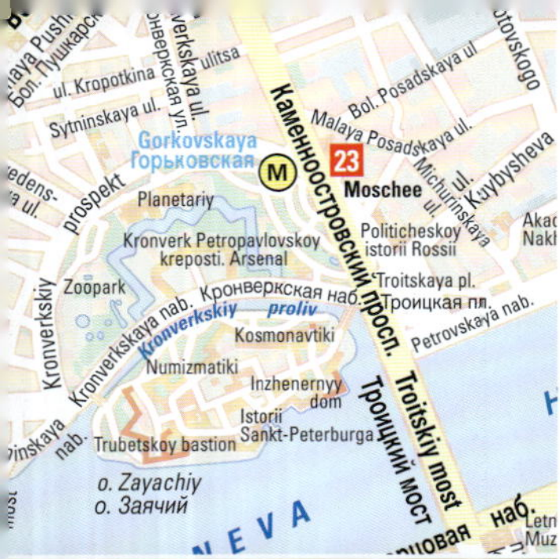

Seite 154/155: Für eilige Besucher bietet sich ein Rundgang durch die Miniaturausgabe St. Petersburgs im Alexander-Park an.
Oben: Die beiden Minarette der 100 Jahre alten Moschee sind 48 Meter hoch.

23 Moschee

Für religiöse Toleranz

Der Alexander-Park ist wie Berlins Tiergarten die größte Grünanlage der Innenstadt – und ebenfalls Standort des städtischen Zoos. Dieser ist aber nicht unbedingt sehenswert – im Gegensatz zu einem Bauwerk, das man so weit im Norden nicht erwarten würde: eine prunkvolle Moschee noch aus der Zarenzeit. Außerdem kann man hier wie Gulliver durch ein St. Petersburg im Miniaturformat stolzieren.

So mancher Petersburg-Besucher glaubte beim Blick von der Eremitage über die Newa schon an eine Fata Morgana: Ragen doch hinter der Peter-und-Paul-Festung zwei Minarette in den Himmel, dazu eine hohe Kuppel mit Halbmond! Vor Ort bestätigt sich jedoch die reale Existenz dieses ungewöhnlichen Bauwerks: Die Wahl des Standorts der St. Petersburger Moschee (1910–1914), nur 650 Meter Luftlinie von der Grablege der russischen Zaren entfernt, war bei deren Errichtung auch ein politisches Statement: Man wollte zeigen, dass das Russische Reich ein Vielvölkerstaat mit religiöser Toleranz ist.

Orient im hohen Norden

Muslimische Untertanen, vor allem Tataren, lebten schon seit der Stadtgründung auf der Petrograder Seite. Ihr Viertel mit für Petersburg untypisch verwinkelten Straßen lag gleich hinter dem kahlen Glacis, das die Peter-und-Paul-Festung umgab – heute grünt hier der Alexander-Park. Im 19. Jahrhundert hatten die Zaren aber auch Mittelasien unter ihre Kontrolle gebracht. Stilistisch orientiert sich der 5000 Gläubige fassende Granitbau deshalb am berühmten Gur-Emir-Mausoleum von Samarkand: Neben der blauen Kuppel sind auch die mit Ornamenten reich geschmückten Majolikakacheln des Hauptportals Zitate aus dem Orient. Die verspielten Spitzen der Minarette bezeugen hingegen, dass Chefarchitekt Alexander von Hohen zu dieser Zeit dem Jugendstil huldigte. Die Moschee ist bis heute das religiöse Zentrum der Petersburger Muslime. »Ungläubige« werden zur Besichtigung nicht eingelassen.

Die VIP-Villa der Mätresse

Nur zwei Gebäude weiter steht am Beginn des Kronwerkski Prospekts eine hochelegante Jugendstilvilla (1904–10) des gleichen Architekten. Sie ist die schönste der ganzen Stadt und Schauplatz einer höchst wechselhaften Geschichte: Dies war das Heim von Matilda Kschessinskaja (1872–1971), einer Primaballerina des Mariinski-Theaters und Geliebten des letzten Zaren Nikolaus II. (1868 bis 1918) – vor dessen Verlobung, versteht sich.

Später pflegte die Tänzerin Beziehungen zu zwei Großfürsten aus der Romanow-Dynastie. Kein Wunder, dass sie nach dem Sturz der Monarchie 1917 eiligst das Land verließ. Ihr Haus wurde von revolutionären Soldaten requiriert, anschließend nistete sich der Stab der Bolschewiken ein. Deren Anführer Lenin (1870–1924) hielt dann, aus dem Schweizer Exil zurückgekehrt, vom Balkon der Luxusvilla flammende Reden ans versammelte Proletariat.

Deshalb wurde hier in Sowjetzeiten das Museum der großen Sozialistischen Oktoberrevolution eingerichtet. Viele der edlen Interieurs blieben auf diese Weise erhalten – und man kann sie auch heute in Augenschein nehmen: Denn das Museum für politische Geschichte zeigt nicht nur Lenins

AUTORENTIPP!

ZUM KAFFEETRINKEN IN DIE GROTTE

Besser getarnt ist wohl kein Café in St. Petersburg: Das Lokal namens »Mehr Kaffee!« befindet sich in einer gemütlichen künstlichen Grotte im Alexander-Park – und ist ein echtes Alternativprogramm zu den omnipräsenten Kaffeehausketten. Nur drei Tische passen in die Höhle. Platz für große Küche (und eine Toilette) gibt es auch nicht, etwas Gebäck, Salate und leckere Sandwiches müssen reichen. Aber dafür wird das geliebte Heißgetränk professionell und in zahlreichen Variationen zubereitet. Und im Sommer kann man sich mit seinem Tablett vor der Höhle ins Freie setzen, die Beine auf das Mäuerchen um den Springbrunnen legen und dem vorbeiziehenden Touristenstrom nachschauen.

Bolsche Kofe!. Tgl. 10–22 Uhr, Alexandrowski park 3, 200 Meter von der Metrostation Gorkowskaja in Richtung Peter-und-Paul-Festung

Skulptur: Im Alexander-Park debattieren Petersburger Baumeister die Stadtplanung.

Oben: Ein Museum, das aus dem Rahmen fällt: das Politikgeschichtsmuseum
Unten: Der schicke Wintergarten der Kschessinskaja-Villa dient auch als Konzertsaal.

Arbeitszimmer, sondern auch interessante wechselnde Ausstellungen zu verschiedenen Aspekten der Politik. Zur Erweiterung des Museums wurde die Kschessinskaja-Villa 1957 mit dem zwischen 1909 und 1910 entstandenen Nachbarhaus, dem südländisch wirkenden weißen Klinkerbau des Barons Brandt, vereinigt.

Alt-Petersburg im Kleinformat

Der Hauptteil des Alexander-Parks liegt jedoch hinter der Metrostation Gorkowskaja. Hier kann man einen Stadtrundgang durch Mini-Petersburg machen: Die wichtigsten Gebäude der Innenstadt wurden in Knie- bis Mannshöhe als Bronzemodelle nachgebildet, während die Bodenplatten Straßen und Kanäle nachzeichnen.

Weiter folgen im Park monumentale Kulturpaläste aus der ersten Hälfte des 20. Jahrhunderts: Das Theater Baltisches Haus, das Planetarium und das Revuetheater Music-Hall – sowie ein stilistisch angepasstes Kinocenter von 2013. Den Abschluss bildet der Zoo: Wer unbedingt Russlands mächtigste Tiere, Eisbären und Sibirische Tiger sehen will, sollte diesen schon 150 Jahre alten Tierpark besuchen.

Infos und Adressen

SEHENSWÜRDIGKEITEN

Moschee (Metschet). Kronwerkski Pr. 7, Tel. 812/498 40 75, www.dum-spb.ru

Museum für politische Geschichte (Musej polititscheskoi istorii). Fr–Di 10–18, Mi 10–20 Uhr, Kronwerkski Pr. 1, Tel. 812/313 61 63, www.polithistory.ru

Zoo (Leningradski zoopark). Mo–Fr 10–18, Sa/So 10–19 Uhr, Alexandrowski park 1, Tel. 812/232 82 60, www.spbzoo.ru

ESSEN UND TRINKEN

Cafe Mozart. Das Interieur ist in die Jahre gekommen. Aber dafür gibt es – für Petersburg exotisch – Wiener Schnitzel und Tafelspitz. Tgl. 9–23 Uhr, Kronwerkski Pr. 23, Tel. 812/232 94 93, www.cafemozart.ru

Politische Geschichte in Textilien: Chruschtschows Hut und Bauernhemd

Mobile Imbissstände stillen überall in der Stadt den kleinen Hunger.

Semejniye tradizii. Helles, humorvolles und kinderfreundliches Restaurant mit humanen Preisen. Tgl. 12–23 Uhr, Kronwerkski Pr. 65, Tel. 812/405 94 13.

Swer. Bier- und Wildrestaurant mit kaukasischem Einschlag im Park, zwischen Metro und Festung. Im Sommer schöne Terrassenplätze. So–Mi 12 bis 23, Do–Sa 0–24 Uhr, Alexandrowski park 5 b, Tel. 812/244 25 92, www.restoranzver.spb.ru

AUSGEHEN

Park King. Begrünter Flachbau mit 24-Stunden-Restaurant und Biergarten. Wochenends großer Discobetrieb für Fans der 1970er- bis 1990er-Jahre. So–Do 10–24, Fr/Sa 10–6 Uhr, Livemusik tgl. ab 20 Uhr, DJs Sa/So ab 22 Uhr, Karaoke-Bar Do–Sa 20–5 Uhr, Alexandrowski park 4, Tel. 812/498 06 06, www.parkking.ru

EINKAUFEN

Russki Ijon. Auf Leinen spezialisierter Laden – und es sind nicht nur russische Bauernhemden im Angebot! Tgl. 11–20 Uhr, Ul. Kronwerkskaja 1, Tel. 812/324 53 36.

INFORMATION

Im Alexander-Park nahe der Moschee befindet sich die Metrostation Gorkowskaja (Linie 2). Anfahrt auch mit den Straßenbahnlinien 6 und 40 möglich, die um den halbrunden Park fahren. Am nächsten zum Zoo ist die Haltestelle Swerinskaja Uliza.

Oben: Blitzblankes Marine-Monument: Der Panzerkreuzer »Aurora« machte Geschichte.
Unten: Rührige Heldenverehrung: Das Schiff nahm an drei Kriegen teil.

24 Kreuzer »Aurora«
Stählerne Revolutionsikone

Für viele russische und chinesische Petersburg-Touristen ist sie eine der Hauptattraktionen der Stadt: Denn die »Aurora« wurde in der kommunistischen Welt zur Ikone der Oktoberrevolution 1917 stilisiert. Historisch gesehen ist der Ruhm unberechtigt – aber nur deshalb blieb das über hundert Jahre alte Kriegsschiff bis heute erhalten. Der herausgeputzte Panzerkreuzer liegt in einem Newa-Seitenarm.

Die Landspitze, an der sich die zur Ostsee strebende Newa erstmals gabelt, ist fest im Griff der Marine: Zum einen steht hier ein Denkmal, das 1996 zum 300. Jahrestag der russischen Flotte errichtet wurde. Zum anderen erhebt sich hier das azurblaue Gebäude der Nachimow-Lehranstalt, einer der Marine unterstehenden Kadettenschule für Schüler der 5. bis 11. Klasse. Das mächtige Schulhaus zeigt sich zwar im Barock der Zeit Peters des Großen (1672–1725), wurde aber erst 1910 bis 1912 errichtet.

Drittes Element des Ensembles ist die »Aurora«, das wohl bekannteste Kriegsschiff der russischen Geschichte – und heute ein schwimmendes Museum. Am 25. Oktober 1917, so die oft wiederholte, aber nicht stimmige Legende, soll der Kreuzer mit einem Blindschuss das Startsignal zum Sturm der Bolschewiken auf den Winterpalast gegeben haben, wo sich die bürgerliche Regierung aufhielt. Doch selbst in der Ausstellung an Bord der »Aurora« ist heute nur von einem Böller zur Prüfung der Wachsamkeit der benachbarten Schiffe die Rede.

Der Revolutionsmythos bewahrte indes das im Jahr 1900 vom Stapel gelaufene Kriegsschiff vor der Verschrottung, denn seine sonstige Geschichte war nicht überragend ruhmreich. 1905 gehörte die »Aurora« bei Tsushima zu jener Handvoll russischer Schiffe, die die verheerend verlaufende Seeschlacht mit den Japanern überlebte. Der Kreuzer flüchtete auf die Philippinen, wo er interniert wurde. Im Ersten Weltkrieg kam die »Aurora« in der Ostsee nur als Wachschiff und zur Unterstützung der Infanterie in Einsatz. Und beim erneuten Kriegsausbruch wurden ihre Geschütze 1941 demontiert und zur Verteidigung Leningrads eingesetzt. Deutsche Artillerie versenkte unterdessen das wehrlos im Hafen von Oranienbaum liegende Schiff. Nach dem Krieg wurde es gehoben – denn die Sowjetflotte hatte beschlossen, daraus ein Museum zu machen.

Der Rumpf ist nicht mehr der alte

Ihren heutigen »ewigen Liegeplatz« verließ die »Aurora« nochmals zwischen 1984 und 1987, als sie grundlegend saniert wurde. Da man dabei den gesamten Unterwasserrumpf austauschte, sind Marinepuristen heute nicht mehr unbedingt der Meinung, die »Aurora« sei noch das originale Schiff. Aber immerhin, es schwimmt – auch wenn zwei mächtige Metallbalken es an Ort und Stelle festhalten. Die früher freie Besichtigung ist seit 2010 nicht mehr möglich, denn seither hat das Marinemuseum das Kommando und lässt Besucher nur noch in geführten Gruppen an Bord.

2013 wurde angekündigt, die »Aurora« solle erneut in einer Werft saniert werden, um dann sogar wieder – mit modernerer Technik an Bord – fahrtüchtig zu werden. Wann dies passieren soll, ist aber offen.

Das Buggeschütz brachte der Legende nach ein ganzes Imperium zum Einsturz.

Infos und Adressen

SEHENSWÜRDIGKEITEN

Aurora (Krejser Avrora). Südende Nab. Petrogradskaja, Di–Do, Sa–So 10.30–16 Uhr, nur russ. Führungen, Tel. 812/230 84 40, www.aurora.org.ru

ESSEN UND TRINKEN

Volga-Volga. Das Restaurantschiff legt viermal täglich zu einer einstündigen Newa-Kreuzfahrt ab. Petrowskaja Nab. gegenüber Haus 8, Abfahrten tgl. 15, 19, 22 und 24 Uhr (nur im Sommer), Tel. 812/900 83 38, www.ginza-volga.ru

Tscherdak. Der »Dachboden« ist eine gemütliche Kneipe mit solider Hausmannskost. Mo–Do 11–23.30, Fr 11–2, Sa 12–2, So 12–23.30 Uhr, Ul. Kujbyschewa 38/40, Tel. 812/232 11 82.

ÜBERNACHTEN

Hotel Sankt-Peterburg. Ein Betonklotz aus den 1970er-Jahren – aber der Blick zur Newa-Seite ist phänomenal. Nab. Pirogowskaja 5, Metro 1: Pl. Lenina, Tel. 812/380 19 19, www.hotel-spb.ru

INFORMATION

Die »Aurora« ist 15 Gehminuten von der Metrostation Gorkowskaja (Linie 2) entfernt.

Das Haus Kolobowych ist eine der feinsten Wohnadressen auf der Petrograder Seite.

25 Kamenoostrowski Prospekt

Art nouveau und Savoir-vivre

Nirgendwo ist das alte Petersburg europäischer als hier: Der belebte Kamenoostrowski Prospekt von der Peter-und-Paul-Festung nordwärts war in den letzten Jahren der Zarenzeit die In-Adresse für Bourgeoisie, Boheme – und für Baulöwen. Das Resultat ist die höchste Dichte an Jugendstilbauten in der Stadt. Ein Bummel über den »Steininsel Prospekt« führt in die gute alte Zeit – nur der dichte Verkehr stört.

Nur 100 Meter von der Metrostation Gorkowskaja entfernt steht ein Denkmal für das 1904 im Russisch-Japanischen Krieg gesunkene Torpedoboot »Streguschtschi« (1911). Es war von gleich sechs gegnerischen Schiffen eingekreist worden. Nachdem die Geschütze zerschossen, die Mannschaft weitgehend umgekommen und das Boot manövrierunfähig war, wollten die Japaner ihre Beute ins Schlepptau nehmen – doch sie ging unter.

MAL EHRLICH

LENINGRAD LEBT WEITER

Seit über 20 Jahren heißt die Stadt wieder St. Petersburg – aber in den Köpfen vor allem älterer Menschen handelt es sich um Leningrad. Verständlich, denn viele wuchsen in der Stadt dieses Namens auf oder arbeiteten gar am Wiederaufbau nach dem Krieg mit. Ganz getilgt wird der Name ohnehin nie: Das harte Blockadeschicksal erlitt schließlich nicht St. Petersburg, sondern die »Heldenstadt Leningrad«. Gerade Deutsche sollten deshalb niemandem diese toponymische Nostalgie übelnehmen.

Einer damals populären Legende zufolge haben zwei überlebende Matrosen das Boot versenkt. Das Denkmal zeigt die selbstlose Heldentat auf reichlich dramatische Weise. Architekt des Monuments war wie schon bei der Moschee und der Kseschinsskaja-Villa Alexander von Hohen – der mit diesen Objekten für die bürgerliche Prachtstraße einen Auftakt im Jugendstil schrieb.

Leicht versponnen

Das nächste sehenswerte Art-nouveau-Objekt sind die Häuser 1 und 3 (1902–1904) am Kamenoostrowski Prospekt. Ihr Erbauer und Eigner war der schwedischstämmige Architekt Fjodor Lidval (1870–1945). Er zog hier das ganze Register an Elementen des in Russland schlicht »modern« genannten, biologisch angehauchten Baustils: asymmetrische Baukörper und abwechslungsreiche Fensterformen, Naturstein und rauer Putz, reichlich Tier- und Pflanzenmotive – und kleine Gags. So gestaltete Lidval ein schmiedeeisernes Balkongitter als Spinnennetz.

Witte-Villa

Haus 5 ist zwar nicht im Stil »modern«, gehörte dafür aber einem herausragenden Modernisierer Russlands: In dieser Villa, heute eine Musikschule, lebte von 1899 bis zu seinem Tod der langjährige Finanzminister Sergej Witte (1849–1915). Er war unter anderem die treibende Kraft beim Bau der Transsibirischen Eisenbahn und machte den Rubel zu einer weltweit geachteten Hartwährung.

Hinter seinem Haus zweigt nach rechts die Malaja Posadskaja Uliza ab – die einzige Straße in der historischen Innenstadt (von Kanalufern einmal abgesehen), die nicht linear verläuft, sondern in einer Schlangenlinie. Dies ist die letzte Spur des

AUTORENTIPP!

ZU GAST BEIM PARTEISEKRETÄR

Die nobelste Adresse am Kamenoostrowski Prospekt schätzte nach der Revolution auch die kommunistische Elite. Hier wohnte der populäre Leningrader Parteichef Sergej Kirow (1886–1934), dessen Ermordung im Smolny später zum Anlass für den Beginn des stalinistischen Terrors genommen wurde. Kirows Fünf-Zimmer-Wohnung ist heute ein Museum, mit vielen Originalobjekten sorgfältig eingerichtet im Stil der Nomenklatura der 1930er-Jahre: von den Geschenken dankbarer Genossen über technischen Luxus wie Radioempfänger und Kühlschrank (von General Electric) bis hin zum Eisbärfell im Wohnzimmer und diversen Stalin-Porträts. In weiteren museal genutzten Räumen gibt es wechselnde Ausstellungen zur sowjetischen Geschichte.

Kirow-Museum. Do–Mo 11–18, Di 11–17 Uhr, Kamenoostrowski Pr. 26/28, Bus 46, Tel. 812/346 02 17, www.kirovmuseum.ru

AUTORENTIPP!

SOWJETROCK IM HEIZUNGSKELLER

Russlands Rockmusik wurde im Untergrund geboren – im wahrsten Sinne des Wortes: Um nicht als Faulenzer eingesperrt zu werden, mussten Freigeister noch Ende der 1980er-Jahre zumindest formell eine Arbeit haben. Musiker waren deshalb oft in Heizungskellern anzutreffen. Solange der Ofen loderte, konnte man machen, was man wollte – Texte schreiben, proben, Freunde empfangen und sogar Konzerte geben. So schippte auch Leningrads jung gestorbene Rocklegende Viktor Zoi (1962–1990) von der Gruppe Kino einst Kohle, bevor er zur Gitarre griff. Sein »Kamtschatka« getaufter Höllenschlund fungiert heute als urig-primitiver Musikklub samt kleinem Zoi-Museum.

Kotelnaja Kamtschatka. Tgl. 15–23 Uhr, Konzertbeginn 19 Uhr, Ul. Blochina 15 (im Hof), Metro 5: Sportiwnaja, Tel. 921/987 23 13, www.clubkamchatka.ru

planlos gewachsenen ersten Stadtzentrums aus der Zeit Peters I. (1672–1725). Doch schon zu Lebzeiten des Stadtgründers hatte sich der Schwerpunkt der Stadtentwicklung erst auf die Wassili-Insel und dann auf die südliche Newa-Seite verschoben. Die schlecht erreichbare Insel hinter der Festung degradierte zur provinziell wirkenden Kleine-Leute-Vorstadt mit Holzhäusern, umgeben von Gemüsegärten.

Bauboom vor dem Ersten Weltkrieg

Der auf drei Kilometer Länge schnurgerade verlaufende Kamenoostrowski Prospekt dokumentiert hingegen baulich den zweiten Frühling der Petrograder Seite: Mit der Eröffnung der Dreifaltigkeitsbrücke 1903 wurde die vernachlässigte Insel fast über Nacht zum Filetstück für Baulöwen und Immobilieninvestoren: Hier konnte schicker, heller und gut durchlüfteter Qualitätswohnraum geschaffen und teuer vermietet werden – denn mit dem neumodischen Automobil oder der elektrischen Straßenbahn waren es nur wenige Minuten bis ins Zentrum.

Fortschritt und Lebenslust triumphierten auch im Bereich der Häuser 10 und 12: Hier befand sich ein Gartenrestaurant namens »Aquarium«, dem ein Konzert- und Theatersaal für 2500 Zuschauer angeschlossen war. 1896 kam in der Pause einer Operettenaufführung ein Cinematograf zum Einsatz – dies war die erste Filmvorführung in Russland. Eine Gedenktafel erinnert daran. Nach der Revolution – Lenin hatte schließlich das Kino zur »für uns Wichtigsten aller Künste« erklärt, wurden auf dem Areal Filmstudios eingerichtet. Daraus entstand der sowjetische Kinogigant Lenfilm. Das Gelände ist heute ziemlich heruntergekommen, doch werden immer noch TV-Sendungen und Filme produziert.

Durch Jugendstil-Winkel

In dem Geflecht kleiner Sträßchen hinter dem ältesten Markt der Stadt verirren sich selbst ortskundige Petersburger – denn hier gibt es die sonst in der Stadt üblichen klaren geometrischen Strukturen nicht. Dieser Spaziergang führt zu einigen ungewöhnlichen Zeugnissen des Baubooms vor dem Ersten Weltkrieg.

A Gorki-Haus (1911) – Schräg gegenüber des Startpunkts an der Metrostation Gorkowskaja erhebt sich eines der schönsten Häuser im »Nördlichen Jugendstil«. Typisch dafür ist die grobe Natursteinverkleidung am Sockel, die mit der verspielten Fenstergestaltung kontrastiert. Hier wohnte 1914–1921 der Schriftsteller Maxim Gorki (1868–1936). Kronwerkski Prospekt 23

B Sytny Rynok (Satter Markt) – An dieser Stelle wurde schon vor 300 Jahren gehandelt. Das chaotische Budenareal wird nach und nach durch etwas solidere Ladenlokale verdrängt. In der schönen Markthalle (1913) dahinter gibt es üppige Obststände. Proviant-Tipp: Nüsse und Trockenfrüchte in großer Auswahl! Sytnynskaja Pl. 3

C Haus Frenkel (1912) – In der Achse der Sablinskaja Uliza erhebt sich ein seltsamer Turmbau. Das siebenstöckige Haus wurde von Wassili Schaub gestaltet. Anders als am nahen Österreichischen Platz verzichtete er hier auf üppiges Dekor, dafür formte er das Gebäude aus zahlreichen ineinander verschobenen geometrischen Körpern. Sablinskaja Ul. 8

D Haus Kolobowych (1910) – Um die Ecke herrscht ein ganz anderer Stil: Auf einem dreieckigen Grundstück wurde eine preisgekrönte Luxuswohnanlage errichtet. Das Fassadendekor ist zwar plüschig-neobarock, aber der Grundriss in einer nach Süden offenen W-Form war damals etwas Hochmodernes. Puschkarski Per. 8

E Haus Putilowa (1907) – Wie ein verwunschenes Schloss erscheint dieser neoromantische Bau. Ernst blickende Steineulen bewachen den höhlenartig ummauerten Haupteingang. Doch bei näherer Betrachtung erkennt man das Augenzwinkern dieser Architektur: bauchige Erker, vorwitzige Spitzgiebel und ein kreisrundes Fenster. Bolschoi Prospekt P.S. 44

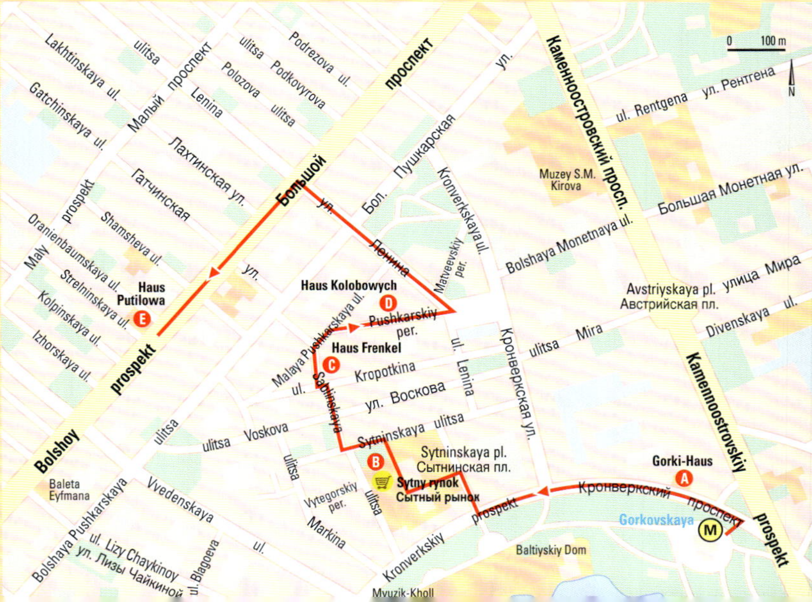

Oben: Am Lew-Tolstoi-Platz macht der Jugendstil auch mal in Gotik. **Mitte:** Rauer Putz und seltsame Fensterausschnitte sind ein Markenzeichen des Jugendstils. **Unten:** Verwinkelte Gassen und (im Herbst) Melonenstände sind typisch für dieses Viertel.

Der Platz aus einer Hand

Der achteckige Österreichische Platz ist die Schmuckschatulle des Petersburger Jugendstils – und das Werk eines einzigen Architekten. Wassili Schaub (1861–1934) hatte das Glück, von 1901 bis 1906 gleich drei Aufträge wohlhabender Bauherren realisieren zu können. Mit den von Türmchen gekrönten Häusern 13, 16 und 20 entstand, was selten im Jugendstil ist, ein ganzes städtebauliches Ensemble. Haus 13 ist das schönste – obwohl bei der unlängst erfolgten Sanierung das einst hohe Dach leider nicht wiederhergestellt wurde. Als kleine Kompensation fürs Gemüt gibt es im Erdgeschoss eine stille Buchhandlung mit Café.

Innere Werte

Bei dem kräftig roten Haus 24 (1896–1912), eine Querstraße weiter, sollte man einen Blick in den Innenhof werfen, in dem das Dekor der Außenseite samt Balkonen fortgesetzt wurde. Denn die Architekten erkannten damals, dass es zur Steigerung des Komforts auch auf die inneren Werte ankommt – und nicht nur auf eine repräsentative Fassade. Bei den neoklassischen Häusern 26 und 28 (1911–1914) empfiehlt sich ebenfalls eine Expedition ins Innere der Parzelle. Neun Höfe von ganz unterschiedlicher Noblesse bilden ein wahres Labyrinth. Diese größte Wohnanlage des vorrevolutionären Russlands gehörte einer Versicherung und wurde mit allem Komfort ausgestattet – es gab sogar eine zentrale Müllverbrennungsanlage und ein Staubsaugersystem. Der zweite Platz am Kamenoostrowski-Prospekt ist der Lew-Tolstoi-Platz, architektonisch dominiert vom 1912 errichteten »Haus mit Türmen«, das Stilelemente einer mittelalterlichen Burg aufweist. Hier kreuzt sich mit dem Bolschoi Prospekt die zweite Magistrale der Petrograder Seite – wegen vieler Boutiquen als teure Shopping-Adresse bekannt.

Infos und Adressen

SEHENSWÜRDIGKEITEN

Streguschtschi-Denkmal (Pamjatnik ekipashu minonosza Streguschtschi). Im Alexander-Park an der Westseite des Kamenoostrowski Prospekts.

Österreichischer Platz (Awstriiskaja ploschtschad). An der Kreuzung des Kamenoostrowski Prospekt mit der Uliza Mira.

ESSEN UND TRINKEN

Barwinok. Volkstümliche ukrainische Landküche: billig, urig, schmackhaft. Den wenigen Platz teilen sich die Gäste auf schlichten Holzbänken. Tgl. 11–23 Uhr, Ul. Mira 7, Metro 2: Gorkowskaja, Tel. 812/237 14 94.

Troizki most. Ideal für ein gesundes Mittagessen: Diese Cafeteria ist alkohol- und fleischlos. Nur an der Kuchentheke wird es sündig. Tgl. 9–23 Uhr, Kamenoostrowski Pr. 9, Metro 2: Gorkowskaja, Tel. 812/326 82 21.

Ursprünglich floss sogar Wasser durch das dramatische Streguschtschi-Denkmal.

Die Jugendstil-freie Ecke des Österreichischen Platzes

ÜBERNACHTEN

Stony Island. Schönes Mittelklassehotel mit Pub in einem Altbau. Kamenoostrowski Pr. 45, Metro 2: Petrogradskaja. Tel. 812/337 24 34, www.stonyisland.com

AUSGEHEN

Baltika Brew. Edel-Version einer Bierhalle, die neben Steaks und Hummer auch klassisches Barfood wie Fish and Chips auf der Karte hat. Für Sportübertragungen gibt den größten Bildschirm der Stadt. Tgl. 12 Uhr bis zum letzten Gast, Kamenoostrowski Pr. 11, Metro 2: Gorkowskaja, Tel. 812/644 44 46, www.brewspb.ru

EINKAUFEN

Galilej. Optische Gerätschaften von der Lupe bis zum Teleskop – auch aus russischer und weißrussischer Produktion. Mo–Sa 11–19, Sa 11–18 Uhr, Ul. Sablinskaja 10, Metro 2: Gorkowskaja, Tel. 812/233 49 05.

INFORMATION

Der architektonisch interessante Mittelabschnitt des Kamenoostrowski Prospekts befindet sich zwischen den Metrostationen Gorkowskaja und Petrogradskaja (beide Linie 2). Bus 46 befährt den Prospekt auf ganzer Länge.

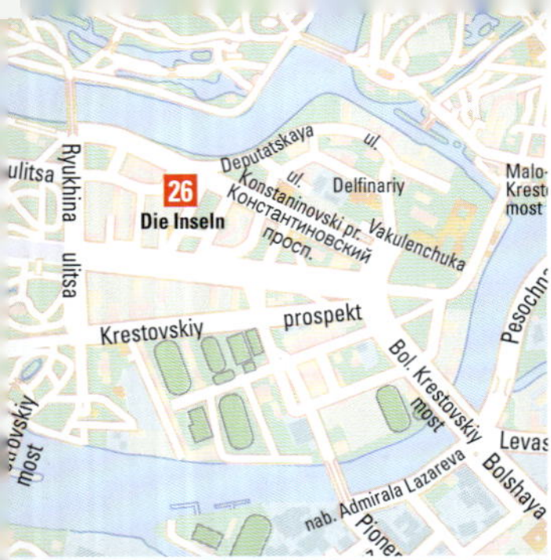

Oben: Grün sind alle drei Inseln, aber auf der Jelagin-Insel befindet sich der gepflegteste Park.
Unten: Einfach mal ausspannen!

26 Die Inseln

Der grüne Archipel

Drei Inseln im Norden des Newa-Deltas bilden die größte und beliebteste Grünzone im Innern der Stadt – und sind eine Oase für Frischluftsucher. Dabei hat jedes der drei Eilande seinen eigenen Charakter: Die Jelagin-Insel ist eine stille Parkanlage, die Kreuzinsel der Standort zahlreicher Sportstätten und die Steininsel eine elitäre Villengegend. Stellenweise öffnet sich der Blick auf die Ostsee.

Genug vom Großstadttrubel? Reif für »die Inseln« (wie die Petersburger ihre Grün-Archipel nennen)? Doch spätestens am Ausgang der Metrostation Krestowski ostrow muss man sich entscheiden: Sport, Spaß und Geselligkeit – oder lieber stille Erholung?

Kreuzinsel

Wer für die erste Option votiert, geht einfach nur über die Straße und durch die Tore, die auf der drei Kilometer langen Ostwestachse über die Kreuzinsel (Krestowski ostrow) den Autoverkehr abblocken. Der hier beginnende Küsten-Siegespark ist eine große Grünzone – aber eine, in der das Gewicht auf der kommerziell betriebenen Erholung liegt.

Stadien wie in Sotschi

Rechts der Hauptallee beginnt sogleich der Vergnügungspark Diwo-Ostrow. Nach 1,5 Kilometern über diese zentrale Allee ist ein Areal erreicht, das den Eindruck erweckt, St. Petersburg bereite sich auf Olympische Spiele vor. In den letzten Jahren

wurden hier eine Leichtathletikhalle, eine Basketballhalle für 7000 Zuschauer und ein Velodrom aus dem Boden gestampft. An der Nordseite der Insel liegt zudem eine Ruderregattastrecke. Damit nicht genug: Hinter den Sportzentren wächst das neue Fußballstadion – mit Kosten von mindestens 750 Millionen Euro wird es eine der teuersten Arenen der Welt.

Obwohl mit dem Bau der mit Schiebedach und einem herausfahrbaren Rasen ausgestatteten Zenit-Arena für 69 500 Zuschauer schon 2007 begonnen wurde, wird die Dauerbaustelle aufgrund der bisherigen Erfahrungen wohl erst zur Fußball-WM 2018 fertig werden. Als offizieller Einweihungstermin gilt vorerst das Jahr 2016. Bis zur WM soll an der Küste hinter dem Stadion zudem noch eine Metrostation entstehen.

Sofern körperliche Stärkung gefragt ist, können einige tendenziell noble Lokale mit Strandbarflair helfen, die sich entlang der südlichen Uferstraße aufreihen. Die originellste Einkehr ist die deutschtümelnde Brauereigaststätte »Karl und Friedrich« mit Biergarten und Pseudowindmühle. Hinter dem Restaurant gibt es einen kostenlosen Mini-Zoo, in dem unter Verkennung geografischer Realitäten Strauße neben Rentieren leben.

Oben: Auf der Jelagin-Insel gibt es einen Bootsverleih – und viel Raum zum Rudern.
Unten: Der klassizistische Jelagin-Palast verleiht der Insel ein nobles Ambiente.

AUTORENTIPP!

FAHRZEUGE FÜR DEN PARK
Die breite Zentralallee durch den weitläufigen Park auf der Kreuzinsel lässt schnell das Gefühl aufkommen, dass man hier zu Fuß nicht hinreichend mobil ist. Abhilfe verschafft der Verleih Jet Set auf Höhe von Diwo-Ostrow. Rollerskates, Fahrräder und auch witzige vierrädrige Velomobile für die ganze Familie sind im Angebot. Wer die Beine schonen möchte, kann sich auch einen Segway-Roller gönnen. Aber wer mehr als eine Runde im Park drehen will, holt sich sein Bike besser bei einem billigeren Fahrradverleih in der Innenstadt. Bei Rentbike.org etwa bekommt man ein Rad für den ganzen Tag.

Jet Set. Mo–Fr 12–23, Sa 11–24, So 11–23 Uhr, Zentralallee des Küsten-Siegesparks Tel. 911/929 11 10, www.jetsetsport.ru. **Rentbike.org**. Tgl. 10–22 Uhr, Ul. Jefimowa 4 a, Tel. 812/981 01 55, www.rentbike.org

Jelagin-Insel

Einen Mini-Zoo findet auch, wer aus seinem Ruhebedürfnis heraus an der Metrostation rechts abbiegt und die Brücke auf die autofreie Jelagin-Insel überschreitet. Dessen Gehege und Volieren sind aber nur eine der zahlreichen kleinen Attraktionen, mit denen sich ein Bummel durch den schönsten Park der Stadt garnieren lässt: Die Insel ist von einem romantischen Geflecht aus Teichen durchzogen – ein Bootsverleih bietet die Möglichkeit, diese per Ruder- oder Tretboot zu erkunden. Bei Rollschuhfahrern ist die Insel auch hochbeliebt, da sich ein gut asphaltierter Rundkurs fast durch den ganzen Park schlängelt. Nur zu Fuß oder mit dem Rad erreichbar ist allerdings die westliche Inselspitze, von der sich ein Blick auf den Finnischen Meerbusen öffnet.

Zu verdanken ist diese grüne Idylle dem Umstand, dass die Insel nie aufgeteilt wurde. Unter Katharina der Großen (1729–1796) gehörte sie Iwan Jelagin (1725–1794), dem Leiter aller staatlichen Theater. 1817 wurde sie vom Zarenhof gekauft, Architekt Karl Rossi (1775–1849) gestaltete das dortige Palais um. Fürderhin diente es dem Romanow-Clan als eine von vielen Residenzen. Der idyllisch in den Landschaftspark eingebettete Jelagin-Palast firmiert heute als Museum für Kunstgewerbe des 19. Jahrhunderts – das allerdings nur bei interessanten Sonderausstellungen einen Besuch wert ist.

Steininsel

Die benachbarte Steininsel (Kamenny ostrow), auf die der Palast blickt, ist zwar ebenfalls sehr grün, aber eher eine Villenkolonie des frühen wie späten 20. Jahrhunderts. Hier stößt man auf verfallene wie perfekt sanierte Jugendstilhäuser, sowjetische Staatsdatschen hinter Betonmauern und noble Wohnsitze des neuen Geldadels.

Infos und Adressen

SEHENSWÜRDIGKEITEN

Delphinarium. Kunstfertige Delfine, Weißwale und Walrösser bewohnen ein altes Schwimmbad. Vorstellungen Sa/So 14, 16 und 18 Uhr sowie vereinzelt werktags, Konstantinowski Pr. 19, Tel. 812/610 55 15, www.dolphinarium.ru

Jelagin-Insel. Tgl. 6–24 Uhr, im Winter bis 23 Uhr, Sa/So 10–22 Uhr kein Einlass mit Fahrrädern, www.elaginpark.spb.ru

Jelagin-Palast (Jelaginoostrowski dworez-musej). Di–So 10–18 Uhr außer letzter Di im Monat, im Osten der Jelagin-Insel, Tel. 812/430 09 11

Diwo-Ostrow. Siehe Autorentipp S. 172.

ESSEN UND TRINKEN

Karl und Friedrich. Die deutschen Ideologen Marx und Engels treten hier im Brauergewand auf. Zu dem Pseudolandgasthof gehört auch »Russkaja rybalka«, ein rustikales Fischrestaurant direkt über dem Teich. Tgl. 12–24 Uhr, Jushnaja doroga 15, Tel. 812/320 79 78, www.k-f.ru

Baron Münchhausen. Die schattigen Balkonplätze über dem Wasser mit Blick auf die Jelagin-Insel sind unschlagbar, der Grill und die Preise ebenfalls. Tgl. 12–23 Uhr, Nab. Martynowa 7, Tel. 812/985 42 93, www.bar-on.ru

Die Jelagin-Insel ist ein Skater-Eldorado.

ÜBERNACHTEN

Hotel Park Krestovsky. Neues Dreisternehotel, umgeben von den diversen Sportstadien, mit Shuttleservice zur Metro. Sewernaja doroga 12, Tel. 812/406 97 77, www.otelpark.ru

INFORMATION

Von der Metrostation Krestowski Ostrow (Linie 5) sind sowohl die Attraktionen der Kreuzinsel als auch die Jelagin-Insel in wenigen Minuten erreicht. Zur Steininsel gelangt man schneller von der Metrostation Tschjornaja Retschka (Linie 2).

Wozu ins Solarium gehen, wenn es auch solche Sonnenbänke gibt!

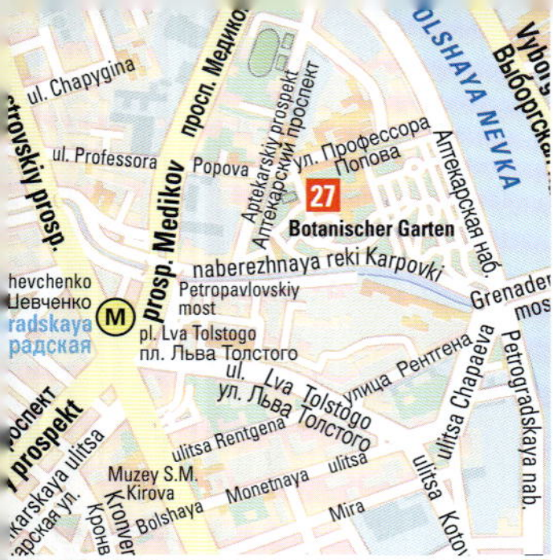

Oben: Die Haupt-Orangerie des Botanischen Gartens stammt aus den 1930er-Jahren.
Unten: Der Botanische Garten ist der stillste aller Petersburger Stadtparks.

27 Botanischer Garten

Exotik auf der Apotheker-Insel

Die Apotheker-Insel bildet den Nordrand der historischen Innenstadt. Da der dort stehende Fernsehturm nicht zugänglich ist, muss man die Attraktionen am Boden suchen – besser gesagt, in der Erde: Der Botanische Garten mit seinen schönen alten Orangerien präsentiert tropische und subtropische Pflanzen in Hülle und Fülle. Kunstfreunde sollten hingegen das kleine Avantgarde-Museum aufsuchen.

St. Petersburgs Fernsehturm erinnert nicht nur in der Silhouette an den Eiffelturm, er hat auch fast die gleichen Dimensionen. Mit 326 Metern Höhe überragt er das Pariser Wahrzeichen um genau zwei Meter. Nach seiner Errichtung 1956 bis 1962 war er für einige Zeit das höchste Bauwerk Europas.

Zwei Turmlängen weiter südlich erstreckt sich auf 17 Hektar Fläche der Botanische Garten. Wem selbst während einer Städtereise der grüne Daumen juckt, sollte sich die umfangreiche Sammlung tropischer und subtropischer Pflanzen ansehen – was gerade während eines Petersburg-Aufenthalts im Winter eine sinnesfrohe Abwechslung darstellt. Neben der optischen Pracht betören auch die Gerüche, denn unter den hohen Glasdächern der Hauptorangerie und des Palmenhauses blühen und duften auch Kamelien, Magnolien und Kakteen.

Dendrarium

Der umliegende Park ist hingegen erst auf den zweiten Blick als Dendrarium, eine Sammlung seltener wie fremdländischer Bäume, zu erkennen:

Botanischer Garten

Kleine Täfelchen klären die Besucher auch hier über Name und Herkunft der Pflanzen auf. Obwohl der stille Park mitten in Petersburg liegt, ist er nie übervölkert. Das kleine erhobene Eintrittsgeld hält die Massen ab. Für meditative Spaziergänge ist dies der beste Ort in der Stadt.

Dem Vorläufer des Botanischen Gartens verdankt übrigens die ganze Insel ihren Namen: 1713 befahl Peter der Große (1672–1725), an dieser Stelle einen Apothekengarten anzulegen, der Armee und Flotte mit Heilpflanzen versorgen sollte. Aus dem Kräutergarten des Zaren entwickelte sich mit der Zeit eines der führenden botanischen Institute der Welt.

Avantgarde-Museum

Nur einige Hausnummern weiter an der Professor-Popow-Straße steht das Avantgarde-Museum – das äußerlich überhaupt nicht avantgardistisch aussieht. Diese Filiale des Stadtgeschichtsmuseums in der Festung ist ein zweistöckiges, grau gestrichenes Holzhaus, wie es sie früher viel in den Außenbezirken der Stadt gegeben hat. Bei dem Gebäude handelt es sich jedoch um eine Rekonstruktion aus den 1990er-Jahren. Anlass für den Wiederaufbau war, dass hier von 1912 bis 1923 der Künstler und Musiker Michail Matjuschin (1861–1934) lebte – eine Schlüsselfigur der russischen Avantgarde.

Um ihn formierte sich ein Kreis von Futuristen in Poesie und Malerei: Viele Größen der damaligen russischen Kunstszene wie Kasimir Malewitsch, Wladimir Majakowski, Maxim Gorki und Pawel Filonow gingen hier ein und aus. Die eng aufgebaute Ausstellung – teils hängen die Exponate auf verschiebbaren Wänden hintereinander – erzählt über das Wesen der Avantgarde und das Werk ihrer führenden Köpfe.

Seit seinem 300. Jubiläum 2013 verfügt der Garten über zahlreiche kleine Gags.

Infos und Adressen

SEHENSWÜRDIGKEITEN

Botanischer Garten (Botanitscheski sad). Park tgl. 10–18 Uhr, Gewächshäuser Di–So 11–17 Uhr (nur mit Führung), Ul. Professora Popowa 2, Tel. 812/372 54 64, www.botsad-spb.com

Museum der Petersburger Avantgarde (Musej peterburgskogo avangarda). Do–Mo 11–18, Di 11–17 Uhr, Ul. Professora Popowa 10, Tel. 812/230 64 31, www.spbmuseum.ru

ESSEN UND TRINKEN

Lindfors. Beliebtes Kaffeehaus mit immer ofenfrischen Piroggen. Tgl. 9–21 Uhr, Kamenoostrowski Pr. 54, Tel. 812/327 52 85, www.lindfors.ru

ÜBERNACHTEN

Amsterdam. Häuschen in »Gracht-Lage«. Nab reki Karpowki 14, Tel. 812/347 56 55, www.eurasia-hotel.ru

Andersen. Schlichtes, aber akkurates Dreisternehotel. Ul. Tschapygina 4a, Tel. 812/740 51 40, www.andersenhotel.ru

INFORMATION

Metrostation Petrogradskaja (Linie 2), dann sind es noch 15 Minuten zu Fuß.

Новый Audi A3 Sedan
Эволюция формы.
Кульминация стиля

DER OSTEN – JENSEITS DER FONTANKA

Sehenswürdigkeit, Denkmal
Aktivität, Ausgehen, Theater
Museum, Galerie
Shopping
Restaurant, Bar, Café
Übernachtungsmöglichkeit
Kirche
0
100 m
N
Denkmal für die Opfer der politischen Repression
nab. Robespyera
наб. Робеспьера
Musej kofe
JFC Jazz Club
Шпалерная улица
Hotel Marschal
Zakharyevskaya ul.
Захарьевская улица
Chernyshevskogo
ul. Chaykovskogo
ул. Чайковского
Radisson Sonya Hotel
32
Akademie für Kunstgewerbe
Furshtatskaya ulitsa
Фурштатская улица
prospekt
Chernyshevskaya
Чернышевская
Botanika
Top100
ul. Pestelya
Museum der Verteidigung und Blockade Leningrads, Museum für Angewandte Kunst
Kirochnaya ulitsa
per. Radishcheva
Manezhny pereulok
ulitsa Ryleeva
Artilleriyskaya ul.
ul. Маяковского
Grodnenskiy per.
Восстания
Радищева
Saperny pereulok
Putin-Haus
Baskov pereulok
Vilenskiy
Басков переулок
улица
Литейный
проспект
ulitsa Korolenko
ulitsa Nekrasova
ul. Belinskogo
Некрасова
Ozernoy per.
Kovenskiy
ulitsa Chekhova
Muz. muzyki
Muz. A. Akhmatova
ul. Zhukovskogo
Жуковского
Soldatskiy per.
ul. Radishcheva per.
Sheremetyevskiy palace
Шереметьевский
Grecheskaya pl.
Греческая пл.
Grand Hotel Emerald
sad Prudky
prospekt
7 Sovetskaya ul.
6 Sovetskaya ul.
5 Sov
Shpalernaya ulitsa
Potemkinskaya ul.
Потемкинская ул.
Vodoprovodny per.
Wasser-museum
33
Taurischer Palast
Kinotsentr "Leningrad"
Киноцентр "Ленинград"
Tavricheskiy sad
Таврическая ул.
Таврическая улица
Tavricheskiy per.
Таврический переулок
Кавалергардская ул.
Stavropolskiy per.
Stavropolskaya ulitsa
Schaljapin
Tverskaya ulitsa
Kaluzhskiy per.
Mariinskiy proezd
Kavalergardskaya
Ochakovskaya ul.
Odesskaya ul.
Suworow-Museum
Кирочная
Tavricheskaya ulitsa
Paradnaya ulitsa
Nikolaevskaya akademiya Gen. Shtaba
Николаевская академия Ген. штаба
Fontannaya ul.
Gospitalnaya ul.
Furazhny per.
9 Sovetskaya ul.
8 Sovetskaya
Суворовский проспект
Zayachiy per.
Degtyarny pereulok
Degtyarny pr.
Дегтярный переулок
9 Советская улица
10 Sovetskaya улица
Дегтярная
Mытнинская
7 Советская
ulitsa Moiseenko
улица Моисеенко
PESKI
ПЕСКИ
Новгородская улица
Yaroslavskaya
Kostromskaya ul.
Sukhoputny pr.
Tulskaya ul.
ul. Bonch-Bruevicha ulitsa
Smolny prospekt
pl. Proletarskoy Diktatury
пл. Пролетарской диктатуры
ul. Proletarskoy Diktatury
ulitsa Smolnogo
34
Smolny-Kathedrale
pl. Rastrelli
пл. Растрелли
Smolny institut
per. Смольный институт
Kvarengi
alleya Smolnogo
Smolny pr.
Tekstilshchika
ulitsa Krasnogo
набережная
Синопская

NEVA
Nevskiy prospekt
Невский просп.
Nevskiy prospekt
Невский проспект
Nevsky Central
Novotel
Mayakovskaya
Маяковская
Hotel Oktjabrskaja
Nevski Center
Schtschelkuntschik
Imperatorski Farforowy Sawod
Tatyana Parfionova
Vladimirskiy pr.
Ploshchad Vosstaniya
Площадь Восстания
29
Platz des Aufstandes
Du Nord
pl. Vosstaniya
пл. Восстания
Moskauer Bahnhof
Bufet
Art-Center Puschkinskaja
30
Fish Fabrique
Hotel Dostoevsky
Wladimir-Platz
28
Wladimir-Kathedrale
Hotel Helvetia
Vladimirskaya
Владимирская
Markt Kusnetschny
Dostojewski-Museum
Arktis- und Antarktismuseum
Galereja
Kaschmir
Magasin Samowarow
Zoccolo
Djuny
Le Menu
St. Petersburger Philharmonie der Jazzmusik
The Official State Hermitage Hotel
Peterville
Лиговский проспект
sad san-Galli
Loft-Project Etashi
Location Hostel
Seljonaja komnata
Petrovich
Ligovskiy pros.
Лиговский проспект
eLigovskiy prospekt
Gribojedow Club
Ul. Woroneshskaja
Suvorovskiy
Sovetskaya 21
Sad im. Chernyshevskogo
Goncharnaya ulitsa
Poltavskiy pr.
Konnaya pl.
Конная пл.
Fjodor-Kathedrale
Kremenchugskaya ulitsa
Кременчугская ул.
Миргородская ул.
Moskwa
Pl. Aleksandra Nevskogo
Пл. Александра Невского
Torgowy dom Sofrino
most Aleksandra Nevskogo
Ploshchad Aleksandra Nevskogo
Площадь Александра Невского
most Obukhovskoy Oborony
Chernorets. per.
Neuer Ausstellungssaal
Museumsfriedhöfe
Monastyrskiy most
Mariä-Verkündigungs-Gruft
nab. Reki Monastyrki
Trapesnaja Palomnik
Klosterbäckerei
o. Monastyrskiy
Monastyrka
Alexander-Newski-Kloster
31
Mitropolichiy sad
pr. Obukhovskoy Oborony
Shlisselburgskiy most
Sinopskaya naberezhnaya
Khersonskiy proezd

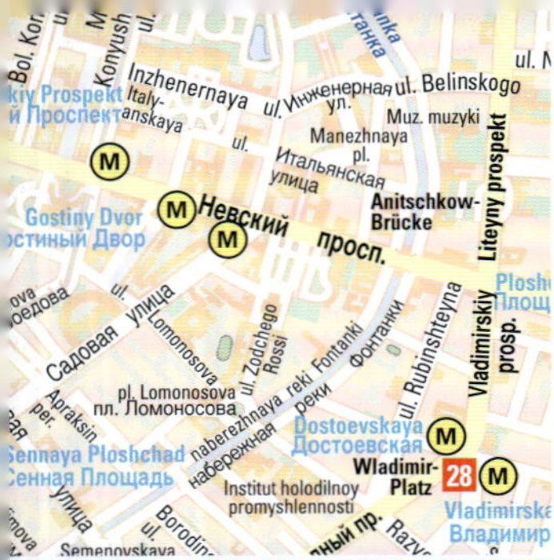

Seite 176/177: Abendstimmung auf dem Platz des Aufstands
Oben: Ruhepol eines lebhaften Viertels: die Wladimir-Kathedrale am gleichnamigen Platz
Unten: Verkaufsstände auf dem Kusnetschny-Markt

28 Wladimir-Platz
Petersburg kompakt

Nur ein klein wenig ab vom Schuss – es sind 500 Meter bis zum turbulenten Newski Prospekt – markiert der hohe Glockenturm der Wladimir-Kathedrale das wohl »petersburgischste« Viertel der Stadt: Breite Prospekte treffen hier auf enge Gassen, Nobelshopping auf Straßenhändler, Konsumkult auf Frömmigkeit – und darüber schwebt der Geist des Schriftstellers Fjodor Dostojewski, der hier seine letzte Bleibe hatte.

Und da sitzt er dann auch auf seinem Postament am Rande des Wladimir-Platzes und studiert nachdenklich das städtische Treiben: Das markante Denkmal für den großen russischen Romanautor Fjodor Dostojewski (1821–1881) steht direkt vor dem Ausgang der Metrostation Wladimirskaja. Es befindet sich hier zu Recht, denn nicht nur im »Dostojewski-Viertel« am Heuplatz war der unstete Geist zu Hause, auch in diesem

MAL EHRLICH

DER RUBEL SOLL ROLLEN

Man kann viel Geld haben oder wenig, wer aber kein Kleingeld hat, ist in Russland wirklich arm dran. Kassiererinnen werden schon mal ungehalten, will man mit einem 1000er- oder gar einem 5000er-Schein nur eine Winzigkeit bezahlen. Denn Wechselgeld ist immer knapp und wird argwöhnisch gehütet. Das Herausgeben von völlig krummen Summen scheint geradezu gegen die Berufsehre der Kassenzunft zu verstoßen. Also immer 10er-Münzen und 100er-Scheine in der Tasche haben!

einstigen Kleine-Leute-Areal fand er einige Male Quartier – und ebenso reichliche Anregungen für seine Milieustudien.

Wer es ihm nachtun will, muss sich entscheiden, womit beginnen: Auf der Straßenseite gegenüber geht es mondän zu, hinter der schmucken Fassade eines großen Altbaus verbirgt sich die noble Wladimirski-Passage. In diesem mehrstöckigen Shoppingcenter mit Stil kann man auch wohnen: Die obersten drei Etagen belegt das moderne Dreisternehotel Dostoevsky.

Kusnetschny-Markt

Schwenkt man hingegen von der Metrostation nach rechts in den schmalen Kusnetschny Pereulok (Schmiedegasse), flankieren Großmütterchen das Trottoir, die auf Kartons selbst gestrickte Socken oder eingelegte Gurken anbieten. Nur ein Haus weiter, in der Halle des Kusnetschny-Markts, wird es dann etwas reglementierter, aber nicht minder farbenfroh. Hier werden Obst (darunter manche exotische Frucht aus Mittelasien, die es nie weiter nach Westen schafft), Gemüse, Gewürze, Fleisch und Milchprodukte feilgeboten. Besonders amüsant ist es, bei den Honighändlerinnen zu verweilen: Man darf aus allen Töpfchen probieren, sollte dann aber auch wenigstens ein Pfund kaufen.

Wladimir-Kathedrale

Wer von der Metrostation direkt auf die schmucke gelbe Kirche gegenüber zusteuert, passiert ein Spalier jener, die nicht einmal etwas zu verkaufen haben: Bettler sind ein typischer Anblick vor russischen Gotteshäusern. Die Wladimir-Kathedrale (1761–1783) ist der richtige Ort, um sowohl russische Sakralarchitektur als auch orthodoxe Frömmigkeit zu studieren.

AUTORENTIPP!

KULINARISCHER JAZZ

Ein ganz untypisches Erbe der Sowjetzeit: 1989 gründete der bekannte Leningrader Jazzmusiker David Goloschjokin die vielleicht einzige »Staatliche Jazz-Philharmonie« der Welt – und sie swingt bis heute. Täglich gibt es mindestens ein Konzert. Im großen Saal für 180 Gäste darf dabei getanzt, gegessen und getrunken werden, denn zum Musikprogramm kommt auch eine Speisekarte auf den Tisch. Die kleine Ellington Hall eine Etage höher ähnelt eher einer Pianobar. Gelegentlich tritt auch der inzwischen 70-jährige Hausherr Goloschjokin auf und bearbeitet allerlei Instrumente von der Geige bis zur Trompete. Kartenkauf vorab (mit Tischreservierung) empfohlen.

St. Petersburger Philharmonie der Jazzmusik. Konzertbeginn 19 oder 20 Uhr, Sagorodny Pr. 27, Metro 5: Swenigorodskaja, www.jazz-hall.spb.ru

Oben: Dostojewskis letzte Petersburger Wohnung ist heute ein stimmungsvolles Museum.
Unten: Im weltweit einzigen Museum für Polarforschung fröstelt es Besucher leicht einmal.

Auch wenn der Kirchenbau mit seiner Barockoptik äußerlich zunächst westlich wirkt, hat er typisch russische Eigenarten. Zum einen steht der 64 Meter hohe Glockenturm des italienischen Baumeisters Giacomo Quarenghi (1744–1817) frei neben dem Hauptgebäude. Zum anderen ist die von den typischen fünf Kuppeln gekrönte Kirche zweistöckig. Die einst im Winter gut beheizbare, weil niedrige »warme« Unterkirche im Erdgeschoss ist leider nicht zugänglich, doch in der »kalten« Oberkirche darüber regt sich das Kirchenleben umso mehr: Gläubige beten vor Ikonen, in einer Ecke wird »Heiliges Wasser« abgezapft, am Kiosk verkaufen Kirchendiener neben Kerzen und Heiligenbildern auch die Erwähnung Verstorbener im Gebet beim nächsten Gottesdienst. Denn nach russischem Brauch gedenkt man der Toten am 9. und am 40. Tag nach dem Dahinscheiden sowie jedes Jahr am Todestag.

Dostojewski-Museum

Sein Leben war abenteuerlich, doch seine letzten drei Jahre verbrachte Fjodor Dostojewski samt Familie bedeutend ruhiger – in ebenjener soliden Sechs-Zimmer-Wohnung, die heute ein Gedenkmuseum ist. Das Interieur wurde detailliert rekonstruiert, auch das Arbeitszimmer, in dem sein letztes Werk *Die Brüder Karamasow* entstand.

Arktis- und Antarktismuseum

Um eine Pol-Expedition ohne Kälteschock zu überstehen, ist man in diesem Tempel der sowjetischen Polarforschung ganz richtig. Das antiquiert wirkende Museum ist tatsächlich in einer ehemaligen Kirche untergebracht. Anders als auf der Weltkarte ist die Arktis samt ihrer Flora und Fauna unten (nämlich im Erdgeschoss) angesiedelt, die Antarktis, deutlich beengter, oben.

Infos und Adressen

SEHENSWÜRDIGKEITEN

Wladimir-Kathedrale (Wladimirski sobor). Gottesdienste tgl. 9 und 18 Uhr, Liturgie So 7 und 10 Uhr, Wladimirski Pr. 20, www.vladimirsobor.spb.ru

Dostojewski-Museum (Musej Dostojewskogo). Di, Do–So 11–18, Mi 13–21 Uhr, deutscher Audioguide erhältlich, Kusnetschny Pereulok 5, Tel. 812/571 40 31, www.md.spb.ru

Arktis- und Antarktismuseum (Musej Arktiki i Antarktiki). Mi–Sa 10–18, So – 17 Uhr, letzter Fr im Monat geschlossen, Ul. Marata 24 a, Tel. 812/571 25 49, www.polarmuseum.ru

ESSEN UND TRINKEN

Kaschmir. Indisch-vegetarisches Lokal mit nur sieben Tischen. Di–So 11 Uhr bis zum letzten Gast, Mo 13–23 Uhr, Ul. Bolschaja Moskowskaja 7, Tel. 812/575 63 69, www.chainiydom.ru

Le Menu. Kaffee-Pavillon mit erholsamen Schattenplätzen auf der Hofseite. Mo–Fr 9–23, Sa/So 11–23 Uhr, Sagorodny Pr. 38, Tel. 812/933 00 85, Metro 5: Swenigorodskaja, www.le-menu.ru

Schlemmen ohne schlechtes Gewissen: Im »Kaschmir« ist die Küche vegetarisch.

Das winzige Speisecafé »Kaschmir« ist eine Petersburger Insider-Adresse.

ÜBERNACHTEN

Hotel Dostoevsky. Wladimirski Pr. 19, Tel. 812/331 32 00, www.dostoevsky-hotel.ru

Hotel Helvetia. So gemütlich und kostspielig wie die Schweiz. Ul. Marata 11, Tel. 812/326 53 53, www.helvetiahotel.ru

EINKAUFEN

Kusnetschny Markt. Mo–Sa 9–20, So bis 19 Uhr, Kusnetschny Per. 3.

Imperatorski Farforowy Sawod. Die Kaiserliche Porzellanfabrik verblüffte in den frühen Sowjetzeiten mit Avantgarde-Designs – heute für Kenner wieder aufgelegt. Tgl. 10–21 Uhr, Wladimirski Pr. 7, Tel. 812/713 15 13, www.ipm.ru

Magasin Samowarow. Samoware für russische Teestunden. Tgl. 10–20 Uhr, Per. Dschambulja 11, Metro 5: Swenigorodskaja, Tel. 812/313 24 50, www.samovary.ru

INFORMATION

Am Wladimir-Platz bilden die Stationen Wladimirskaja (Linie 1) und Dostojewskaja (Linie 4) eine der innerstädtischen Metrokreuzungen.

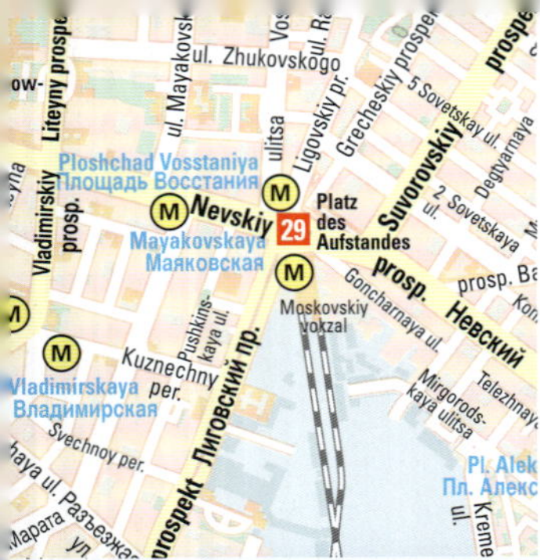

Oben: Der Obelisk auf dem Platz des Aufstands ist die Nabe der Verkehrsdrehscheibe.
Unten: Aus dem Café »Du Nord 1834« fällt der Blick auf den Moskauer Bahnhof.

29 Platz des Aufstands
Petersburgs Piccadilly Circus

Wer mit dem Zug von Moskau nach Petersburg kommt, steht direkt vor der Bahnhofstür schon mitten im Getümmel: Der Platz des Aufstands (Ploschtschad Wosstanija) mit seinem ewig überlasteten Kreisverkehr ist der turbulenteste Ort der ganzen Stadt. Zwei riesige Shoppingcenter und der kommerziellste Abschnitt des Newski Prospekts ziehen Menschenmassen an. Ruhe herrscht nur in einer ungewöhnlichen Kirche.

Unzugänglich steht er in der Mitte der Verkehrsflut: Das Zentrum des Rondells markiert ein 36 Meter hoher, fünfeckiger Obelisk, der 1985 zum 40. Jahrestag des Sieges über die Deutschen im Zweiten Weltkrieg aufgestellt wurde. Anders als so viele sowjetische Monumental-Monumente passt das Denkmal bestens zur Petersburger Stadtlandschaft: Spitz wie eine Nadel und mit dem goldenen Sowjetstern gekrönt korrespondiert es mit der drei Kilometer entfernten Nadel der Admiralität am anderen Ende der schnurgeraden Newski-Perspektive.

MAL EHRLICH

DRITTER BAHNSTEIG LINKS!

Bahnreisen in Russland sind kein Abenteuer, auch wenn das einige Reiseveranstalter glauben machen. Das Eisenbahnsystem ist bestens durchorganisiert und funktioniert zuverlässig. Manche Eigenarten gilt es aber zu berücksichtigen. So kann es auf großen Bahnhöfen Gepäckkontrollen wie auf Flughäfen geben. Und in Kopfbahnhöfen sind nicht die Gleise, sondern die jeweiligen Seiten der Bahnsteige nummeriert. Ein Zeitpolster vor der Abfahrt ist also ratsam.

Moskauer Bahnhof

Wichtigstes Gebäude am Platz ist der Moskauer Bahnhof, die größte der fünf Petersburger Bahnstationen und die einzige, die auch den Stolz der russischen Eisenbahn – Sapsan-Züge – abfertigt: Mit dem aus Deutschland gelieferten ICE-Verschnitt kann man in weniger als vier Stunden in Moskau sein. 1851 fuhr von dem Bahnhof der erste fahrplanmäßige Zug in die 650 Kilometer entfernte alte Hauptstadt. 22 Stunden war er damals unterwegs. Der Mittelteil des Gebäudes mit dem pompösen Haupteingang stammt noch aus jener Zeit, sein Deckengemälde mit Lenin-Banner und Olympiafahnen entstand 100 Jahre später.

Auf der Platzseite gegenüber befindet sich der im Stalin-Stil gestaltete Eingangspavillon der Metrostation Ploschtschad Wosstanija (1955). Genau an der Stelle stand bis 1941 die Snamenskaja-Kirche. Auch der Platz trug bis 1918 diesen Namen.

Kommerz-Herz

Publikumsmagnet in diesem City-Sektor sind die zahlreichen Geschäfte, Gaststätten und Hotels im Umkreis. Der Abschnitt des Newski Prospekts von hier bis zur Kreuzung mit dem Liteiny Prospekt ist schon immer eine belebte Einkaufs- und Ausgehmeile gewesen – Läden und Lokale wechseln hier oft im Jahresrhythmus ihre Aushängeschilder. Nachdem 2010 jedoch fast unmittelbar am Platz des Aufstands zwei große Shoppingmalls nebst einiger Freizeit-Infrastruktur eröffneten, ist das Areal zum unbestrittenen Kommerz-Herz der Stadt geworden.

Nevski Center

80 Fachgeschäfte sowie Stockmann, das einzige Kaufhaus der Stadt im klassischen westeuropä-

AUTORENTIPP!

FAST WIE DAHEIM

Hotels sind notorisch teuer in St. Petersburg – erst recht im City-Bereich. Eine günstige und zugleich individuelle Alternative ist ein Mini-Hotel, das wirklich mini ist: Nur über vier Zimmer verfügt eine 2003 von ihrem deutschen Besitzer in eine Pension umgestaltete Altbauwohnung zwischen Moskauer Bahnhof und Smolny. Je zwei Zimmer müssen sich ein Bad teilen, dafür sind die Räume aber luftig und hell, auch der alte Stuck an den Decken blieb bei der Sanierung erhalten. In der freundlichen Wohnküche gibt es Frühstück, wann immer man möchte – und man kann sich auch selbst mal etwas kochen. Einen dicken Pluspunkt verdient die detaillierte Webseite auf Deutsch.

5. Sovetskaya 21. Ul. 5. Sowjetskaja 21, Trolleybusse 5, 7, 11, 16 und 33 vom Newski Prospekt,
Tel. 812/923 05 75,
www.privatpension.ru

Im Einkaufszentrum Galereja ist auf jeder Etage eine Kaffeepause möglich.

Oben: Die City-Mall Galereja mit ihrem riesigen Angebot
Unten: Die Fjodor-Kathedrale sieht uralt aus – ist aber nur 100 Jahre alt und aus Beton.

ischen Citystil, beherbergt das Nevski Center direkt hinter der Metrostation. Seine sechs Stockwerke verstecken sich dezent hinter historischen Fassaden im ersten Häuserblock am Newski.

Galereja

Bedeutend bombastischer geht es in der Galereja zu. Dieser mit reichlich Goldfarbe garnierte Konsumtempel gleich neben dem Bahnhof am Ligowski Prospekt beherbergt sage und schreibe 290 Geschäfte! Dazu kommen im vierten Stock sechs Restaurants, ein fußballfeldgroßer Food-Court mit Schnellimbissen, eine Bowlingbahn und ein Kinocenter. Beim Bummeln stößt man vorrangig auf Shops bekannter internationaler Marken, das Preisniveau ist höher als in Westeuropa. Dennoch ist die Mall nach Feierabend und am Wochenende immer bestens besucht.

Fjodor-Kathedrale

Genug vom Rummel – und Sehnsucht nach etwas Ruhe und Einkehr? Dann empfiehlt sich der Weg links am Bahnhof vorbei durch die Gontscharnaja Uliza und dann nach rechts in die Poltawskaja Uliza. Ein wenig verloren in dem ganzen Trubel erhebt sich hier eine strahlend weiße Kirche mit fünf goldenen Kuppeln, wie sie auch in den uralten Städten des Goldenen Rings um Moskau stehen könnte. Die Fjodor-Kathedrale wurde jedoch erst 1913 anlässlich des 300. Thronjubiläums der Romanow-Dynastie errichtet – aus Stahlbeton, noch vor wenigen Jahren bot dieses originelle Bauwerk einen höchst traurigen Anblick: 1932 war hier eine Molkerei eingezogen, erst 2005 bekam die russisch-orthodoxe Eparchie das heruntergekommene Gotteshaus zurück. Genau 100 Jahre nach der ersten Weihe wurde die durch Spenden finanzierte Restaurierung abgeschlossen.

Infos und Adressen

SEHENSWÜRDIGKEITEN

Moskauer Bahnhof (Moskowski woksal). Pl. Wosstanija 2, www.rzd.ru

Fjodor-Kathedrale (Feodorowski sobor). Tgl. 6.30–19 Uhr, Liturgie tgl. 7, Sa/So 10 Uhr, Ul. Mirgorodskaja 1, www.feosobor.ru

ESSEN UND TRINKEN

Bufet. Kleines urgemütliches Café mit hervorragender Küche. Tgl. 11–23 Uhr, Ul. Puschkinskaja 7, Tel. 812/764 78 88.

Du Nord 1834. Perfekte Kopie einer Pariser Konditorei – mit Ambitionen auf Haute Cuisine. Tgl. 0–24 Uhr, Ligowski Pr. 41, Tel. 812/578 12 45, www.dunord.spb.ru

Schtschelkuntschik. Solides Selbstbedienungsrestaurant mit kleiner Brauerei. Tgl. 8–23 Uhr, Ligowski Pr. 10, Tel. 812/717 68 68, www.schelkunchik.spb.ru

ÜBERNACHTEN

Hotel Oktjabrskaja. Das älteste Hotel der Stadt (1851) bietet Drei-Sterne-Komfort. Newski Pr. 120/Ligowski Pr. 10, Tel. 812/578 15 15, www.oktober-hotel.spb.ru

Mehr als eine Bäckerei – im »Du Nord 1834« kann man auch französisch speisen.

Ein moderner Shopping-Magnet ist das Nevski Center.

Nevsky Central. Günstiges Etagenhotel. Die Nevsky Hotel Group verfügt über sieben kleinere Häuser in zentraler Lage. Newski Pr. 90, Tel. 812/273 73 14, www.hon.ru

Novotel. Viersternehaus aus Glas und Beton. Ul. Majakowskaja 3 a, Tel. 812/335 11 88, www.novotel.sb.ru

EINKAUFEN

Galereja. Tgl. 10–23 Uhr, Ligowski Pr. 30, www.galeria.spb.ru

Nevski Center. Tgl. 10–23 Uhr, Newski Pr. 114–116, www.nevskycentre.ru

Tatyana Parfionova. Ladengeschäft der einzigen Modedesignerin Petersburgs mit international bekanntem Namen. Tgl. 12–20 Uhr, Newski Pr. 51, Tel. 812/713 14 15, www.parfionova.ru

INFORMATION

Am Ploschtschad Wosstanija befinden sich zwei Ausgänge der gleichnamigen Metrostation (Linie 1) sowie ein Übergang zur kreuzenden Linie 3 (Station Majakowskaja). Vor dem Hotel Oktjabrskaja steht ein Informationskiosk.

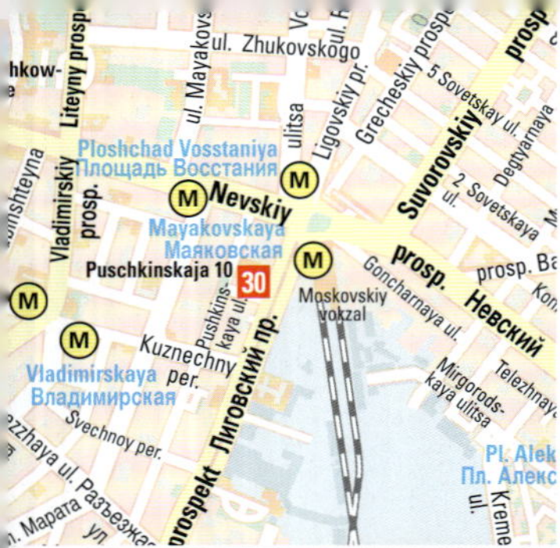

Oben: Der Eingang zum Art-Center Puschkinskaja 10 liegt versteckt in einem Hinterhof.
Unten: Kicker spielen und Bier trinken: In der »Fishfabrique« geht es unprätentiös zu.

30 Puschkinskaja 10
Subkultur am Ligowski

Der Ligowski Prospekt ist die am wenigsten repräsentative Magistrale der Innenstadt: Paläste gibt es hier nicht, eher Gewerbeobjekte. Doch gerade dieses Umfeld bietet ideale Bedingungen für die unabhängige Kulturszene. Das Puschkinskaja 10 und das Loft-Projekt Etashi sind inzwischen feste Größen im Petersburger Kulturbetrieb jenseits der bekannten Museen und Theater.

Nur die pompöse Shoppingmall Galereja verschafft dem Ligowski Prospekt hinter dem Platz des Aufstands noch etwas Glanz, dann wird es zunehmend grau und alltäglich auf dieser breiten, stark befahrenen Verkehrsachse.

Hausbesetzer

Die erste und interessanteste Adresse liegt noch auf Höhe des Moskauer Bahnhofs auf der gegen-

MAL EHRLICH

SCHWELLENANGST

Da streckt man freundlich die Hand zur Begrüßung aus und bekommt ein verkrampftes Lächeln zur Antwort. Was läuft jetzt wieder falsch? Xenophobie? Nein, es war nur die Hand. Der Handschlag zur Begrüßung ist in Russland nur unter Männern üblich. Vielen Frauen ist es unangenehm, eine fremde (vielleicht ungewaschene?) Hand zu ergreifen. Und ganz tabu ist ein Händedruck über eine Türschwelle hinweg. Das bringt Unglück, als hätte soeben der Sensenmann das traute Heim betreten.

überliegenden Straßenseite. Doch kein Hinweisschild an der recht verkommen wirkenden Toreinfahrt von Haus 53 weist darauf hin, dass es sich um das Kulturzentrum Puschkinskaja 10 handelt. Es trägt die Adresse eines großen, vormals leer stehenden Altbaus an der parallel verlaufenden Puschkinskaja Uliza, den 1989 Musiker und (Lebens-)Künstler besetzt hielten.

Das Haus in der Puschkinskaja 10 war für eine Generalsanierung vorgemerkt, doch der Stadt war das Geld ausgegangen. Die Künstlergemeinschaft verwandelte es schnell in einen lebhaften Mikrokosmos der unangepassten Subkultur – und niemand störte sich groß daran, dass die turbulente Szenekneipe »Fishfabrique« in einer ganz normalen Wohnung im dritten Obergeschoss eingezogen war.

Den Hintereingang nehmen!

Doch mit der Zeit machte die Stadt ihren Anspruch auf die gut gelegene Immobilie wieder geltend. Mit der inzwischen zu einem Petersburger Markenzeichen gewordenen Künstlerkommune – der einzigen selbstverwalteten Russlands – verständigte man sich 1998 auf einen Kompromiss: Sie erhielt zwei Flügel im Hof sowie zwei Nebengebäude zur legalen Dauernutzung, während der repräsentative vordere Hausteil teuer saniert wurde. Zur Vermeidung von Konflikten mit den neuen Bewohnern wurde der Eingang über die Rückseite geschaffen.

So führt der Weg zunächst in ein niedriges Hinterhäuschen, darin einige Treppenstufen hinab in einen zweiten Hof, der bereits zum Kulturzentrum gehört. In dem Durchgangsbau befindet sich die heutige Version der »Fishfabrique«, eine trashig wirkende Musikkneipe für junge Leute. Gesitteter geht es im Speisecafé »Fishfabique Nouvelle« zu,

AUTORENTIPP!

DAS MUSEUMSHOTEL

Ein hauseigenes Hotel mit dem entsprechenden Ambiente – dieses Angebot wollte auch die Staatliche Eremitage schon lange schaffen. Doch in der unmittelbaren Nachbarschaft des Musentempels fand sich nie ein geeignetes Gebäude. Deshalb nahm sich das Museum eines alten Kaufmannspalais aus den 1830er-Jahren an, das in der Sowjetzeit als Kulturhaus genutzt wurde. Da es 2005 ausgebrannt war, mussten und konnten die Hotelplaner hier den Eremitage-Stil komplett neu installieren. Das Ergebnis ist ein edles Fünfsternehaus, durchgehend möbliert mit eigens in Italien gefertigten Stilmöbeln. Die drei Kilometer zur Eremitage kann man mit dem hauseigenen Shuttlebus zurücklegen.

The Official State Hermitage Hotel.
Ul. Prawdy 10, Tel. 812/777 98 10,
Metro 5: Swenigorodskaja,
www.thehermitagehotel.ru

Kultureller Kontrapunkt zur Eremitage: die schlichten Galerien am Ligowski

Oben: Skulpturen auf der Dachterrasse der Etashi
Mitte: Das »Location Hostel« in den Etashi ist beim Komfort schlicht, dafür originell designt.
Unten: Etashi und Puschkinskaja 10 bieten viel Raum für künstlerische Installationen.

die sich gegenüber im nächsten Gebäude befindet. In beiden Lokalen gibt es wochenends Live-Gigs.

Kunst und mehr

Durch die John-Lennon-Straße, eine mit Beatles-Reliefs geschmückte Tordurchfahrt, geht es in den dritten Hof. In dem Durchgang hat sich die Galerie des Samisdat eingerichtet, das erste Museum, das sich der sowjetischen Underground-Literatur widmet. Nun ist eine Übersichtstafel erreicht, auf der sich Wegbeschreibungen zu etwa 20 weiteren Galerien, Ateliers, Studios und Museen befinden. Nicht immer ist in jeder Galerie etwas zu sehen, manchmal machen die Betreiber auch eine schöpferische Pause oder bereiten neue Aktionen vor. Kreativität und das Bewahren der persönlichen Eigenart ist den Kunstkommunarden bis heute wichtiger als kommerzieller Erfolg. Aber prinzipiell sind Besucher während der Öffnungszeiten willkommen, erst recht, wenn sie Interesse für moderne, unangepasste Kunst mitbringen.

Das größte Element der Puschkinskaja 10 ist das Museum für Nonkonformistische Kunst. Es veranstaltet wechselnde Ausstellungen, verfügt aber auch über einen großen Bestand an Underground-Kunst aus der Sowjetzeit. Der kleinste Aussteller ist hingegen die Galerie Dwer (Türe), die nur aus einer im Treppenhaus installierten Eisentüre besteht. Dahinter ist eine Wand – groß genug für ein Bild, aber eben kein Raum.

Originell ist das versteckt in einem seitlichen Innenhof gelegene enge Hinterhaus Flügel D. Im Erdgeschoss befindet sich das Puppenmusiktheater Wampuka, im ersten Stock der zweite, kleinere Saal des Museums für Nonkonformistische Kunst und schließlich unterm Dach die Galerie für experimentelles Geräusch GES-21, ein für allerlei avantgardistische Tendenzen offener Musikklub samt eines sympathisch verschrobenen Cafés.

Zwar ist der Puschkinskaja 10 anzumerken, dass ihre noch vom Sowjet-Underground geprägten Idealisten und Ideologen in die Jahre gekommen sind und es sich in ihrer alternativ-unkonventionellen Künstlernische gemütlich eingerichtet haben. Aber dennoch schafft es das Kulturzentrum, immer wieder auch junges Publikum und neue Talente in seinen Mikrokosmos nichtkommerzieller und obrigkeitsferner Kunst zu ziehen.

Ligowski 50

Eine homogen junge, aber eher auf Musik und Partys orientierte Subkultur hat sich in den letzten Jahren im alten Lagerhaus-Areal unter der Adresse Ligowski Prospekt 50 etabliert. Zur Straße hin gibt es nur eine Toreinfahrt, danach schließen sich in zweistöckigen Ziegelbauten kleine Läden, Büros, Tanzstudios und allerlei Gewerbetreibende an. Im hintersten Teil des Territoriums, wo der Asphalt genauso zerrüttet ist wie so manches Gebäude, stößt man auf undergroundige Bars und Musikklubs wie das »Zoccolo 2.0«. Die Fluktuation der Mieter ist hier allerdings hoch – Szeneklubs entstehen ebenso schnell, wie sie wieder verschwinden.

Das Umfeld sieht morbider aus als es ist. Dies beweist seit 2011 die lebenslustige Bar »Djuny« (Dünen), die von der deutschen Wirtin der »Datscha« (am Gostiny Dwor) in einem kleinen Häuschen am hinteren Rand des Areals eingerichtet wurde. Nur ein Bretterzaun trennt den legeren Kneipengarten von den Gleisen des Moskauer Bahnhofs. Aber dafür gibt es hier Sand und Sonnenschirme, ein DJ beschallt die Gäste und die völlig lärmunempfindliche Nachbarschaft, während innen an der Theke Drinks gemischt und Biere gezapft werden.

AUTORENTIPP!

TANZ AUF DEM BUNKER

Einst war dies nur ein alter Luftschutzbunker in einem verwinkelten Altbauviertel. Doch 1996 etablierte die lokale Ska-Funk-Kultgruppe Dwa samoljota in dem Verlies den Musikklub »Gribojedow«, der bis heute ein Brennpunkt der Klubszene ist. Den schalldichten Bunker für die ganz lauten Auftritte überragt seit 2006 ein avantgardistischer Glaspavillon mit warmer Küche und täglichem DJ- und Konzertprogramm für ein etwas gesitteteres Szenepublikum. Im »Gribojedow Hill« kann man auch einfach zu Mittag essen – oder ganz gepflegt wie in einer Strandbar oder in einem Biergarten entspannen: Denn die vier Sommerterrassen vor und auf dem freistehenden Gebäude sind bei Hitze eine schöne schattige Oase.

Gribojedow Club. Mo–Fr 12–6, Sa/So 14–6 Uhr, Ul. Woroneshskaja 2 a, Tel. 812/764 43 55, www.griboedovclub.ru

Oben: Fahrräder sind im Petersburger Stadtbild selten, aber es werden jedes Jahr mehr!
Mitte: Topfpflanzen und vegetarisches Essen dominieren das Lokal namens »Grünes Zimmer«.
Unten: Auch für Video Art haben die Etashi ein Plätzchen.

Loft-Project Etashi

Einige Hausnummern weiter den Ligowski hinunter hat sich in einer ehemaligen Brotfabrik (versteckt im Hof eines soliden Bürogebäudes) das Loft-Project Etashi eingerichtet. Ein enges, noch von früher her weiß gekacheltes Treppenhaus verbindet auf fünf Etagen kleine Start-up-Läden für unkonventionelle Mode und Accessoires, Bücher oder Tee, zwei Galerien, einige kleine Ausstellungsflächen, die Wasserpfeifen-Bar »Radio Bagdad«, die düstere Bar »Sewer« in einer einstigen Kühlkammer sowie den Hauptpublikumsmagnet, eine große Dachterrasse im dritten Stock. Sie ist zum einen Open-Air-Galerie, zum anderen die sonnige Freiluftfortsetzung des Öko-Cafés »Seljonaja komnata« (Grünes Zimmer) nebenan. Als Tische dienen alte Kabeltrommeln, auf denen man günstige, vorwiegend vegetarische Gerichte zum Wein serviert bekommt.

Wer einfach nur in der Sonne liegen, die Aussicht über die Dachlandschaft genießen und dabei tun und lassen will, was gerade in den Sinn kommt, kann sich (gegen Eintritt) auch noch Zugang zur Dachterrasse zwei Etagen höher verschaffen. Und wer in diesem Szeneumfeld sogar wohnen möchte, kann auch dies: Die Mehrbettzimmer des »Location Hostel« verteilen sich über die diversen Etagen, es gibt aber auch drei Designer-Doppelzimmer mit eigenem Bad.

Infos und Adressen

SEHENSWÜRDIGKEITEN

Art-Center Puschkinskaja 10. Mi–So 16–20 Uhr, Ligowski Pr. 53, Metro 1: Pl. Wosstanija, Tel. 911/977 38 50, www.p-10.ru

Loft-Project Etashi. Galerien und Läden meist Mo–Fr 12–21, Sa/So 10–22 Uhr, Ligowski Pr. 74, Tel. 812/458 50 05, www.loftprojectetagi.ru

ESSEN UND TRINKEN

Petrovich. Humorvoll-verqueres Speiselokal mit russischer, wenn nicht gar sowjetischer Küche. Mo–Fr ab 12, Sa/So ab 13, So–Do bis 1, Fr/Sa bis 5 Uhr, Ul. Marata 56–58, Tel. 812/64 88 89, www.petrovich.piter.ru

Seljonaja komnata. So–Do 9–23, Fr/Sa 9–6 Uhr, Ligowski Pr. 74 (Etashi, 3. Stock), Tel. 812/458 80 03.

Das Loft-Project Etashi (Etagen) quetscht sich in einen engen Hinterhof.

Abbruchhaus-Charme gehört in der Ligowski-Szene zum coolen Ambiente.

ÜBERNACHTEN

Location Hostel. Ligowski Pr. 74 (Etashi), Tel. 812/329 12 74, www.hostel74.ru

Peterville. Kleines modernes Hotel mit nettem Café in ruhiger Nebenstraßenlage. Kolomenskaja Ul. 29, Tel. 812/607 57 47, www.peterville.ru

AUSGEHEN

Djuny. Ligowski Pr. 50. Tgl. ab 12, im Winter ab 16 Uhr, So–Do bis 24, Sa/So bis 6 Uhr, von der Toreinfahrt etwa 200 Meter geradeaus

Fish Fabrique. Mo–Do ab 17, Fr–So ab 15 Uhr; Fishfabrique Nouvelle, Mo–Fr ab 18, Sa–So ab 15 Uhr bis zum letzten Gast, Do–Sa Livekonzerte, Ligowski Pr. 53 (im Hof), Metro 1: Ploschtschad Wosstanija, Tel. 812/764 48 57, www.fishfabrique.ru

Zoccolo 2.0. Tgl. 18–24 Uhr, Konzertbeginn 20 Uhr, Ligowski Pr. 50, Gebäude 3, Tel. 812/945 43 05.

INFORMATION

Am Ligowski Prospekt liegen drei Metrostationen: Ploschtschad Wosstanija (Linie 1), Ligowski Prospekt (Linie 4 – sofern nicht anders genannt, die nächstgelegene Station zu den o.g. Adressen) und Obwodny Kanal (Linie 5).

Oben: Der Zugangsweg zum Alexander-Newski-Kloster verläuft zwischen Friedhofsmauern.
Unten: 1000 Grabmäler dicht an dicht: Der Lazarus-Friedhof ist auch ein Freilichtmuseum.

31 Alexander-Newski-Kloster

Orthodoxe Oase

Ganz am Ende des viereinhalb Kilometer langen Newski Prospekts steht eine großzügige alte Klosteranlage. Sie ist dem Schutzheiligen der Stadt Alexander Newski geweiht und zugleich Bischofssitz. Neben der Kathedrale des Klosters sind gleich vier Friedhöfe sehenswert: Zwei davon sind offiziell Museen, einer ist bekannt für seine Prominentengräber – der andere ist betont kommunistisch.

Kurz hinter dem Platz des Aufstands macht der sonst schnurgerade verlaufende Newski Prospekt unvermittelt einen Knick: Die verbleibenden 1,3 Kilometer nennen die Petersburger den »Alten Newski«. Zwar gibt es auch hier so manche teure Boutique, aber eine Flaniermeile ist der Newski nicht mehr, eher eine normale Geschäftsstraße.

Nationalheld Alexander Newski

Das Ende des Newski Prospeks markiert eine 2002 aufgestellte Reiterstatue von Alexander Newski (1221–1263). Der 1547 von der orthodoxen Kirche heiliggesprochene Fürst von Nowgorod ist nicht nur der Schutzpatron von St. Petersburg, sondern auch seit Jahrhunderten der Nationalheld der Russen. Er verkörpert Russlands Unabhängigkeit und Selbstbestimmung, weil er 1240 in einer Schlacht an der Newa die Schweden geschlagen hatte – und zwei Jahre später auch noch die deutschen Kreuzritter auf dem Eis des Peipussees.

Zar Peter I. (1672–1725) schwebte schon bald nach der Stadtgründung der Bau eines großen

Klosters vor, doch erst 1712 schritt man zur Tat: Dem ausgewählten Baugelände kam die Legende zugute, dass genau hier Alexander Newski die Schweden besiegt habe – tatsächlich geschah dies etwa 20 Kilometer flussaufwärts. Auf die geplante Klosterkirche sollte von der Admiralität her eine schnurgerade Straße zuführen, doch da man im dichten Wald vom Kurs abkam, hat der Newski Prospekt an dieser Stelle einen Knick. Auch mit der Kathedrale wollte es nicht recht klappen. Schon beim Bau zeigten sich Risse, sie wurde alsbald wieder abgerissen. Die heutige Dreifaltigkeitskathedrale im frühklassizistischen Basilikastil entstand dann zwischen 1776 und 1790.

Peter der Große hatte noch zu Lebzeiten dafür Sorge getragen, dass das Kloster seiner neuen Hauptstadt zu einem Wallfahrtsort wurde. 1724 überführte man die Gebeine Alexander Newskis von Wladimir nach St. Petersburg. Von 1933 bis 1955 war die Kathedrale geschlossen. Seit 1989 befindet sich die Reliquie wieder an ihrem angestammten Platz im rechten Seitenaltar – ein stetes Ziel von Gläubigen, die hier beten und den silbernen Reliquienschrein küssen.

Prominentenfriedhöfe

Zwischen der Kathedrale und der Bischofsresidenz befindet sich ein in diesem Umfeld seltsam wirkendes Gräberfeld: In den 1920er- bis 1940er-Jahren wurden im Hof des aufgelösten Klosters prominente Kommunisten, Gelehrte und Offiziere begraben – unter den 450 Grabmälern findet man avantgardistische Konstrukte ebenso wie Rotarmisten-Statuen. Auf dem hinter der Kathedrale gelegenen Nikolskoje-Friedhof werden hingegen auch heute prominente Bürger beigesetzt – so Petersburgs erster demokratisch gewählter Bürgermeister Anatoli Sobtschak (1937–2000).

AUTORENTIPP!

MODERNE KUNST AM KLOSTER

Das Museum für Städtische Skulptur hegt und pflegt alle Denkmäler der Stadt – und außerdem die beiden Museumsfriedhöfe vor dem Alexander-Newski-Kloster. Mit dem Neuen Ausstellungssaal haben sich die Denkmalpfleger gleich nebenan ein dynamisches zweites Standbein geschaffen: Hier werden interessante Kunstschauen und -aktionen zeitgenössischer Kreativer durchgeführt – und die wenigsten haben dabei etwas mit Bildhauerei zu tun. Diskussionen und Vorträge ergänzen das relativ häufig wechselnde Programm. Im Hof vor dem Eingang stehen zwei ungewöhnliche Plastiken aus dem Jahr 2003: Werke des Deutschen Sergej Dott (geb. 1959) und des Schweizers Nag Arnoldi (geb. 1928).

Neuer Ausstellungssaal (Nowy wystawotschny sal). Sa–Mi 12–19 Uhr, Tschernorezki Per. 2, Tel. 812/274 25 79, www.gmgs.ru

Oben: Ruhe sanft: Der hinter der Kathedrale gelegene Friedhof hat Park-Charakter.
Unten: Trotz gottloser Sowjet-Symbolik: Die Gräber im Klosterhof bleiben unangetastet.

Lazarus-Friedhof

Und dann gibt es noch zwei Friedhöfe, die sich am Zugang zum Kloster hinter hohen Mauern verstecken: Der Lazarus-Friedhof aus dem 18. Jahrhundert links des Wegs ist ein mysteriös wirkendes Gewirr aus über 1000 Grabsteinen – denn nach russischer Tradition sind Gräber unantastbar, selbst wenn sie verfallen. In der frühen Sowjetzeit sah man das allerdings anders: Alte Friedhöfe wurden häufig überbaut, besonders wertvoll erscheinende Monumente überstellte man dabei in dieses Freilichtmuseum.

Tichwin-Friedhof

Deutlich geordneter ist der gegenüberliegende Tichwin-Friedhof. Auf dem Künstlerfriedhof fand im 19. Jahrhundert die Petersburger Kulturelite ihre letzte Ruhestätte: Fjodor Dostojewski (1821–1881) ist hier begraben, ebenso die großen Komponisten Mussorgski, Rimski-Korsakow, Glinka und Strawinsky.

Mariä-Verkündigungs-Kirche

Ebenfalls ein historischer Begräbnisort ist die Mariä-Verkündigungs-Kirche (1717–1724) von Domenico Trezzini (ca. 1670–1734), eine der vier Eckkirchen des Klosters. Die älteste Steinkirche der Stadt avancierte im Laufe des 18. Jahrhunderts zu einem Pantheon für den Hochadel – mit entsprechend pompösen Grabmälern.

Infos und Adressen

SEHENSWÜRDIGKEITEN

Alexander-Newski-Kloster (Aleksandro-Newskaja lawra). Tgl. 5.30–23 Uhr; Dreifaltigkeitskathedrale, 6–20 Uhr, Gottesdienste tgl. 6, 10 und 17 Uhr; Nikolskoje-Friedhof, tgl. 9–18 Uhr, Pl. Aleksandra Newskogo 1, www.lavra.spb.ru

Mariä-Verkündigungs-Gruft (Blagoweschtschenskaja usypalniza). Di, Mi, Fr–So 11–17 Uhr, links vom Klosterhaupteingang, www.gmgs.ru

Museumsfriedhöfe (Nekropoly). Künstlerfriedhof tgl. 9.30–21 Uhr; Friedhof des 18. Jahrhunderts, tgl. 9.30–18 Uhr, rechts und links der Zugangsgasse zum Kloster, www.gmgs.ru

ESSEN UND TRINKEN

Trapesnaja Palomnik. Klösterlich schlichte Cafeteria mit separater Teestube im Keller. Tgl. 9.30 bis 19 Uhr, rechts vom Haupteingang des Klosters

ÜBERNACHTEN

Moskwa. Der Hotelkoloss aus Sowjetzeiten ist gründlich modernisiert und verfügt jetzt auch über ein integriertes Shoppingcenter mit einigen Restaurants. Metroeingang direkt im Haus! Pl. Alexandra Newskogo 2, Tel. 812/333 24 44, www.hotel-moscow.ru

Die alte Mariä-Verkündigungs-Kirche steht gleich neben dem Klostereingang.

In der klassizistischen Klosterkathedrale liegen die Gebeine von Alexander Newski.

EINKAUFEN

Klosterbäckerei. Lecker und ofenfrisch: rustikales Klosterbrot zum Mitnehmen. Sa–Mi 10–12.30 und ab 13 Uhr, solange der Vorrat reicht, links von der Kathedrale im Kloster.

Torgowy dom Sofrino. Die Russisch-Orthodoxe Kirche beschäftigt bei Moskau 3000 Mitarbeiter mit der Herstellung von Ikonen, Kerzen, Schmuck, Messgeschirr und Priestergewändern. Der Firmenladen bietet auch fromme Souvenirs – selbstverständlich gesegnet. Mo–Fr 10–19, Sa 10–18 Uhr, Newski Pr. 190, www.sofrino.ru

INFORMATION

Am Alexander-Newski-Platz gibt es zwei Ausgänge der Metrokreuzungsstation Ploschtschad Alexandra Newskogo (Linien 3 und 4).

Oben: Im Blockademuseum dokumentiert man die Verteidigung Leningrads 1941–1944.
Unten: Bilder und Exponate behandeln vorrangig den militärischen Aspekt der Blockade.

32 Akademie für Kunstgewerbe

Das Antiquitätenmuseum

Mit viel Geld geht auch so etwas: für eine Akademie ein Gebäude errichten, das selbst einem begehbaren Kunstgeschichtsbuch gleicht. Bei einem Besuch des hauseigenen Museums der Alexander-Stieglitz-Akademie für Kunstgewerbe dürfen auch Außenstehende die intensive Aura dieses dekorativen Baus genießen. In einem Museum direkt nebenan geht es hingegen nicht um Kunst, sondern um Krieg: Es ist der Blockade Leningrads gewidmet.

Das Museum für Angewandte Kunst (heute würde man »Design« sagen) der Staatlichen Alexander-Stieglitz-Akademie für Kunstgewerbe will offenbar nicht von Besuchern überrannt werden: An beiden Türen des Gebäudes weisen Zettel darauf hin, der Museumseingang sei der jeweils andere. Der richtige ist der linke, wobei man auch hier nach dem Passieren von vier (!) dicht hintereinanderstehenden alten Türen erst einmal eine Galerie betritt. Dort werden Besucher durch ein Gittertor gelassen – und betreten einen atemberaubend schönen Saal, dessen Gewölbedecke fein ziseliert ausgemalt ist.

Museum für Angewandte Kunst

In 14 ebenerdigen Räumen werden die schönsten Stücke aus dem Fundus der Kunstgewerbeschule gezeigt: Keramik von der Antike bis ins 20. Jahrhundert, Glas und Geschirr, Schmiedearbeiten, uralte Möbel, ja selbst zwei Vitrinen mit kunstvoll gestalteten alten Schlüsseln. Ein Raum beherbergt eine Sammlung von 14 russischen Kachelöfen. Andere Besucher sind in den etwas dämmrigen Räumen selten anzutreffen. Antiquitätenliebhaber werden sich hier wie im Paradies fühlen – sofern sie mit den nur auf Russisch vorhandenen Beschriftungen etwas anfangen können.

Das Gebäude (1888–1898) selbst trägt zum Kunstrausch bei: Sein Architekt Maximilian Messmacher (1842–1906) war der erste Direktor der Akademie, die von dem Bankier und Industriellen Baron Alexander von Stieglitz (1814–1884) gestiftet worden war. Messmacher verschmolz im Geiste des damals populären Eklektizismus die italienische Renaissance mit byzantinischen, romanischen und gotischen Elementen, schob hier einen Raum Barock ein und schuf dort einen Winkel Altrussland. Wie auch die Exponate dienten und dienen die Räume den Studenten als Anschauungsmaterial für ihre Skizzen.

Schon auf dem Weg zum Ausgang dürfen Museumsbesucher dann noch das Herz des Gebäudes betreten: Der zweistöckige zentrale Saal erinnert an den Innenhof eines edlen italienischen Palazzo und wird von einem großen Glasdach überspannt. Auf der Empore ist rundum das Fries des antiken Pergamonaltars als Gipskopie angebracht (das Original steht in Berlin) – und überall in dieser Pracht sitzen Studenten vor ihren Staffeleien und üben sich im Architektur- und Figurenzeichnen.

Blockademuseum

Ein harter Szenenwechsel: Das im Nachbarhaus untergebrachte Museum zur Blockade Leningrads im Zweiten Weltkrieg thematisiert vorrangig die militärischen Aspekte und weniger den Überlebenskampf der Bevölkerung in der eingekesselten Großstadt. Auch hier gibt es einen Aha-Effekt beim Hinausgehen: Man blickt auf ein großes Porträt des Oberkommandierenden – Josef Stalin.

Infos und Adressen

SEHENSWÜRDIGKEITEN

Museum der Verteidigung und Blockade Leningrads (Musej oborony i blokady Leningrada). Do bis Mo 10–17, Mi 12.30–21 Uhr, letzter Do im Monat geschlossen, Soljanoi Per. 9, Tel. 812/275 75 47, www.blokadamus.ru

Museum für Angewandte Kunst (Musej prikladnogo iskusstwa). Di–Sa 11–17 Uhr, im August geschlossen, Soljanoj Per. 15, Tel. 812/273 32 58, www.stieglitzmuseum.ru

ESSEN UND TRINKEN

Botanika. Vegetarisches Speisecafé mit Flair und netter Spielecke für Kinder. Tgl. 11–24, Fr/Sa bis 1 Uhr, Ul. Pestelja 7, Tel. 812/272 70 91, www.cafebotanika.ru

ÜBERNACHTEN

Radisson Sonya Hotel. Neues Viersternehaus hinter alter Fassade. Litejny Pr. 5, Tel. 812/406 00 00, www.radisson.ru

EINKAUFEN

Top100. »Salon für echte Musik« nennt sich dieser stöberfreundliche Plattenladen mit viel Vinyl. Tgl. 11.30–20 Uhr, Ul. Pestelja 13–15.

INFORMATION

Trolleybusse 3, 8 und 15 von der Kreuzung Newski Pr./Litejny Pr. bis Uliza Pestelja.

Oben: Im Taurischen Palast tagte Anfang des 20. Jahrhunderts Russlands Parlament.
Unten: Die ausgemergelten Sphinxen am Newa-Ufer erinnern an die Gräuel des Stalinismus.

33 Wassermuseum

Rund um den Taurischen Garten

Ein alter Wasserturm beherbergt das aufwendige Hausmuseum der Petersburger Wasserwerke, in dem Geschichte, Technik und Ökologie interessant verschmolzen sind. Auf der anderen Seite des weitläufigen Taurischen Gartens kann man im Suworow-Museum einer russischen Feldherrenlegende huldigen. Genau dazwischen befindet sich der Taurische Palast, wo Russlands erstes demokratisch gewähltes Parlament tagte.

Der niedrige, dafür aber weitläufige Taurische Palast (1783–1789) war ein Geschenk Katharinas II. (1729–1796) an ihren Favoriten Fürst Grigori Potjomkin (1739–1791). Da dieser für die Eroberung und Besiedelung der Südukraine und der Krim den Namenszusatz Tauritscheski (»von der Krim«) erhalten hatte, bekam auch die von Iwan Starow (1745–1808) entworfene Vorstadtresidenz diesen Namen.

MAL EHRLICH

DAS PUTIN-HAUS

Obwohl Wladimir Putin (geb. 1952) in Russland zweifelsohne weitaus populärer ist als beim Rest der Welt, kann man seinen Anhängern nicht vorwerfen, übermäßigen Personenkult um ihn zu treiben: Am und im Haus Nr. 12 am Baskow Pereulok, einem ganz normalen alten Petersburger Mietshaus, gibt es nichts, was darauf hinweisen könnte, wer hier aufwuchs. Putins Eltern hatten im Hof ein Zimmer in einer Kommunalwohnung ohne Bad. Ihr Sohn lebte hier, bis er KGB-Offizier wurde, also bis 1975.

Russlands erstes Parlament

Das dezent gestaltete klassizistische Palais ging später in den Besitz des Zarenhofs über. Von 1906 bis 1917 tagte hier die Staatsduma, das erste mehr oder weniger demokratisch gewählte Parlament Russlands – das am 2. März 1907 nur knapp einer Katastrophe entging: Wenige Stunden vor einer Sitzung krachte die Decke des Plenarsaals auf die noch leeren Sitzreihen herunter. Seit dem Ende der Sowjetunion ist der Palast Sitz der Parlamentarischen Versammlung der GUS-Staaten und daher nicht zugänglich.

Taurischer Garten

Zu jeder noblen Residenz gehört ein großzügiger Park. Der als Englischer Landschaftspark um einen großen Teich angelegte Taurische Garten ist heute der größte öffentliche Park der Innenstadt. Für die dicht bebauten Stadtviertel rund um die Metrostation Tschernyschewskaja ist er eine wichtige Frischluftoase, bietet sonst aber keine wirklichen Attraktionen.

Suworow-Museum

An der Südostecke des Parks schon etwas außerhalb seiner Grenzen erhebt sich das architektonisch wohl originellste Museumsgebäude Petersburgs: Das Suworow-Museum (1904) des Jugendstilbaumeisters Alexander von Hohen (1846–1915) hat die Optik eines altrussischen Kremls. Das Hauptgebäude gleicht einem Turm mit großem Tor, links und rechts schließt sich ein Stück von Schießscharten gekrönter Mauer an. Sie wird von zwei großen Mosaiken geschmückt: Der Aufbruch von Feldmarschall Alexander Suworow (1730–1800) zum Italienfeldzug 1799 und die dramatische Alpenüberquerung der russischen Armee im gleichen Jahr.

AUTORENTIPP!

SCHOCK-SPHINXEN

Sphinxen sind im Stadtbild öfter anzutreffen: Neben dem ägyptischen Steinpaar am Universitätsufer gibt es noch eine Vierergruppe aus Gusseisen an der Ägyptischen Brücke. Die beiden Bronze-Sphinxen des Bildhauers Michail Schemjakin (geb. 1943) verwandeln aber jedes Déjà-vu-Erlebnis in einen Schock: Zur Straße hin haben sie ganz normale Gesichter, zur Newa jedoch – Totenschädel. Denn am anderen Ufer steht der riesige Gefängniskomplex Kresty (1884–1892), heute ein Untersuchungsgefängnis. Während des Terrors der Stalinzeit waren dort Abertausende Repressierte eingepfercht. Anders als viele banale Monumente nachsowjetischer Zeit hat dieses 1995 aufgestellte Mahnmal wirklich eine Aussage.

Denkmal für die Opfer der politischen Repression (Monument shertwam polititscheskich repressii). Nab. Robespierre gegenüber Haus 12.

Oben: Das alte Gefängnis Kresty soll in absehbarer Zeit geschlossen werden.
Mitte: Denkmal vor dem Wassermuseum: Einst kam das Trinkwasser per Handkarren.
Unten: Der Taurische Garten ist die grüne Lunge des Altstadtareals.

Dieses Museum war das erste in Russland, das einem konkreten Menschen gewidmet wurde. Denn Suworow, der für seine siegreiche Militäroperation gegen die Franzosen in Norditalien und der Schweiz die Titel »Fürst von Italien« und »Generalissimus« erhalten hatte, galt auch noch hundert Jahre nach seinem Tod als Nationalheld. Die Exponate erzählen über das Leben, die Ehrungen und Kränkungen und über die »Kriegskunst« eines der genialsten Heerführer aller Zeiten.

Wassermuseum

Doch zurück zum Taurischen Palast – respektive auf die gegenüberliegende Straßenseite, wo sich der weithin sichtbare ziegelrote Wasserturm erhebt. 1861 errichtet, ist er der erste seiner Art in Petersburg. Von ihm aus wurde damals das gesamte Areal auf dieser Newa-Seite mit Leitungswasser versorgt. In dem sanierten Turm und den ihn umgebenden alten Bauten eröffneten die Petersburger Wasserwerke 2002 den vorbildlich ausgestatteten Museumskomplex rund ums Wasser.

Ohne Führung zugänglich ist nur die Ausstellung im Turm selbst. Auf der dritten bis sechsten Etage ist die Geschichte der Zu- und Abwasserleitungen thematisiert – allgemein und für St. Petersburg im Besonderen. Dazu gehört auch eine Kollektion der besonderen Art: Toilettenschüsseln und Pissoire im Wandel der Zeit. In einem Nebengebäude links vom Turm wird im Rahmen der Installation »Petersburger Unterwelt« der Weg des Wassers vom Abzapfen aus der Newa über die Aufbereitung für den Verbraucher bis zur Kläranlage anschaulich gemacht. Das »Universum des Wassers« ist hingegen eine pädagogisch-künstlerische Multimedia-Ausstellung zur Bedeutung des Wassers für das Leben auf der Erde. Sie befindet sich in einer unterirdischen ehemaligen Speicherkaverne.

Infos und Adressen

SEHENSWÜRDIGKEITEN

Taurischer Palast (Tawritscheski dworez). Schpalernaja Ul. 45–47.

Wassermuseum (Musejny kompleks »Vselennaja Woda«). Ausstellung »St. Petersburger Wasserwelt« Mi–So 10–19 Uhr; Sonderschauen: »Petersburger Unterwelt« nur mit Führung Mi–Fr 14, 15 Uhr und Sa/So jede volle Stunde 12–18 Uhr; »Universum des Wassers« nur mit Führung Mi–Fr 14, 15 Uhr und Sa/So alle 45 Minuten ab 11.30 Uhr, Schpalernaja Ul. 56, Tel. 812/438 43 75, Busse 46, 54 und 74, www.vodokanal-museum.ru

Suworow-Museum (Musej A. W. Suworowa). Di, Do–So 10–18, Mi 13–21 Uhr, Kirotschnaja Ul. 43, Tel. 812/579 39 14, www.suvorovmuseum.ru

ESSEN UND TRINKEN

Musej kofe. Das »Kaffeemuseum« verfügt neben einer kleinen Ausstellung zum Muntermacher über eine schöne Terrasse – und natürlich sehr guten Kaffee! Nab. Robespierre 14, Tel. 812/275 87 39, www.mcof.ru

ÜBERNACHTEN

Hotel Marschal. Kleines stilvolles Hotel mit einem Museum über den finnischen Marschall Carl Gustaf Mannerheim, der in diesem Gebäude seine Militärlaufbahn als Gardereiter begann. Schpalernaja Ul. 41, Tel. 812/579 75 00, www.marshal-hotel.com

Wofür es nicht alles ein Museum gibt in Petersburg – selbst der Kaffee hat eins!

Die Kirschblüte weckt Frühlingsgefühle im Taurischen Garten.

AUSGEHEN

JFC Jazz Club. Der kleine Hinterhof-Jazzclub ist eine feste Größe der russischen Jazzszene. Kartenkauf und Tischreservierung vorab ist ratsam (nur vor Ort ab 15 Uhr möglich). Tgl. 19–23, Konzertbeginn 19.45 Uhr, Ul. Schpalernaja 33, Tel. 812/272 98 50, www.jfc-club.spb.ru

INFORMATION

Das Viertel am Taurischen Garten ist gut zu Fuß von der Metrostation Tschernyschewskaja (Linie 1) erreichbar. Vom Mittelbereich des Newski Prospekts fährt Bus 22 über die Kirotschnaja Uliza zum Taurischen Garten.

Das Sahnehäubchen der Petersburger Architekturlandschaft: die Smolny-Kathedrale

34 Smolny-Kathedrale
Blaues Wunder des Barock

Ein Fotostopp vor diesem Meisterwerk sakraler Baukunst gehört bei jeder etwas ausführlicheren Stadtrundfahrt dazu: Denn die reich dekorierte, aber dennoch elegante Kathedrale des Smolny-Klosters ist zweifellos eines der schönsten Gebäude der Stadt. Und was selbst viele Einheimische nicht wissen, einer der Glockentürme bietet die höchste Aussichtsplattform der St. Petersburger Innenstadt.

Solch eine Eleganz – und dann so ein anrüchiger Name: »Smolny« kommt von »smola«, dem russischen Wort für Teer. Denn in der Frühzeit Petersburgs befanden sich am Newa-Ufer gegenüber der Einmündung des Flüsschens Ochta die Pechhütten, die der Admiralitätswerft das Mittel zum Abdichten ihrer Schiffe lieferten. Dies war jedoch schon Vergangenheit, als Zarin Elisabeth I. (1709–1762), eine Tochter Peters des Großen (1672–1725), beschloss, auf diesem vor der Stadt gelegenen Areal ein Frauenkloster bauen zu lassen. Hierhin wollte sich die fromme Herrscherin im Alter zurückziehen. Den Entwurf für die blau-weiße Anlage im Elisabethanischen Barock fertigte Bartolomeo Rastrelli (1700 bis 1771), 1748 wurden die Grundmauern gesetzt. Die Kathedrale und das sie umgebende Klostergebäude haben die Form eines griechischen Kreuzes.

Glanzlos im Inneren

Zu Lebzeiten der Kaiserin wurden nur die Klostergebäude vollendet, der Beginn des Siebenjährigen Krieges mit Preußen verzehrte 1756 die Mittel. Auf den Bau eines von Rastrelli geplanten Glockenturms von 160 Metern Höhe verzichtete man aus finanziellen, aber auch ästhetischen Gründen. 94 Meter wurde die Kathedrale dann hoch, die erst 1835 geweiht werden konnte. So prächtig barock sie sich von außen gibt – im Innern ist sie in nüchternem Weiß gehalten. Ihr üppiges Inventar wurde in den 1920er-Jahren Opfer der Revolution. Deshalb kann man auf die Besichtigung des heute vorrangig als Konzertsaal genutzten Kirchenraums gut verzichten.

Glockenturm

Lohnender ist der Aufstieg auf einen der vier Glockentürme, die die Hauptkuppel umgeben: Über 277 Stufen geht es auf eine Aussichtsplattform in 50 Meter Höhe. Berieselt von Barockmusik kann man nun den Blick vor allem in südlicher und westlicher Richtung schweifen lassen. Zunächst geht er aber über die Dächer und Kuppeln der weitläufigen Klosteranlage hinweg, in der nie mehr als 14 Nonnen gelebt haben.

Wiege des Sowjetstaats

Deshalb war hier schon 1764 ein Erziehungsinstitut für höhere Töchter eingerichtet worden. Es erhielt 1806 ein im Süden angrenzendes klassizistisches Palais als neues Heim – ein Gebäude, das ein Jahrhundert später in die Weltgeschichte eingehen sollte: 1917 tagten in dem verwaisten Mädcheninternat die Arbeiter- und Soldatenräte. Hier hatten auch die Bolschewisten ihr Hauptquartier, als sie in der Oktoberrevolution die Macht ergriffen. Bis zur Verlegung der Hauptstadt nach Moskau im März 1918 blieb »der Smolny« die Schaltzentrale des jungen Sowjetstaats. Heute befinden sich in dem alten Klosterkarree Behörden und einige Fakultäten der Universität. Das Institutsgebäude ist hingegen Sitz der Petersburger Stadtregierung und deshalb nicht zugänglich.

Vor dem Sitz der Stadtregierung im Smolny-Institut geht es ganz entspannt zu.

Infos und Adressen

SEHENSWÜRDIGKEITEN

Smolny-Kloster (Smolny monastir). Kathedrale sowie Aufstieg auf den Glockenturm Do–Di 10.30–18 Uhr, Gottesdienste tgl. 10, Sa/So auch 17 Uhr, Pl. Rastrelli, Tel. 812/710 31 59, www.cathedral.ru

ESSEN UND TRINKEN

Schaljapin. Freundliches Feinschmeckerlokal mit russischer Küche im Stil des frühen 20. Jahrhunderts. Twerskaja Ul. 12, Tel. 812/275 32 10, www.shalyapinspb.ru

ÜBERNACHTEN

Grand Hotel Emerald. Hinter der modernen Glasfassade verbirgt sich ein klassizistisches Innenleben mit Fünf-Sterne-Komfort. Suworowski Pr. 18, Tel. 812/740 50 00, www.grandhotelemerald.com

INFORMATION

Zum Smolny-Kloster fahren die Busse 46 oder 136 von der Metrostation Tschernyschewskaja (Linie 1) oder Bus 74 vom Moskauer Bahnhof. Vor dem Kloster gibt es einen Kiosk der städtischen Touristeninformation (Mo–Fr 8–18 Uhr).

ЗДЕСЬ ЛЕЖАТ ЛЕНИНГРАДЦЫ.
ЗДЕСЬ ГОРОЖАНЕ МУЖЧИНЫ, ЖЕНЩИНЫ, ДЕТИ.
РЯДОМ С НИМИ СОЛДАТЫ-КРАСНОАРМЕЙЦЫ.
ВСЕЮ ЖИЗНЬЮ СВОЕЮ
ОНИ ЗАЩИЩАЛИ ТЕБЯ, ЛЕНИНГРАД,
КОЛЫБЕЛЬ РЕВОЛЮЦИИ.
ИХ ИМЕН БЛАГОРОДНЫХ МЫ ЗДЕСЬ ПЕРЕЧИСЛИТЬ НЕ СМОЖЕМ,
ТАК ИХ МНОГО ПОД ВЕЧНОЙ ОХРАНОЙ ГРАНИТА.
НО ЗНАЙ, ВНИМАЮЩИЙ ЭТИМ КАМНЯМ:
НИКТО НЕ ЗАБЫТ И НИЧТО НЕ ЗАБЫТО.

»LENINGRAD«

Sehenswürdigkeit, Denkmal
Aktivität, Ausgehen, Theater
Museum, Galerie
Shopping
Restaurant, Bar, Café
Übernachtungsmöglichkeit
Kirche
0
300 m
N
SENNOI OKRUG
СЕННОЙ ОКРУГ
Kadetskaya i 1 linii
Кадетская и 1 линии
nab. Makarova
Voenno-Morskoy
Военно-Морской
Mendeleevskaya liniya
Dvorets Petra II
Дворец Петра II
Университетская наб.
Dvortsovy most
Bolshoy pr.
Большой пр.
Universitetskaya nab.
Rumyantsevskaya pl.
Румянцевская пл.
Akademicheskiy per.
pl. Trezini
пл. Трезини
Blagoveshchenskiy most
Благовещенский мост
БОЛЬШАЯ НЕВА
Admiralteyskaya nab.
Admiralteystvo
Адмиралтейство
Senatskaya pl.
Сенатская пл.
Aleksandrovskiy sad
Admiralteyskiy prosp.
Английская наб.
Галерная улица
Galernaya ulitsa
Konnogvardeyskiy bulvar
Конногвардейский бульвар
ulitsa Yakubovicha
ул. Якубовича
Isaakievskiy sobor
Исаакиевский собор
Voznesenskiy prosp.
BOLSHAYA NEVA
Angliyskaya nab.
KOLOMNA
КОЛОМНА
Isaakievskaya pl.
наб. реки Мойки
Мойка
Mariinskiy dvorets
Мариинский дворец
o. Novo-Admiralteyskiy
о. Ново-Адмиралтейский
o. Novaya Gollandiya
о. Новая Голландия
Kryukov
ул. Труда
Bolshaya Morskaya ul.
nab. reki Moyki
Potseluev most
Декабристов
Вознесенский проспект
nab. reki Moyki
Moyka
наб. реки Пряжки
наб. Реки Пряжки
Angliyskiy prospekt
ul. Pisareva
ул. Писарева
nab.
улица
Mariinskiy
Konservatoriya im. Rimskogo-Korsakova
Kryukova kanal
kanala
ул. Глинки
проспект
nab. kanala Griboedova
Бол. Подъяческая ул.
Римского-
Корсакова
кан. Griboedova
Voznesenskiy prospekt
ulitsa
o. Matisov
о. Матисов
Pechatnikov
Lermontovskiy
Soyuza
Английский
ul.
Drovyanoy per.
Витебская ул.
nab. reki Pryazhki
Pryazhka
nab. Reki Pryazhki
Lotsma
Vitebskaya ul.
kan. Griboedova
просп.
prospekt
Садовая
улица
кан. Грибоедова
наб. Крюкова
канала
Sadovaya
Bol. Podyacheskaya
Fontanki
Molodezhny na Fontanke
Московский проспект
Dvorets Yusupovykh
Obukhovskaya pl.
Обуховская пл.
Zheleznodorozhnogo transporta
Садовая
Grazhdanskaya ulitsa
пер. Гривцова
ул.
Sennaya Ploshchad
Сенная Площадь
Sadovaya/
Spasskaya
Садовая/
Спасская
Dickens
Фонтанка
naberezhnaya
набережная
ul. Vvedenskogo Kan.
Gorokhovaya ulitsa
Kazanskaya ulitsa
кан. Грибоедова
наб. канала Грибоедова
Sadovaya
ulitsa
ulitsa
Apraksin per.
Апраксин пер.
reki Fontanki
реки Фонтанки
Stepanovskiy pr.
Lomonosova
ul. Zodchego Rossi
Aleksandriyskiy teatr
Nevskiy prosp.
35
Rubinshteyna
Vladimirskiy prosp.
Dostoevskaya
Достоевская
ZENTRALNY
ЦЕНТРАЛЬНЫЙ
Frunzenskiy proezd
ulitsa
Vladimirskaya
Владимирская
Borodinskaya ul.
Semenovskaya pl.
Семеновская пл.
Гороховая ул.
Bol. Kazachiy per.
Hotel Stanzija
Загородный проспект
Zvenigorodskaya ul.
Razyezzhaya ul.
ул. Правды
ul. Pravdy
улица Марата
Разъезжая ул.
Marata
Pushkinskaya/
Zvenigorodskaya
Пушкинская/
Звенигородская
Witebsker Bahnhof
Kamenka
Ozerki
Grazhdanka
Vyborgskoe shosse
Ozerki
Severny prospekt
Kolomyagi
Piskarevka
Udelnaja
prosp. Engelsa
Politekhnicheskaya
Antwerpen
Grazhdanskiy prospekt
Isluschina prospekt
Pionerskaya
Komendanskij Prospekt
Ploshchad Myzhestva
Piskarjowskoje-Gedenkfriedhof
38
Hotel Orbita
Olgino
Eremitage-Depot
37
Primorski
Bali
Lachta Center
Chyornaya rechka
Staraya Derevnja
Primorskiy pr.
Buddhistischer Tempel
Lesnaja
Kafe Karneval
o. Krestovskiy
Krestovskiy Ostrov
Primorsky park Pobedy
o. Aptekarskiy
Vyborskaya
Samson-Kathedrale

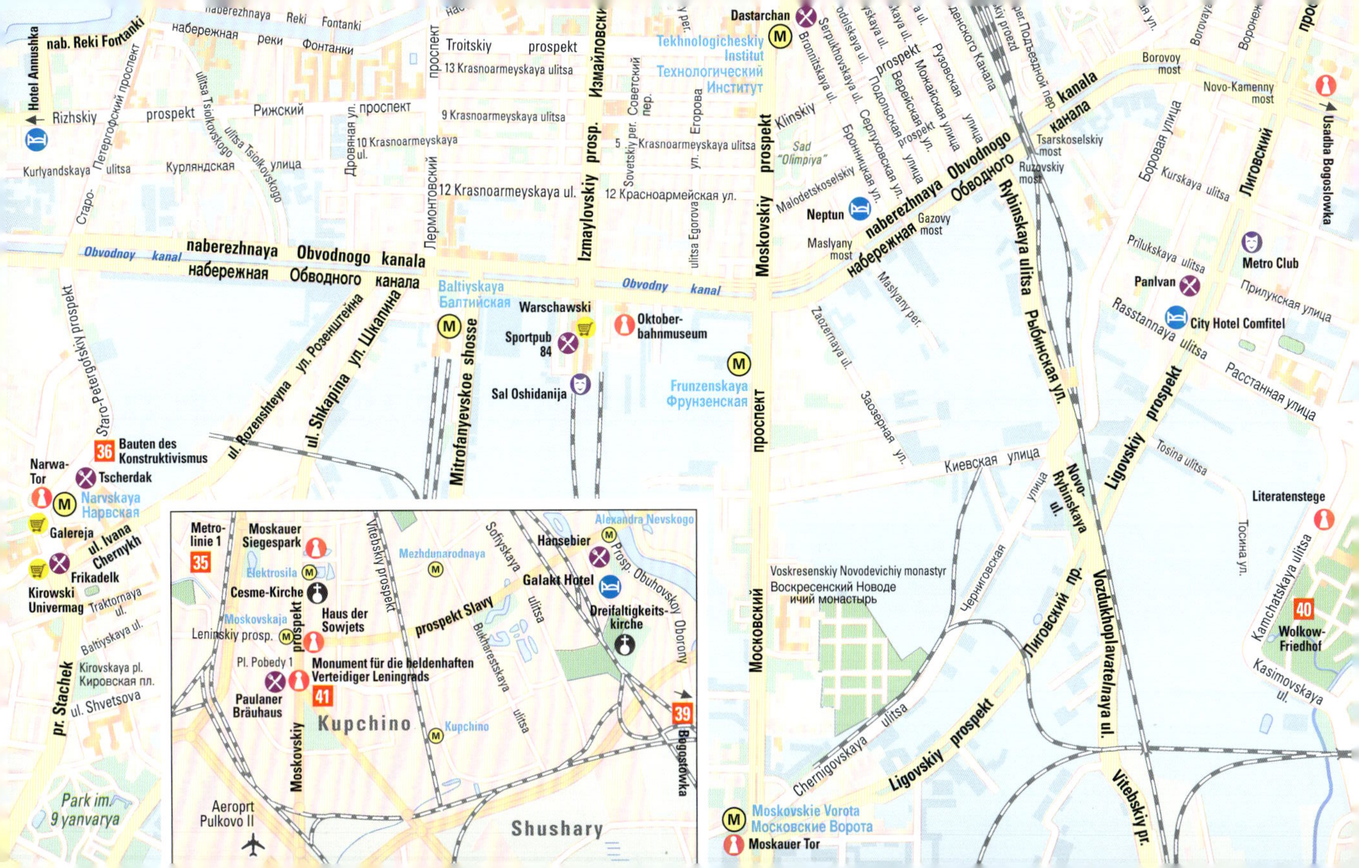

Hotel Annushka
nab. Reki Fontanki
naberezhnaya Reki Fontanki
набережная реки Фонтанки
Troitskiy prospekt
13 Krasnoarmeyskaya ulitsa
Измайловски
Dastarchan
Tekhnologicheskiy Institut
Технологический Институт
Rizhskiy prospekt
Рижский проспект
Петергофский проспект
ulitsa Tsiolkovskogo
9 Krasnoarmeyskaya ulitsa
Izmaylovskiy prosp.
Sovetskiy per.
Советский пер.
Егорова
Moskovskiy prospekt
Klinskiy
Sad "Olimpiya"
Kurlyandskaya ulitsa
Курляндская улица
Дровяная ул.
10 Krasnoarmeyskaya ul.
5 Krasnoarmeyskaya ulitsa
12 Krasnoarmeyskaya ul.
12 Красноармейская ул.
Лермонтовский
Malodetskoselskiy
Neptun
naberezhnaya Obvodnogo kanala
набережная Обводного канала
Obvodnoy kanal
ulitsa Egorova
Maslyany most
Gazovy most
Tsarskoselskiy most
Ruzovskiy most
Rybinskaya ulitsa
Рыбинская ул.
Borovoy most
Novo-Kamenny most
Боровая улица
Kurskaya ulitsa
Лиговский
Usadba Bogoslowka
Metro Club
Prilukskaya ulitsa
Прилукская улица
Panlvan
City Hotel Comfitel
Rasstannaya ulitsa
Расстанная улица
Baltiyskaya
Балтийская
Warschawski
Sportpub 84
Oktober-bahnmuseum
Sal Oshidanija
Frunzenskaya
Фрунзенская
проспект
Maslyany per.
Zaozernaya ul.
Заозерная ул.
Киевская улица
Mitrofanyevskoe shosse
ul. Rozenshteyna
ул. Розенштейна
ul. Shkapina
ул. Шкапина
Staro-Petergofskiy prospekt
36 Bauten des Konstruktivismus
Tscherdak
Narwa-Tor
Narvskaya
Нарвская
Galereja
ul. Ivana Chernykh
Frikadelk
Kirowski Univermag
Traktornaya ul.
Baltiyskaya ul.
Kirovskaya pl.
Кировская пл.
ul. Shvetsova
pr. Stachek
Park im. 9 yanvarya
Metro-linie 1
35
Moskauer Siegespark
Elektrosila
Cesme-Kirche
Moskovskaja
Leninskiy prosp.
Haus der Sowjets
prospekt
Pl. Pobedy 1
Monument für die heldenhaften Verteidiger Leningrads
41
Paulaner Bräuhaus
Kupchino
Moskovskiy
Aeroprt Pulkovo II
Vitebskiy prospekt
Mezhdunarodnaya
Sofiyskaya ulitsa
prospekt Slavy
Bukharestskaya ulitsa
Hansebier
Galakt Hotel
Alexandra Nevskogo
Prosp. Obuhovskoy Oborony
Dreifaltigkeits-kirche
39
Bogostowka
Shushary
Московский
Voskresenskiy Novodevichiy monastyr
Воскресенский Новодевичий монастырь
Черниговская
Novo-Rybinskaya ul.
улица
Лиговский пр.
Vozdukhoplavatelnaya ul.
Ligovskiy prospekt
Tosina ulitsa
Тосина ул.
Literatenstege
Kamchatskaya ulitsa
40
Wolkow-Friedhof
Kasimovskaya ul.
Chernigovskaya ulitsa
Moskovskie Vorota
Московские Ворота
Moskauer Tor
Vitebskiy pr.

Seite 206/207: Piskarjowskoje-Gedenkfriedhof
Oben: Die Station Ploschtschad Wosstanija war 1955 Endpunkt der ersten Metrolinie.
Unten: Die Metrostation Kirowski Sawod huldigt der sowjetischen Schwerindustrie.

35 Metrolinie 1
Unterirdische Kathedralen

Das tiefste U-Bahn-Netz der Welt hat architektonisch Glanzvolles zu bieten: Einige Stationen der ältesten Metrolinie Petersburgs sind noch im »Stalin-Barock« der frühen 1950er-Jahre gehalten – sie sollten zugleich Ruhmeshallen der herrschenden Ideologie sein. Wer sich hingegen mehr für Waggons und Loks interessiert, wird in einem großen Eisenbahnfreilichtmuseum fündig.

So war die Ideologie der Stalin-Zeit: Für den Bau der innerstädtischen Endstation der ersten Metrolinie Leningrads Ploschtschad Wosstanija gegenüber des Moskauer Bahnhofs war eine Kirche abgerissen worden. Stattdessen baute man einen üppig mit klassizistischen Säulen geschmückten zweistöckigen Tempelbau – als feierlichen Eingang in eine neue unterirdische Kette weihevoller Kathedralen, in der sich der Kommunismus ohne historische Kompromisse selbst zelebrieren konnte. Als die »an einem U-Topos verwirklichte U-Topie«

MAL EHRLICH

METRO-KNIGGE

Wer U-Bahn fahren will, muss beweglich sein: An den Stationseingängen und in den Umsteigestationen gibt es steile Treppen. Rampen oder Lifte fehlen. Und da die Rolltreppen lang sind, rotieren sie schneller als im sicherheitsvernarrten Westen. Ein beherzter Schritt ist unabdinglich. Abwärts gilt dann: rechts stehen, links gehen. In vollen Waggons muss man sich rechtzeitig vor dem Ziel zur Tür vorarbeiten – sonst kann es passieren, dass man nicht hinauskommt.

bezeichnete der Philosoph Boris Groys die 1935 eröffneten ersten U-Bahnlinien in Moskau.

Inbetriebnahme 1955

1941 hatte man auch in Leningrad mit dem Bau einer Metro begonnen und orientierte sich selbstverständlich am Moskauer Vorbild. Während des Kriegs ruhte das Großprojekt, 1947 wurde es wieder aufgenommen. Die erste Linie sollte alle fünf Kopfbahnhöfe der Stadt miteinander verbinden – damals war der Warschauer Bahnhof noch in Betrieb, den Ladoga-Bahnhof (2003) gab es noch nicht.

Am 15. November 1955 wurde der erste Streckenabschnitt eingeweiht. Er führte vom Moskauer Bahnhof nach Südwesten. Nur auf diesem Sektor der Linie 1 sind einige – aber nicht alle – Stationen im Stalin-Barock gehalten: Denn nach dem Tod des Diktators wurde der Personenkult um ihn ebenso wie der bauliche »Zuckerbäckerstil« schnell als ideologische Verfehlung und Ausschweifung geächtet. Üppig dekoriert sind auf der Trasse deshalb nur jene Stationen, deren Bau 1953 bei Stalins Ableben schon weit fortgeschritten war, alle späteren Bauten wurden sachlicher angelegt. So präsentiert sich Ploschtschad Wosstanija mit reichlich Golddekor, Stuckeichenlaub und fünfzackigen Sternen. Am besten beginnt man eine sowjetnostalgische Metro-Exkursion in dieser Station – als ideales Programm für Regenwetter oder den späten Abend, wenn die Züge nicht mehr so voll sind.

Puschkinskaja

Die nächste Haltestelle Wladimirskaja liegt nur 720 Meter Fahrt entfernt – die kürzeste Etappe im ganzen Metronetz. Die eher lakonisch gezeichnete

AUTORENTIPP!

VERY BRITISH

Pseudobritische und -irische Pubs gibt es in Petersburg jede Menge – grüne Ledersofas und rotbraune Holztheken scheinen den Bierdurst mächtig zu befördern! Dass man als Wirt dabei auch den richtig guten englischen Stil wahren kann, beweist der Pub »Dickens« an der Ecke des Moskowski Prospekts zur Fontanka: Das Interieur ist – let's say – viktorianisch und die Bierauswahl üppig. Es gibt einen kleinen Biergarten samt krebsroter Telefonzelle. Getoppt wird der Pub nur durch das gleichnamige Restaurant eine Etage höher: Mit Ledersesseln und Zigarren-Humidor am offenen Kamin bietet es das Ambiente eines Londoner Klubs.

Dickens. Pub: So–Mo 8–1, Di–Do 8 bis 2, Fr/Sa 8–3 Uhr, Restaurant: So–Do 12–0, Fr/Sa 13–1 Uhr, Nab. reki Fontanki 108, Metro 1, 2: Technologitscheski Institut, Tel. 812/702 62 63, www.dickensrest.ru

Sitzplätze sind rar in der Metro, die meisten Passagiere müssen stehen.

AUTORENTIPP!

EIN BAHNHOF WIE VOM ZAREN
Man glaubt sich in einer Filmkulisse – kann ein Bahnhof im 21. Jahrhundert so perfekt altmodisch sein? Der Witebsker Bahnhof ist Baujahr 1904 und wird ohne wesentliche Veränderungen bis heute zur Abfertigung der Züge nach Süden und Westen genutzt. Von der asymmetrischen Gebäudekonfiguration über Fußbodenkacheln, Treppengeländer und Wandvertäfelungen bis zu den damals topmodernen gusseisernen Konstruktionen. Hier ist alles feinster Jugendstil. Weil die Züge im ersten Stock abfahren, gibt es eine Paradetreppe, die eines Zarenschlosses würdig wäre. Auf den Nahverkehrsbahnsteigen steht hinter Glas ein Nachbau des ersten russischen Zugs von 1837: Von hier führte die erste Bahnlinie des Landes hinaus zur Zarenresidenz von Zarskoje Selo.

Witebsker Bahnhof. Sagorodny Pr. 52, Metro 1: Puschkinskaja, www.rzd.ru

Station kann man getrost durchfahren. Ein Zwischenstopp lohnt sich aber am nächsten Halt, der Puschkinskaja. Ihr Namenspatron Alexander Puschkin (1799–1837) sitzt dort als Denkerstatue vor einem gemalten Parkhintergrund am Ende der Halle. Was der Dichterfürst von dort sieht, müsste ihm eigentlich gefallen: Der streng klassizistisch gestaltete Raum ist mit weißem Marmor ausgekleidet, Granitornamente winden sich auf dem Boden, Stucklorbeer schmückt die Decke und elegante Stehlampen spenden Licht – man wähnt sich eher in einem Museumsfoyer als in einer Metrostation.

Technologitscheski Institut

Weiter geht es zur Doppelstation Technologitscheski Institut. Sie ist der einzige Umsteigepunkt des Netzes – mit einem besonderen Kniff: Die stadteinwärts fahrenden Züge der Linien 1 und 2 halten in einer Station, die Züge stadtauswärts in der anderen. Dies beschleunigt das Umsteigen, kann Uneingeweihte aber verwirren. Das Dekor besteht aus Reliefmedaillons mit den Porträts russischer Wissenschaftskoryphäen.

Baltijskaja

Nächster Halt Baltijskaja: Die dank indirekter Beleuchtung und viel grauem Marmor streng wirkende Station erhielt als Schmuckelement ein großes Mosaik aus Marmorstücken. Das Werk mit dem Titel »1917« zeigt revolutionäre Matrosen und Soldaten, die sich unter Anführung eines Arbeiters gerade anschicken, den Winterpalast zu stürmen. Im Hintergrund dümpelt die »Aurora«.

Narwskaja

Die nun folgende Narwskaja sollte ursprünglich Josef Stalin (1878–1953) huldigen – doch der

Diktator wurde kurzerhand »entfernt«: Sein Porträtmosaik am Bahnsteigende verschwand 1961 hinter einer vorgesetzten Wand. Das Fehlen der Hauptperson fällt oben im Eingangspavillon besonders auf. Über den Rolltreppen installierte man eine Skulpturengruppe, die Werktätige bei einer Propagandafeier zeigt: Alle Figuren blicken fasziniert auf ein Podest in der Mitte der Komposition – doch das ist leer! Für diesen Anblick ist allerdings mit einem Metro-Jeton zu bezahlen. Wer mit der Rolltreppe nach oben fährt, muss die Station verlassen und erneut betreten. Unterirdisch wird sie durch viele Hammer-und-Sichel-Lüftungsgitter sowie Reliefs geschmückt, die Vertreter zwölf verschiedener Berufsgruppen zeigen – vom Pferdezüchter bis zum Textilarbeiter.

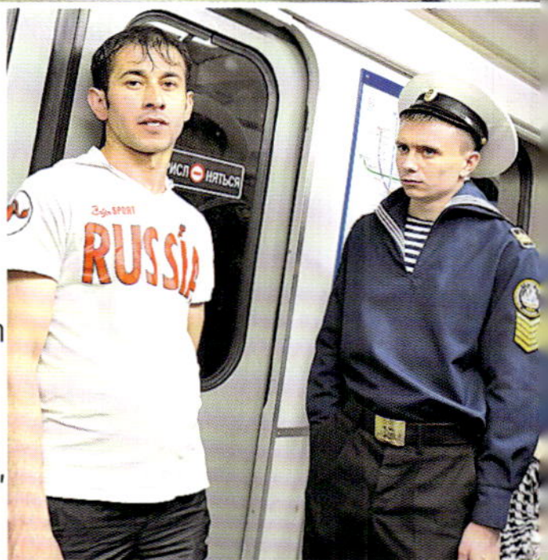

Kirowski Sawod

Ein Hohelied auf die Schwerindustrie singt die nächste Station Kirowski Sawod. An jeder Säule ist ein aufwendig gestalteter Wappenschild aus poliertem Aluminium für eine von vier Branchen angebracht: Ölförderung, Kohlebergbau, Metallurgie und Elektrizitätserzeugung.

Awtowo

Für Awtowo – 1955 war hier die Endstation – hatten sich die sowjetischen Designer etwas Besonderes überlegt: Sie verkleideten die Säulen mit aus Glas gegossenen Kacheln, die aufgrund ihres Schliffs auf

Oben: Stalinistischer Sowjet-Chic vom Feinsten: die einstige Endstation Awtowo
Mitte: Die Metro ist das volksnaheste Verkehrsmittel Petersburgs.
Unten: Die Figurenreliefs in der Station Narwskaja symbolisieren die Arbeitswelt.

Oben: Marmorböden und Mosaiken: Die Metrolinie 1 machte Nahverkehr zum Kulterlebnis.
Mitte: So leer sind die U-Bahn-Stationen nur am späten Abend.
Unten: Unter freiem Himmel lässt sich am Warschauer Bahnhof Bahngeschichte studieren.

der Innenseite undurchsichtig sind und das Licht reflektieren. Bis zur Metroeröffnung konnten allerdings nur 16 von 46 Säulen fertiggestellt werden. Doch die aufwendige Stuckkassettendecke und die Kronleuchter sorgen auch so schon für ein geradezu festliches Ambiente – das jäh gestört wird, wenn ein profaner Zug einrollt.

Tiefste U-Bahn der Welt

Als fünften und letzten Bahnhof schloss man den Finnländischen Bahnhof 1958 an das Metronetz an. Da die Linie wegen der Querung der Newa besonders tief verlegt werden musste, verfügen die beiden Stationen Tschernyschewskaja und Ploschtschad Lenina über die damals längsten Rolltreppen der Welt. Sie sind etwa 140 Meter lang und führen 66 Meter in die Tiefe. Wegen des weichen Bodens liegen die anderen Stationen 40 bis 55 Meter unter der Erde – was aber ausreicht, um die Petersburger Metro zum durchschnittlich tiefsten U-Bahn-System der Welt zu machen.

Oktoberbahnmuseum

Auch zum Bahnfahren über der Erde hat Petersburg einiges zu bieten. Davon kann man sich im Oktoberbahnmuseum überzeugen (Oktober-Eisenbahn heißt die Petersburger Regionalverwaltung der Russischen Staatsbahn). Es befindet sich auf den Gleisen hinter dem 2001 stillgelegten Warschauer Bahnhof. Etwa 80 vorbildlich restaurierte Waggons und Loks, die älteste ist von 1902, sind hier aufgereiht. Leider kann man sie nur von außen besichtigen. Einige Exponate demonstrieren auch die militärische Tauglichkeit der Bahn. Neben einem mächtigen Eisenbahngeschütz aus dem Zweiten Weltkrieg ist auch ein Produkt des Kalten Krieges aufgefahren: eine Abschussrampe für Atomraketen, getarnt als Zug mit Kühlwaggons.

Infos und Adressen

SEHENSWÜRDIGKEITEN

Oktoberbahnmuseum (Musej Oktjabrskoi shelesnoi dorogi). Apr.–Okt. Mi–So 10–17, Nov.–März 11 bis 16 Uhr, Obwodny Kanal 118, Metro 1: Baltijskaja, Tel. 812/436 34 48, www.railway-museum.ru

ESSEN UND TRINKEN

Dastarchan. Orientalische Küche, solide und stilvoll präsentiert. Das Restaurant »Gültschataj« nebenan hat das gleiche Menü, aber höhere Preise. Tgl. 11–2 Uhr, Sagorodny Pr. 70, Metro 1 und 2: Technologitscheski Institut, Tel. 812/573 02 30, www.triton-restoran.ru

Sportpub84. Deftig essen, gut trinken und dabei Fußball schauen – so ist die Ausrichtung des Lokals im Untergeschoss des Warschauer Bahnhofs. Tgl. 12–23 Uhr, Obwodny Kanal 118, Metro 1: Baltijskaja, Tel. 812/333 10 43, www.sportpub84.ru

ÜBERNACHTEN

Neptun. Als Kompensation für die triste Lage gibt es einen 25-Meter-Pool und recht günstige Einzelzimmer. Nab. Obwodnogo kanala 93 a, Metro 1: Puschkinskaja, Tel. 812/324 46 10, www.neptun.spb.ru

Hotel Stanzija. Frische Sechs-Zimmer-Herberge mit dem nötigen Komfort, aber auch nicht mehr. Gorochowaja Ul. 73, Tel. 812/748 21 38, www.station-hotels.ru

AUSGEHEN

Sal Oshidanija. Der »Wartesaal« ist ein solider Konzertklub im Spektrum von Pop bis Punk. Er verfügt im hinteren Teil des Warschauer Bahnhofs über einen eigenen Eingang. Konzertbeginn meist 20 Uhr, Obwodny Kanal 118, Metro 1: Baltijskaja, Tel. 812/333 10 68, www.clubzal.ru

EINKAUFEN

Warschawski Express. Einkaufszentrum im alten Warschauer Bahnhof. Tgl. 10–22 Uhr, Obwodny Kanal 118, Metro 1: Baltijskaja, www.vokzala.net

Gebauter Fortschrittsglauben: das Ratsgebäude des Kirow-Stadtteils

36 Bauten des Konstruktivismus

Avantgarde-Architektur am Narwa-Tor

In den 1920er-Jahren wurde am Narwa-Tor, damals am Stadtrand gelegen, ein revolutionäres Stadtviertel errichtet: Auch in der Architektur sollten sich hier der Fortschrittsglaube und die neue kommunistische Ideologie manifestieren. Bis heute bestimmt der dem Bauhausstil ähnliche frühsowjetische Konstruktivismus das Stadtbild dieses ansonsten schlichten, von Industriegebieten umgebenen Arbeiterviertels.

Die Wohnungsnot war damals nach Krieg, Revolution und Bürgerkrieg schrecklich, der Mangel an Geld und Baumaterial groß. Unter diesen schwierigen Umständen entstand nahe einer riesigen Rüstungsschmiede, dem Putilow-Werk (heute Kirow-Werk), ein kommunistischer Musterstadtteil. Doch dem »Konstruktivismus« genannten Baustil war nur eine kurze Blüte vergönnt: Schon in den frühen 1930er-Jahren wurde der »Sozialistische Realismus« gegen den avantgardistischen Elan der Kunstschaffenden brutal durchgesetzt. In der russischen Architektur triumphierte daraufhin für zwei Jahrzehnte der heute als »Zuckerbäckerstil« eher belächelte Stein gewordene Stalinismus.

Narwa-Tor

Dreh- und Angelpunkt des Viertels ist mit dem Narwa-Tor (1827–1834) jedoch ein Monumentalbauwerk aus einer deutlich früheren Epoche. 1814 hatte man hier zur Begrüßung der zurückkehrenden Truppen, die im »Vaterländischen

Krieg« Napoleon geschlagen hatten, einen hölzernen Triumphbogen errichtet. Einige Jahre später ersetzte Baumeister Wassili Stassow (1769 bis 1848) den inzwischen maroden Holzbogen durch einen steinernen. Er wählte ein klassisch römisches Design, das sich durch seine Verkleidung mit Kupferblechen heute in kräftigem Grün präsentiert. Gekrönt wird der Bau durch die Ruhmesgöttin Fama in ihrem sechsspännigen Wagen. Über dem Torbogen befindet sich in einem fensterlosen Raum ein kleines Museum, in dem militärgeschichtliche Sonderausstellungen gezeigt werden – wer sich dafür nicht interessiert, kann sich den Aufstieg über die schmale Wendeltreppe getrost sparen.

Soziale Modellsiedlung

Direkt neben der Metrostation Narwskaja erhebt sich mit dem Gorki-Kulturpalast (1925–1927) das erste Konstruktivismusgebäude auf einem kleinen Architekturrundgang um den Platz der Streiks (Ploschtschad Statschek) und das Narwa-Tor. Das Foyer des runden Saalbaus mit seinen 2200 Zuschauerplätzen wird durch eine hohe Glasfassade erhellt – nicht umsonst sind im Russischen die Worte für »Aufklärung« und »Beleuchtung« nah verwandt.

Etwa 200 Meter weiter südlich zweigt nach links die unscheinbare Traktornaja Uliza ab. Ihre 16 Wohnhäuser bildeten eine Arbeitermodellsiedlung – so fortschrittlich wie die just damals nebenan im Putilow-Werk begonnene Traktorenproduktion. Bäder gab es keine, denn Badewannen und Waschbecken wurden in Sowjet-Russland damals nicht hergestellt. Originell sind die dynamischen Halbbögen der Hofeinfahrten zwischen den Häusern. Asymmetrisch ist auch der gesamte Grundriss der Siedlung.

AUTORENTIPP!

GEMÄCHLICHE ANREISE

Wenn der Petersburg-Aufenthalt in aller Ruhe beginnen soll, empfiehlt sich die Anreise mit einer Frachtfähre von Finnlines: Statt der zwei Stunden im Flieger schippert man so von Lübeck in drei Nächten und zwei Tagen seinem Ziel entgegen. Kreuzfahrt-Remmidemmi gibt es hier nicht, dafür einfach viel Ruhe und meist nur eine Handvoll Mitreisende. Vollpension, großzügige 20-Quadratmeter-Außenkabinen und ein Plausch mit der Crew sind Standard. Sperriges Gepäck, ein Auto oder Zweirad können problemlos mitgenommen werden. Und auch Hunde sind an Bord willkommen. Die RoRo-Frachtfähren legen im Frachthafen und nicht im neuen Passagierhafen auf der Wassili-Insel an.

Finnlines.
Tel. 0049/45 02/ 80 54 43,
www.finnlines.com

Oben: Runde Ecken und lange Fensterbänder sind Markenzeichen des Konstruktivismus.
Unten: Dieses Schulhaus hat ein Teleskop auf dem Dach und Sowjet-Symbolik im Grundriss.

Im Grundriss Hammer und Sichel

Den südlichen Abschluss des weiten Platzareals bildet das flache Betongebäude des Rats des Kirow-Stadtteils (1930–1935). Sein markanter, 50 Meter hoher Turm mit einem Kamm aus Balkonen auf jeder Etage kontrastiert dynamisch mit den ruhigen langen Fensterbändern und den zwei runden Gebäudeteilen. Architekt Noj Trozki (1895–1940) war auch an der Gestaltung des Denkmals für den ermordeten Leningrader Parteichef Sergej Kirow (1886–1934) beteiligt, das auf dem Platz vor dem bis heute als Stadtteilrathaus dienenden Bau steht.

Auf der anderen Straßenseite des beginnenden Prospekts Statschek stehen zwei weitere konstruktivistische Gebäude: zunächst unter Hausnummer 5 ein Schulhaus (1927), auf dessen Turm ein Observatorium untergebracht ist. Der lebhafte Grundriss aus runden, eckigen und gebogenen Elementen scheint willkürlich, ist aber hochgradig symbolisch: Er erinnert an Hammer und Sichel! Zwei Häuser weiter, fast schon wieder auf Höhe des Narwa-Tors, steht das Kirow-Warenhaus (1931), dem im hinteren Gebäudeflügel eine Großküche angegliedert war. Hier wurde die Bevölkerung des ganzen Stadtteils bekocht und abgespeist.

Infos und Adressen

SEHENSWÜRDIGKEITEN

Narwa-Tor (Narwskije triumfalnije worota). Mi bis So 11–17 Uhr, letzter Mi im Monat geschlossen, Pl. Statschek, www.gmgs.ru/expoz/narvor

ESSEN UND TRINKEN

Stolowaja Kopejka Nr. 1. Sehr günstige, aber dennoch komfortable Cafeteria mit großer Auswahl an schmackhafter Hausmannskost. Im Obergeschoss gibt es eine Bar. Tgl. 0–24 Uhr, Staro-Petergofski Pr. 45, Tel. 812/401 48 03.

Frikadelki. Selbstbedienungsrestaurant mit günstigen Preisen im Kirowski-Kaufhaus. Tgl. 8.30–22 Uhr, Eingang Promyschlennaja Ul. 1, Tel. 981/785 12 42.

Tscherdak. Nette Kneipe mit gutem Menü. Tgl. 11–23.30, Sa/So ab 12 Uhr, Staro-Petergofski Pr. 54, Tel. 812/252 69 08, www.cherdakcafe.ru

ÜBERNACHTEN

Hotel Annushka. Schlafgelegenheiten aller Kategorien – von der Koje im Mehrbettzimmer bis hin zur geräumigen Suite. Das Hotel liegt am Haupttor des Hafens – zur Metro ist es von hier sehr weit. Ul. Gapsalskaja 2, Bus 22, 43 und 71, Tel. 812/703 30 90, www.annhotel.ru

Hotel Junost. Günstige Herberge für Budget-Traveller, ideal für Jugendgruppen. Es gibt auch schlichte Doppelzimmer mit eigenem Bad. Bumashnaja Ul. 7, Tel. 812/786 35 44, www.hotel-younost.ru

EINKAUFEN

Galereja 1814. Shoppingcenter mit Outletläden von Ketten wie Ostin und Sportmaster. Tgl. 10–22 Uhr, Pl. Statschek 7, www.galereja1814.com

Kirowski Univermag. Kleine Shoppingmall mit gut gemischtem Alltagssortiment. Mo–Sa 10–21, So 11–20 Uhr, Pl. Statschek 9, www.kirovskiy.ru

INFORMATION

Am Ploschtschad Statschek direkt neben dem Narwa-Tor befindet sich die Metrostation Narwskaja (Linie 1).

Grün wie Siegeslorbeer erinnert das Narwa-Tor an den Triumph über Napoleon.

Höhlenmalerei auf Hightech-Fassade: das moderne Gesicht der Eremitage

37 Eremitage-Depot
Der Kunstbunker in Staraja Derewnja

Der Stadtteil »Altes Dorf« hat zwar einen romantischen Namen, besteht aber in erster Linie aus Wohnblöcken und einem Gewerbegebiet. Dennoch gibt es hier eine hochkarätige Kulturattraktion: das Museumsdepot der Eremitage, einen hochmodernen Sicherheitstrakt für wertvolle wie auch sperrige Kunstwerke. Eine zweite Attraktion ist noch am Wachsen: Gazprom baut in dem Viertel einen 463 Meter hohen Wolkenkratzer.

Wo bitte geht es zur Eremitage-Filiale? Rund um die Metrostation Staraja Derewnja gibt es nur Shoppingcenter, Parkplätze und Nahverkehrshaltestellen. Gegenüber der Metro erhebt sich der große Einkaufs- und Bürokomplex Gulliver – und gleich dahinter hat die Eremitage 2003 ihre hypermoderne Vorstadtniederlassung eröffnet. Russlands führendes Kunstmuseum brauchte zur fachgerechten Unterbringung und Betreuung seiner über drei Millionen Exponate dringend eine moderne Außenstelle, denn in den alten Palasträumen der Stadtmitte war eine Lagerung mit korrekter Klimatisierung und vollem Feuerschutz nicht für alle Objekte zu gewährleisten.

Ein Museum im eigentlichen Sinne ist das »Restaurations- und Depotzentrum der Staatlichen Eremitage« deshalb nicht, kann aber besichtigt werden. Dies geschieht allerdings streng reglementiert: Pro Tag finden vier Führungen (nur in russischer Sprache) mit begrenzter Teilnehmerzahl statt. Besucher sollten deshalb vorher telefonisch anfragen, ob zum Wunschtermin noch Plätze frei sind.

Zarenkutschen und Sultanszelt

Auf einer einen Kilometer langen Route durch fünf Etagen bekommt man zunächst die Kollektion der Zarenkutschen zu sehen – die goldglänzenden Luxuskarossen der russischen Monarchen stehen in einer zweistöckigen Halle. Nächster Halt ist das »Teppich-Theater«: Acht riesige Prachtteppiche können auf Knopfdruck aus dem Archiv gezogen werden, da sie in einer Rollvorrichtung hängend gelagert sind. Von innen wie außen hinter Glas zu betrachten ist ein Prunkzelt aus Kaschmirwolle, das der türkische Sultan Selim III. 1793 Zarin Katharina II. (1729–1796) zum Geschenk machte. Glasverkleidet ist auch der Korridor, der die Depotbesucher anschließend durch die große Möbelsammlung führt. Den Abschluss bilden Sammlungen russischer und westeuropäischer Kunst sowie die Orientabteilung. Ihr Stolz sind bis zu 1500 Jahre alte Fragmente von Höhlenmalereien aus buddhistischen Tempeln an der Seidenstraße.

Buddhistischer Tempel

Apropos – Petersburgs buddhistischer Tempel befindet sich ganz in der Nähe am Newa-Ufer: Er wurde 1915 eingeweiht, denn unter den in der Stadt lebenden Völkerschaften Russlands waren und sind auch buddhistische Kalmücken und Burjaten.

Gazprom-Turm

Fünf Kilometer weiter entsteht am Ufer der Ostsee gegenwärtig nichts weniger als das neue Wahrzeichen von St. Petersburg: Der Gaskonzern Gazprom baut hier das Lachta Center, einen gigantischen Wolkenkratzer. Ursprünglich war geplant, den Büroturm für Gazproms Ölgeschäfte nahe der Smolny-Kathedrale zu platzieren, doch Bürgerproteste verhinderten dies. 2018 soll das nadelförmige Haus fertiggestellt sein.

Vor dem 100 Jahre alten buddhistischen Tempel stehen Gebetsmühlen.

Infos und Adressen

SEHENSWÜRDIGKEITEN

Buddhistischer Tempel (Buddijski chram Dazan Gunsetschoinei). Do–Di 10–19 Uhr, Primorski Pr. 91, Tel. 981/755 96 05, www.dazan.spb.ru

Eremitage-Depot (Restawrazionno-chranitelski zentr Staraja Derewnja). Mi–So 11, 13, 13.30, 15.30 Uhr, Führungen nur auf Russisch, Ul. Sausadebnaja 37, Tel. 812/340 10 26, www.hermitage.ru

Lachta Center. Lachtinski Pr. 2, Straßenbahn 2, 19 und 48, www.proektvlahte.ru

ESSEN UND TRINKEN

Bali. Restaurant mit europäischer und japanischer Küche und einer großen Dachterrasse. Tgl. 11 Uhr bis zum letzten Gast, Ul. Sawuschkina 98, Tel. 812/331 56 69, www.balispb.ru

ÜBERNACHTEN

Antwerpen. Stilvolles Mini-Hotel im 17. Stock. Komendantski Pr. 17 k. 1, kv. 984, Metro 5: Komendantski Prospekt, Tel. 812/342 67 29, www.antwerpen-spb.ru

INFORMATION

Metrostation Staraja Derewnja (Linie 5).

Oben: »Mutter Heimat« steht trauernd über dem weiten Gräberfeld von Piskarjowskoje.
Unten: Die Grashügel verbergen die Gräber hunderttausender verhungerter Blockadeopfer.

38 Piskarjowskoje-Gedenkfriedhof

Das Gräberfeld der Blockade

Die zweifellos bedrückendste Sehenswürdigkeit von St. Petersburg ist der Piskarjowskoje-Friedhof im Nordosten der Stadt. Dort wurden während der Blockade im Zweiten Weltkrieg eine halbe Million Menschen in Massengräbern beerdigt. Die meisten von ihnen waren verhungert oder erfroren. Ein Mahnmal und ein kleines Museum erinnern an den verzweifelten Überlebenskampf und das Sterben in der Stadt.

Nirgendwo sonst wird das düsterste Kapitel in der Geschichte St. Petersburgs so anschaulich wie auf diesem Gräberfeld. Und nirgendwo sonst fühlen sich deutsche Besucher, die sich sonst von den vielen deutschen Namen unter den Baumeistern und Würdenträgern in der Historie der Stadt geschmeichelt fühlen dürfen, so unwohl angesichts des schier unfassbaren Verbrechens, das die Wehrmacht während der Blockade vom September 1941 bis zum Januar 1944 an den Bewohnern Leningrads verübte.

2,5 Millionen Menschen wurden damals in Leningrad eingekesselt. Im Süden verlief die Front fast am Stadtrand, nur im Norden und Osten war ein Hinterland von etwa 40 Kilometern Tiefe geblieben. Die einzige Verbindung zum Rest der Sowjetunion war die »Straße des Lebens« nach Osten zum Ladogasee – und weiter per Schiff, respektive im Winter mit Lastwagen über das Eis.

Wie viele Opfer die Blockade genau forderte, ist nicht mehr feststellbar. Bei den Nürnberger Prozessen 1945 hieß es, 16 747 Menschen seien durch

Artillerie- und Luftangriffe gestorben – und 632 253 an Hunger und Kälte. Mittlerweile gehen Historiker meist von einer Million Toten aus. Fast die Hälfte von ihnen, 420 000 Zivilisten und 70 000 Soldaten, wurden damals auf dem Piskarjowskoje-Friedhof verscharrt, die meisten in anonymen Massengräbern. Heute sind dies langgezogene, grasbewachsene Hügel, an deren Schmalseite lediglich ein Stein mit einer Jahreszahl steht.

Monument und Museum

Bis 1956 wurde die Nordwestecke des Friedhofs noch für Begräbnisse genutzt, dann gestaltete man das Areal zum Mahnmal um: Sein zentrales Element ist die 1960 aufgestellte Statue der »Mutter Heimat«. Auf der Wand dahinter ist ein Poem der Dichterin Olga Berggolz (1910–1975) eingemeißelt, dessen Zeile »Niemand ist vergessen, nichts ist vergessen« in der Folge zu einer landesweiten Losung beim Gedenken an den Krieg und seine Opfer wurde. Am Eingang zu dem permanent leise mit Trauermusik beschallten Komplex stehen zwei Steinpavillons, im rechten ist ein kleines Museum zur Blockade eingerichtet. Neben erschütternden Fotos und der 125-Gramm-Brotration der schlimmsten Blockadephase wird auch ein Faksimile des Notizbuchs gezeigt, in dem die damals zwölf Jahre alte Tanja Sawitschewa (1930–1944) nach und nach den Tod ihrer Angehörigen aufschrieb. Es endet mit »Alle sind gestorben. Nur Tanja ist übrig«.

Samson-Kathedrale

Auf der Wyborger Seite, dem einzigen nicht auf einer Insel gelegenen Stadtteil Alt-Petersburgs, gibt es ansonsten nur noch eine Sehenswürdigkeit: Die kleine Samson-Kathedrale (1740) gehört zu den ältesten Kirchen der Stadt und ist heute ein Museum.

Nur auf einem kleinen Teil des Friedhofs gibt es Grabsteine mit Namen.

Infos und Adressen

SEHENSWÜRDIGKEITEN

Piskarjowskoje-Gedenkfriedhof (Piskarjowskoje memorialnoje kladbischtsche). Museumspavillon: tgl. 9–18 Uhr, Friedhof: Herbst/Winter 9–18, Frühling/Sommer 9–21 Uhr, Prospekt Nepokorjonnych 72, Metro 1: Ploschtschad Mushestwa, weiter mit Bus 80, 123 oder 138, Tel. 812/297 57 16, www.pmemorial.ru

Samson-Kathedrale (Sampsoniewski sobor). Do–Di 10.30–18 Uhr, Gottesdienst tgl. 10, Sa/So 17 Uhr, Bolschoi Sampsoniewski Pr. 41, Metro 1: Wyborgskaja, Tel. 812/294 57 51, www.cathedral.ru

ESSEN UND TRINKEN

Kafe Karneval. Originelles Speisecafé mit Hausmannskost. Mo–Fr 8–23, Sa/So 10–22 Uhr, Bolschoi Sampsoniewski Pr. 47, Metro 1: Wyborgskaja, Tel. 812/602 21 69.

ÜBERNACHTEN

Hotel Orbita. City-fern, aber Metronah. Pr. Nepokorjonnych 4, Metro 1: Ploschtschad Mushestwa, Tel.812/313 10 75,www.slavhotels.ru

Oben: Nordrusslands alte Holzarchitektur wird in Bogoslowka fachkundig rekonstruiert.
Unten: Das Kaufmannshaus neben der Kirche sieht nur urig aus – es ist ein Neubau.

39 Bogoslowka

Alt-Russland aus Holz

Am südöstlichen Stadtrand stehen zwei Kirchen, jede für sich ist ein architektonisches Unikum: Die erst vor wenigen Jahren errichtete Mariä-Schutz-und-Fürbitte-Kirche ist der Nachbau einer nordrussischen Holzkirche mit unzählig vielen kleinen Kuppeln. Die historische Dreifaltigkeitskirche hingegen ist kreisrund – und verblüfft mit einem Glockenturm in Form einer Pyramide.

Wo heute die Metrostation Proletarskaja von industriellen Anlagen umgeben ist, stand im 18. Jahrhundert das Dorf Alexandrowskoje. Eigentümer der Siedlung war Fürst Alexander Wjasemski (1727–1793), unbestechlicher oberster Reichskassenwart unter Kaiserin Katharina II. (1729–1796).

Dreifaltigkeitskirche

Wjasemski hatte die originelle Idee, auf seinem Gut eine Kirche in der Form zweier traditioneller russischer Ostergebäcke zu bauen: dem Kulitsch, einem zylinderförmigen Kuchen, und der Pascha, einer in Pyramidenform gepressten Süßspeise.

Der extravaganten Aufträgen nicht abgeneigte Architekt Nikolaj Lwow (1753–1803) setzte die Idee um. 1790 wurde die Dreifaltigkeitskirche geweiht, wobei der Volksmund sie selbstverständlich nie anders als »Kulitsch i pascha« nannte. Der Bau ist eine Rotunde, umgeben von 16 dorischen Säulen. Das ungewöhnliche Aussehen des separat stehenden Glockenturms wird durch seine Verkleidung mit verzinkten Eisenblechen noch unterstrichen. Da die Kirche über keinen separaten Altarraum verfügte, wurde dieser 1858 als einstöckiges Gebäude angebaut – was die streng geometrische Grundidee leider verwässert.

Mariä-Schutz-und-Fürbitte-Kirche

Von der Existenz der Mariä-Schutz-und-Fürbitte-Kirche auf dem Landgut Bogoslowka etwa sechs Kilometer jenseits der Stadtgrenze wissen hingegen selbst viele Petersburger nichts. Dabei steht die von 25 schindelgedeckten Turmzwiebeln gekrönte achteckige Holzkirche in ihrer Originalität der als Weltkulturerbe anerkannten Verklärungskirche (1714) auf der Insel Kischi im Onegasee in nichts nach. Einen wichtigen Unterschied gibt es allerdings: Die idyllisch am Ufer der Newa gelegene Mariä-Schutz-und-Fürbitte-Kirche stammt aus dem 21. Jahrhundert.

Es handelt sich um den detailgetreuen Nachbau einer 1708 in Wytegra am Südufer des Onegasees errichteten Kirche, die vermutlich auf die Baumeister der berühmten Verklärungskirche zurückgeht. 1963 war dieses Wunderwerk der ohne Nägel auskommenden nordrussischen Holzarchitektur leider abgebrannt. Doch einige Jahre zuvor hatten Architekten das Bauwerk genau vermessen, sodass es nun anhand ihrer Pläne 400 Kilometer weiter westlich rekonstruiert werden konnte.

Hölzernes Freilichtmuseum

Neben der Kirche stehen ein hölzerner Glockenturm, eine Kapelle und ein altes Kaufmannshaus – alles umgeben von einer Klostermauer. Auch dies sind Nachbildungen historischer Holzarchitektur. Die Stiftung, die dies möglich machte, möchte mit der Zeit auch noch die Holzfestung von Kargopol sowie zwei Bauerndörfer rekonstruieren.

Pyramide als Glockenturm: Die Dreifaltigkeitskirche ist ein bauliches Unikum.

Infos und Adressen

SEHENSWÜRDIGKEITEN

Mariä-Schutz-und-Fürbitte-Kirche (Pokrowskaja zerkow). Mo–Fr 10 bis 17, Sa/So 10–19 Uhr, Gottesdienste tgl. 9 Uhr, Führungen zur Holzbaukunst Sa 13 Uhr (Anmeldung unter Tel. 812/229 30 30), Usadba Bogoslowka, Metro 3: Lomonossowskaja, weiter mit Bus 476 und K-476 bis Newski lesopark, Tel. 812/386 33 01, www.bogoslovka.ru

Dreifaltigkeitskirche (Zerkow Troizy Shiwonatschalnoi, »Kulitsch i Pascha«). Tgl. 9–19 Uhr, Pr. Obuchowskoi Oborony 235, Metro 3: Proletarskaja, Tel. 812/362 43 20.

ESSEN UND TRINKEN

Hansebier. Kleine pseudodeutsche Brauerei mit Gaststube. So–Do 12–2, Fr/Sa 12–5 Uhr, Iwanowskaja Ul. 8, Metro 3: Lomonossowskaja, Tel. 812/635 55 48, www.hansebier.ru

ÜBERNACHTEN

Galakt Hotel. Günstiges Zweisternehotel im schlichten Plattenbau. Manche Zimmer haben kein Bad. Bulvar Krasnych Sor 8, Metro 3: Lomonossowskaja, Tel. 812/335 25 85, www.galakt.ru

Oben: Posthume Denkmäler für Prominente schmücken den Wolkow-Friedhof.
Unten: Das Design mancher Grabmäler ist ungewöhnlich avantgardistisch.

40 Wolkow-Friedhof
Die Literatenstege

Der Wolkow-Friedhof ist einer der größten des alten Petersburg. Von anderen Gottesäckern unterscheidet ihn die »VIP-Abteilung«: An seiner Nordseite wurden im 19. und 20. Jahrhundert prominente und verdiente Zeitgenossen beigesetzt – mit entsprechend aufwendigen Grabmälern. Wegen der vielen Schriftsteller und Dichter unter den hier ruhenden Toten bekam er den Namen »Literatenstege«.

Der Wolkow-Friedhof wurde schon Mitte des 18. Jahrhunderts angelegt. Damals befand er sich ein gutes Stück vor der Stadt. Heute ist er jedoch eingekeilt zwischen alten Industriegebieten. Das Umfeld ist also eher trostlos, umso angenehmer ist es, dass der uralte Friedhof groß und sehr dicht bewachsen ist. Zwar gibt es am Südrand die neue Metrostation Wolkowskaja. Doch da sein interessantester Teil im Norden liegt, steigt man besser eine Station früher aus und fährt mit der Straßenbahn weiter.

Poeten und Forscher

Der Begriff »Stege« war ursprünglich wörtlich zu verstehen. Der Friedhof war so sumpfig, dass die Wege zu den meisten Gräbern mit Holzstegen versehen wurden. Dass sich hier ein »Club der toten Dichter« versammelte, geht auf den Schriftsteller und Poeten Alexander Radischtschew (1749–1802) zurück, Autor des sozialkritischen Romans *Reise aus St. Petersburg nach Moskau*: Sein (nicht erhalten gebliebenes) Grab war die erste Ruhestätte eines bekannten Literaten. Mit der Zeit kamen in der Nähe weitere Gräber von

Publizisten, Poeten, Schriftstellern und Literaturkritikern hinzu – es entstand ein Schriftstellergässchen. So sind hier Iwan Turgenjew (1818 bis 1883) und Michail Saltikow-Schtschedrin (1826 bis 1889) beerdigt.

Da einige der bestatteten Autoren linke bis revolutionäre Ansichten vertreten hatten, wurden die Gräber auch während der Sowjetzeit gepflegt, als man viele Friedhöfe einebnete. Schon 1935 erklärte man den Prominentenfriedhof zum Museum. Bis heute ist er eine Filiale des »Museums für Städtische Skulptur«, das hier 500 Grabmäler als künstlerisch oder historisch wertvoll ausgewiesen hat.

Neben Schriftstellern wurden in dem Prominentenabschnitt auch zahlreiche in St. Petersburg tätige Wissenschaftler beigesetzt, deren Namen man vielleicht noch aus dem Schulunterricht kennt: der Erfinder des Periodensystems Dmitri Mendelejew (1834–1907), der durch seinen Hundeversuch bekannt gewordene Verhaltensforscher Iwan Pawlow (1849–1936) oder der Physiker Alexander Popow (1859–1905), den zumindest die russische Geschichtsschreibung zum Erfinder des Funks erklärt.

Lenins Familiengrab

Die beste Bestandsgarantie für die Literatenstege war jedoch immer das Familiengrab der Uljanows – also Gräber der nächsten Angehörigen vom Gründervater der Sowjetunion Wladimir Lenin (1870–1924). Hier fanden seine Mutter Maria Uljanowa (1835–1916) sowie seine Schwestern Anna (1864–1935) und Olga (1871–1891) ihre letzte Ruhe. Sollte Lenins Mumie eines Tages einmal aus dem Mausoleum auf dem Roten Platz in Moskau herausgeholt werden, wird er möglicherweise auf dem Wolkow-Friedhof bestattet. So jedenfalls war es sein Wunsch.

Auf den Gräbern mancher großer Geister kann man sich zum Sinnieren niederlassen.

Infos und Adressen

SEHENSWÜRDIGKEITEN

Literatenstege (Literatorskije mostki). Fr–Mi 11–17 Uhr, Rasstanaja Ul. 30, Straßenbahn 16, 25 oder 49 ab Metro 5: Obwodny Kanal, Tel. 812/766 23 83, www.gmgs.ru

ESSEN UND TRINKEN

PanIvan. Locker-flockige Bar, das Essen gibt es auch zum Mitnehmen. Tgl. 17–2 Uhr, Ligowski Pr. 233, Tel. 911/032 95 17.

ÜBERNACHTEN

City Hotel Comfitel. Das kleine freundliche Dreisternehotel verfügt über ein günstiges internes Restaurant. Ligowski Pr. 249, Metro 5: Obwodny Kanal, Tel. 812/346 50 70, www.comfitel.ru

AUSGEHEN

Metro Club. Größter Nachtklub der Stadt im Fabrikdesign über drei Etagen, sortiert nach Musikrichtungen. Tgl. 22–6 Uhr, Ligowski Pr. 174, Metro 5: Obwodny Kanal, Tel. 812/766 02 04, www.metroclub.ru

Vor dem bombastischen Haus der Sowjets steht ein energischer Bronze-Lenin.

41 Blockade-Monument
Moskowski Prospekt und Siegesplatz

Der Moskowski Prospekt ist für die meisten Petersburg-Besucher die erste Straße der Stadt, die sie erblicken: Neun Kilometer lang führt er schnurgerade vom südlichen Stadtrand ins Zentrum – über weite Strecken flankiert von Architektur aus der Stalin-Zeit. Den Beginn der Prachtstraße markiert ein eindrucksvolles Denkmal für die Opfer und die Verteidiger Leningrads während der Blockade im Zweiten Weltkrieg.

Der Prospekt war schon immer die wichtigste Einfallsstraße Petersburgs aus südlicher Richtung – nicht umsonst heißt er »Moskauer Prospekt«. Und kein Stadtzugang ohne Stadttor, sei es auch nur ein symbolisches. Für das alte Petersburg erfüllte diese Funktion das streng klassizistische Moskauer Tor (1838), das eigentlich ein Triumphbogen ist. Die gusseiserne Konstruktion wurde zur Feier des Sieges über die Türken 1829 von Architekt Wassili Stassow (1769–1848) errichtet.

Haus der Sowjets

Das heutige Tor ist allerdings eine Nachbildung, denn 1936 war das Original abgerissen worden. Die Sowjetführung hatte damals beschlossen, den Prospekt zu einer pompösen Stadteinfahrt im stalinistischen Stil umzugestalten. Auch das administrative Zentrum sollte aus der bourgois-adeligen Stadtmitte an den Beginn dieser monumentalen Magistrale verlegt werden. Auf freiem Feld baute man damals mit dem Haus der Sowjets das größte Verwaltungsgebäude im Land. Hinter seiner über

200 Meter langen Fassade befanden sich 700 Büroräume und ein Sitzungssaal für 3000 Delegierte. 1941, wenige Monate vor dem Beginn der Blockade, war es fertiggestellt worden.

Den einst für Aufmärsche und Paraden angelegten Platz vor dem Haus dominiert seit 1970 eine über 16 Meter hohe Lenin-Statue. Der Führer des Proletariats weist, seine typische Kappe in der Hand, mit dynamischer Geste den Weg in eine lichte Zukunft – vermeintlich, denn die Einheimischen lästern, er wolle nur ein Taxi herbeiwinken. Schließlich ist der Moskauer Platz ein äußerst lebhafter Verkehrsknotenpunkt. Etwas angenehmer wurde er erst durch üppig dimensionierte Wasserspiele (2006).

»Monument für die heldenhaften Verteidiger Leningrads«

Als neuen Stadteingang gestaltete man in den 1970er-Jahren im damals populären Betonstil den Platz des Sieges einen Kilometer weiter südlich. In der Mitte eines rauschenden Kreisverkehrovals befindet sich das »Monument für die heldenhaften Verteidiger Leningrads« (1975), das Hauptdenkmal für die schreckliche Zeit der Blockade im Zweiten Weltkrieg.

Der Ort dafür ist gut gewählt, denn die Front verlief nur wenige Kilometer entfernt im Bereich des heutigen Flughafens. Zentrales Element ist ein 46 Meter hoher Obelisk, davor eine eher standardisierte Skulptur »Arbeiter und Soldat«. Wer nur im Bus vorbeifährt, sieht zwar auch die beiden großen Figurengruppen, die förmlich zur Kampflinie stürmen, kann aber kaum deren eindrucksvolle Gestaltung beurteilen. Die Kämpfer, aber auch die Granaten gießenden Arbeiterinnen oder der Mann in Hut und Mantel beim Barrikadenbau sind allesamt ausgemergelte Gestalten: Die Kleidung flat-

AUTORENTIPP!

EIN TÖRTCHEN ALS KIRCHE

Zwischen Vorstadtbauten aus der Nachkriegszeit sind üblicherweise keine architektonischen Überraschungen zu erwarten. Die kleine Cesme-Kirche (1780) bietet sie dennoch. Schon ihr gotisch angehauchter Stil fällt aus dem Rahmen des Petersburg-Üblichen. Auch hat sie den Grundriss eines vierblättrigen Kleeblatts – und mit ihrer rosa-weiß gestreiften Fassade sowie den fünf Türmchen erinnert sie an das Werk eines Konditors. Doch es war der sonst so seriöse Baumeister Juri Velten, der auf Wunsch Katharinas II. (1729–1796) das ganze Ensemble schuf. Auf der anderen Straßenseite steht sein Cesme-Palast (1777), der dem Zarenhof als Rastplatz auf dem Weg nach Zarskoje Selo diente.

Cesme-Kirche (Tschesmenskaja zerkow). Gottesdienste Di–So 10 und Di, Sa, So 18 Uhr, Ul. Lensowjeta 12, Metro 2: Moskowskaja, www.chesma.spb.ru

Oben: Der gesprengte Blockadering ist das symbolische Zentralelement des Mahnmals.
Unten: Figuren von Arbeiter und Soldat bewachen den Obelisken am Stadteingang.

tert an ihren dürren Leibern. Ebenfalls von der Fahrbahn nicht sichtbar ist eine dramatische Skulptur im tiefer gelegten Gedenkhof: Sie zeigt Sterbende und Hungernde – nicht mehr heroisch, nur verzweifelt. Wie auch die anderen Figuren des Mahnmals ist dies ein Werk des Petersburger Bildhauers Michail Anikuschin (1917–1997).

Unterirdischer Museumssaal

Der den Hof umrahmende Metallring ist im Süden aufgesprengt – als Symbol für das Durchbrechen der 900 Tage andauernden eisernen Blockade. Den Überlebenswillen, aber auch das Elend und das Sterben in der von der deutschen Wehrmacht und der finnischen Armee eingekesselten Stadt dokumentiert eine Ausstellung im unterirdischen Gedenksaal. In Sarkophag-artigen Vitrinen sind Exponate aus der Blockadezeit ausgestellt, so etwa ein winziges, dünnes Vesperbrett, in das jemand den Text einbrannte: »Winter 1941. Hunger. Auf diesem Brett schnitten wir das Brot«.

Auf einer Leinwand laufen im Wechsel zwei Dokumentarfilme – einer mit russischem Text, der andere stumm. Man sollte sie sich unbedingt ansehen, denn diese Originalaufnahmen aus der von Hitler zum Tode verurteilten Millionenstadt gehen wirklich unter die Haut.

Infos und Adressen

SEHENSWÜRDIGKEITEN

Haus der Sowjets (Dom Sowjetow). Das heute als Business Center genutzte Gebäude ist nicht frei zugänglich. Moskowski Pr. 212, Metro 2: Moskowskaja.

Monument für die heldenhaften Verteidiger Leningrads (Monument geroitscheskim saschtschitnikam Leningrada). Gedenksaal Sa bis Mo, Do 10–18, Di/Fr 10–17 Uhr, letzter Di im Monat geschlossen, Pl. Pobedy, Zugang durch eine Fußgängerunterführung, Metro 2: Moskowskaja, Tel. 812/371 29 51, www.spbmuseum.ru

Moskauer Tor (Moskowskije triumfalnije worota). An der Einmündung des Ligowski Prospekt in den Moskowski Prospekt (bei Hausnummer 103), Metro 2: Moskowskije Worota.

Moskauer Siegespark (Moskowski park pobedy). Großer, gepflegter Park mit vielen Teichen – und einer bedrückenden Vergangenheit: Hier wurden zur Blockadezeit Hunderttausende Leichen in einer Ziegelei kremiert. Moskowski Prospekt an der Metrostation Park Pobedy (Linie 2).

ESSEN UND TRINKEN

Paulaner Bräuhaus. Fast wie in München! Tgl. 12–1 Uhr, Pl. Pobedy 1, Metro 2: Moskowskaja, Tel. 812/740 39 32.

ÜBERNACHTEN

Holiday Inn Moskovskie Vorota. Erst 2009 eröffnete das Hotel mit 557 Zimmern auf halbem Weg zwischen Zentrum und Flughafen. Moskowski Pr. 97, Metro 2: Moskowskije Worota, Tel. 812/448 71 71, www.hi-spb.com

INFORMATION

Am Moskowski Prospekt liegen sieben Metrostationen der Linie 2 (Sennaja Ploschtschad bis Moskowskaja). Auf ganzer Länge befährt der Bus K-3 den Prospekt. Die Straßenbahn 29 verkehrt zwischen den Metrostationen Moskowskije Worota und Moskowskaja.

Am Blockade-Monument scheinen die Schatten der Vergangenheit lebendig zu werden.

AUSFLÜGE

Vorangehende Doppelseite: Die Große Kaskade vor Schloss Peterhof
Oben: Erhabener Ausblick vom Schloss über die Große Kaskade und den Kanal zum Meer.

42 Peterhof

Russlands Versailles

Zarenschlösser gibt es einige in und um St. Petersburg – aber einen Schlosspark mit einer solchen Vielfalt an historischen Wasserspielen nur einmal. Zudem liegt die verschwenderisch mit Blattgold dekorierte barocke Pracht des Fontänenschlosses Peterhof direkt am Meer. Die von Peter dem Großen (1672–1725) begründete Prunkresidenz wird so zu einer famosen Synthese aus Landschaft, Wasser und Architektur.

Der Residenzvorort Peterhof liegt zwar 30 Kilometer von der Stadtmitte entfernt am Südufer des Finnischen Meerbusens – aber das ändert nichts an der Tatsache, dass das russische Versailles mit über vier Millionen Besuchern pro Jahr die meistbesuchte Sehenswürdigkeit der Stadt ist. Wenn an Sommerwochenenden auch viele einheimische Besucher kommen, ist das Gedränge heftig. Wer also frei disponieren kann, sollte sich einen Werktag für Peterhof vormerken.

MAL EHRLICH

RUBEL-FONTÄNEN

Ein Peterhof-Besuch geht richtig ins Geld – von der Anfahrt im Tragflügelboot (650 Rubel) über den Parkeintritt (500 Rubel), ohne den man nicht in den Palast (550 Rubel) kommt … Wer sparen möchte, nimmt also besser den Bus für ein Zehntel des Preises. Hat man den Winter- oder den Katharinenpalast im Programm, kann man auf den Großen Palast verzichten. Auch die Schatzkammer (500 Rubel) muss man nicht gesehen haben, denn die dortigen Pretiosen sind nur auf Russisch beschriftet.

Peters Drang zum Meer gab die Richtung vor, als sich der Stadtgründer nach seinem Sieg über die Schweden 1709 bei Poltawa Gedanken über den Bau einer repräsentativen Landresidenz zu machen begann. Er reservierte sich zwei Uferareale im Südwesten Petersburgs. Zeitgleich errichtete man für ihn ab 1714 in Strelna und im heutigen Peterhof je eine kleine Villa – und begann nebenan mit dem Bau von Schlössern.

Entscheidende Höhenmeter

1720 stellte sich jedoch heraus, dass sich nur in Peterhof der wichtigste Wunsch des Herrschers verwirklichen ließ: Er träumte – inspiriert durch einen Besuch in Versailles und Marly-le-Roi 1717 – von einer üppigen Fontänenlandschaft samt hoher Kaskade vor seinem neuen Lustschloss. Dem kam der 16 Meter hohe Abhang entgegen, auf dem heute der Palast thront. Und das nötige Wasser konnte dank des natürlichen Gefälles mittels eines 15 Kilometer langen Kanals aus dem Hinterland herangeführt werden – es brauchte aber 2000 Soldaten, um ihn auszuheben.

Schon 1723 wurde das Ensemble in seiner bis heute erhaltenen Grundstruktur feierlich eingeweiht: Vom Meer führt der Kanal bis direkt vor das Schloss – Peter liebte schließlich die Anreise von der See her. Zu beiden Seiten des Kanals plätschern auf 100 Hektar Fläche Springbrunnen, während sich vom Schloss zwei prachtvolle Kaskaden über künstliche Grotten abwärts ergießen.

Der Große Palast

Peters Tochter Kaiserin Elisabeth (1709–1762) war der Große Palast dann schon nicht mehr prächtig genug: 1747 bis 1756 wurde er durch ihren »Ober-Architektor« Bartolomeo Rastrelli (1700–1771) aus-

AUTORENTIPP!

PETERS LIEBLINGS-DATSCHA

Es gibt 15 Museen in und um Peterhof – alle schafft man nicht zu besichtigen, also muss man wählen: Das Lustschlösschen Monplaisir (»Meine Freude«) macht seinem Namen alle Ehre: Sein Kern ist das »holländische Häuschen« mit sieben Zimmern, das sich Peter der Große zwischen 1714 und 1723 als erstes Gebäude Peterhofs errichten ließ – wie er es liebte auf einem Landvorsprung direkt am Meer. Die mit blau-weißen Motivkacheln ausgekleidete Küche passt zu einem rustikalen Landhaus, während die sieben Zimmer vom puritanisch-eleganten Stil des Reformerzaren zeugen. In zwei später angesetzten, lichtdurchfluteten Galerien ließ er eine Sammlung flämischer und holländischer Meister aufhängen, die er von seinen Reisen mitgebracht hatte.

Monplaisir. Tgl. 10.30–18 Uhr außer letzter Mo im Monat, im Ostteil des Unteren Parks.

Auf der Landseite liegt vor Schloss Peterhof der akkurat gestutzte Obere Garten.

AUTORENTIPP!

»SCHLOSS PUTINHOF«

Anders als das zehn Kilometer westlich gelegene Peterhof wurde der kaum minder prächtige Konstantin-Palast (1720–1851) in Strelna nach dem Zweiten Weltkrieg nicht restauriert und verfiel. Doch das Dornröschenschloss fand seinen Prinzen im Kreml – und wurde wachgeküsst: Pünktlich zum 300. Stadtgeburtstag 2003 wurde es als nobel saniertes Kongresszentrum wieder eröffnet. Hier hält nun Wladimir Putin Hof, wenn hohe Gäste kommen. Der Palast war Schauplatz des G8-Gipfels 2006 und des G20-Gipfels 2013. Besichtigt werden kann er nur in geführten Gruppen, eine Vorbestellung auf der russischen Webseite ist ratsam.

Konstantin-Palast (Konstantinowski dworez). Strelna, Berjosowaja Alleja 3, Do–Di 10–18 Uhr (bei Tagungen geschlossen), Tel. 812/438 53 60, Anfahrt per Bus wie nach Peterhof oder mit der Straßenbahn 36, ww.konstantinpalace.ru

Blattgold und spritzendes Wasser sind die Hauptgestaltungselemente des Parks.

gebaut und erreichte nun auf der Seeseite eine Fassadenlänge von 268 Metern. 27 Räume können im Obergeschoss besichtigt werden – besonders beeindrucken, beide goldgleißend, der Tanzsaal und der Audienzsaal im Westflügel. Der Ostflügel beherbergt hingegen die kaiserlichen Wohn- und Arbeitsräume. Die meisten Interieurs sind im für Rastrellis Bauten typischen Spätbarock gehalten.

Im Mittelbau sind aus der Zeit Peters I. nur das Eichenkabinett sowie eine ebenfalls aus Eiche gefertigte Innentreppe erhalten geblieben. Unter Katharina II. (1729–1796) wurden hier nochmals Umbauten vorgenommen: Wie exotische Schatzkammern wirken die beiden chinesischen Kabinette, die Jean-Baptiste Vallin de la Mothe (1729 bis 1800) gestaltete – ebenso wie den Bildersaal, der dicht an dicht 368 Porträts junger Frauen zeigt.

Große Kaskade

Verbindungsglied zwischen Schloss und Park ist die Große Kaskade, eine Komposition aus Gold, Marmor, Tuffstein und dem aus 138 Düsen spritzenden Wasser. Ihre größte Veränderung gegenüber Peters Zeiten erlebte sie schon 1735, als im unteren Becken die Samson-Fontäne aufgestellt wurde. Der biblische Held, der einem Löwen das Maul aufreißt, war als Allegorie auf den Sieg über die Schweden gedacht.

Ein Ruinenfeld

Angesichts der heutigen Pracht ist kaum noch vorstellbar, dass Peterhof während des Zweiten Weltkriegs durch Artillerie und einen dreitägigen Brand fast vollständig zerstört worden war. Bevor deutsche Truppen im September 1941 das Palastareal besetzten, hatten Museumsmitarbeiter nur einen Teil des Inventars evakuieren können. Als

Idyllen jenseits von Park und Palast

Im nahen Umfeld Peterhofs gibt es noch andere Zarenresidenzen zu entdecken. Dieser etwa vier Kilometer lange, am Parkhaupteingang beginnende Weg kann auch mit dem Fahrrad zurückgelegt werden. Alle Objekte sind Di–So von 10.30–18 Uhr geöffnet.

A Auf Inseln im Olga-Teich stehen zwei ungewöhnliche Pavillons, zwischen 1842 und 1848 geschaffen von Andrej Stakenschneider für die Gattin und die Tochter von Nikolaus I. (1796–1855). Ein Damm führt zum Zarinnenpavillon, der einer pompejanischen Villa nachempfunden ist. Der über eine Schwimmbrücke erreichbare Olga-Pavillon zeigt sich im neapolitanischen Stil.

B Entlang der Hauptstraße geht es zum Eingang des Landschaftsparks Alexandria (tgl. 9–22 Uhr, ab 17 Uhr freier Eintritt), der die Sommerhäuser gleich zweier Zaren des 19. Jahrhunderts beherbergt. Rechts neben dem Tor befindet sich in der Telegrafenstation des Hofs (1859) ein rührend eingerichtetes Museum zur damals modernsten Kommunikationstechnik.

C Die Gotische Kapelle (1834) entstand nach einem Entwurf des Berliner Baumeisters Karl Friedrich Schinkel (1781–1841) als Hauskirche der Romanows.

D Der Landsitz Alexandria verfügte auch über einen Bauernhof. Kaiser Alexander II. (1818–1881) liebte die 1831 errichtete Farm ganz besonders und ließ sie mit der Zeit zu einer eleganten Datscha für seine zehnköpfige Familie ausbauen. Im Garten des perfekt restaurierten »Farmer-Palasts« steht eine rekonstruierte Spiel-Feuerwache.

E Wunderschöne Wege durch den Park führen zum Cottage (1829), der im britischen Stil gehaltenen Sommerresidenz von Nikolaus I. Ihren Garten schmücken im Sommer Palmen und riesige Agaven in Kübeln.

F Am Parkausgang kann man in einen Bus in Richtung Petersburg steigen.

G Besser ist jedoch die verdiente Rast im »Old Kitchen«, einem an Gemütlichkeit kaum zu überbietenden Gartenrestaurant im alten Wachhäuschen auf der anderen Straßenseite (tgl. 12–24 Uhr, Petergof, Sankt-Peterburgski Pr. 2, Tel. 812/970 17 66, www.old-kitchen.ru).

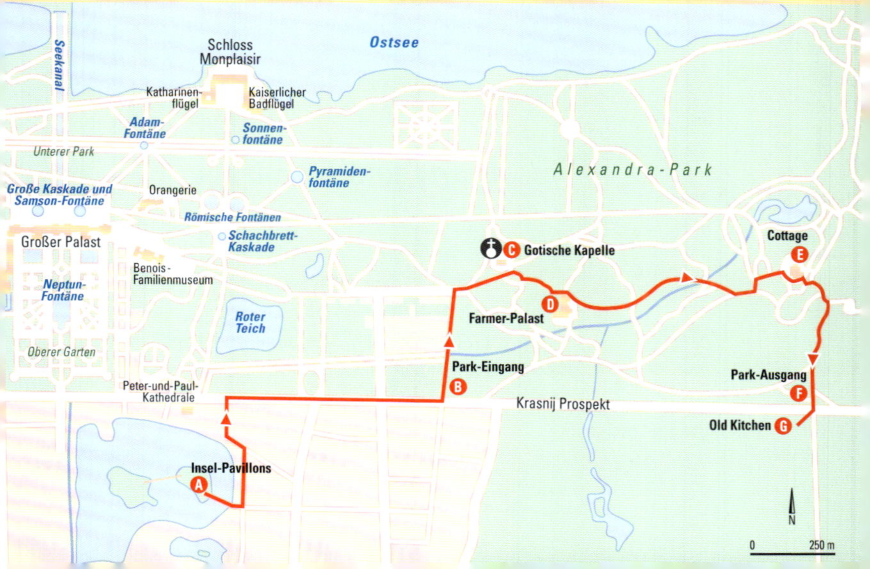

AUTORENTIPP!

KIRCHE MIT AUSBLICK
Wer mit dem Tragflügelboot nach Peterhof fährt, sieht ihre Spitze schon von Weitem: Hoch überragt die Peter-und-Paul-Kathedrale die Palastbauten. Ermattet von der Parkbesichtigung finden die wenigsten Besucher den nahen Weg zu dem farbenfrohen Gotteshaus, doch er lohnt sich, denn die im neorussischen Stil 1895 bis 1904 errichtete Kirche gehört zu den schönsten der Stadt: ausgemalt bis in die 70 Meter hohe Kuppel und umfasst von einem integrierten Kreuzgang. Gegen eine kleine Spende kann man auf die Kolonnade in halber Höhe aufsteigen. Durch die Fenster eröffnet sich ein weiter Rundblick – und an den Wänden hängen Info-Tafeln zur Geschichte des Bauwerks.

Peterhofer Peter-und-Paul-Kathedrale. Gottesdienste meist tgl. 10 und 17 Uhr, Kolonnade tgl. 10–20 Uhr, Petergof, Sankt-Peterburgski Pr. 32, www.spp-petergof.ru

In der weitläufigen Parkanlage findet der gestresste Geist des Großstädters Ruhe.

die Rote Armee im Januar 1944 Peterhof wieder einnahm, standen vom Palast nur noch die nackten Wände, die Pavillons waren geplündert oder gesprengt. Der Park glich einem Schlachtfeld, kein einziger Springbrunnen war heil geblieben.

Doch schon 1946 ging die Große Kaskade wieder partiell in Betrieb, 1947 wurde eine Neuanfertigung der verloren gegangenen Samson-Skulptur aufgestellt. Seither haben Restauratoren mit enormen Anstrengungen faktisch die gesamte Residenz wieder hergestellt. Mittlerweile ist das staatseigene Museum auch dazu übergegangen, die noch vorhandenen, bis zu 300 Jahre alten Marmorstatuen durch Kopien zu ersetzen.

Unterer Park

Beide Hälften des linear strukturierten Parks verfügen über je eine große Kaskade am Hang sowie ein Schlösschen als Mittelpunkt. Der Ostteil ist tendenziell etwas dichter mit Bäumen bestanden und enthält diverse Wasserspiele, der Westteil ist luftiger und öffnet sich stärker hin zum Meer. Dafür steht hier mit der Löwenkaskade (1855) von Andrej Stakenschneider (1802–1865) die wohl eleganteste Fontänenanlage. Insgesamt zählt der Park 25 historische Brunnen.

Marly und Eremitage

Zentrum des Westteils ist das von Fischteichen umgebene Schlösschen Marly (1722). Ungewöhnlich ist, dass es nicht über wenigstens einen großen Saal verfügt. In seinen vielen kleineren Zimmern wurden seit Mitte des 18. Jahrhunderts Möbel, Bilder und Objekte von Peter dem Großen aufbewahrt.

Origineller ist der Pavillon Eremitage (1725), dessen ganzes Obergeschoss ein intimer Speisesaal ist. Der Clou dabei: Am ovalen Esstisch konnte sowohl der zentrale Teil wie auch jeder der 14 Teller von den Bediensteten per Kurbeln ins Erdgeschoss herabgelassen werden, wo die Speisen neu angerichtet wurden. So blieben die honorigen Herrschaften beim Dinner unter sich. Eine Rekonstruktion des wundersamen Mechanismus ist seit 2009 zu bewundern.

Kaiserliche Duschbäder

Peters Schlösschen Monplaisir (siehe Autorentipp) als Ankerpunkt der Osthälfte bekam mit der Zeit zwei Anbauten: links den Katharinenflügel, in erster Linie ein Speisesaal, in dem heute ein einst 4500 Teile umfassendes Galaservice des Zarenhofs ausgestellt ist. Rechts schließt der Bäderflügel an, ein 1866 für eine Zarengattin eingerichtetes »Spa« für allerlei Wasserkuren.

Von hier aus landeinwärts stößt man zunächst auf Vogelvolieren und dann auf Spaßfontänen, die in Form harmloser Sitzbänke oder Bäumchen ahnungslose Flaneure durchnässen sollten – und heute für Kinder das Tollste an Peterhof sind.

Neptunbrunnen

Nach Verlassen des Unteren Parks lohnt noch der Weg in den Oberen Garten, denn der dortige zentrale Neptunbrunnen (1668) hat eine bewegte deutsch-russische Vergangenheit. Die Stadt Nürnberg hatte ihn nach dem Dreißigjährigen Krieg als Friedenssymbol zwar anfertigen lassen, aber aus Geldmangel nie aufgestellt. Deshalb wurde er 1797 an den Zarenhof verkauft. 1902 installierte man in Nürnberg einen Abguss, wobei das Original 1942 von der Wehrmacht als Kriegsbeute abtransportiert wurde. 1945 ging der Brunnen dann erneut aus Nürnberg nach Russland.

Oben: Uferpromenade: Hinter dieser romantischen Schutzmauer liegt die Ostsee.
Mitte: Wasserspeier gibt es in Peterhof in den verschiedensten Metamorphosen.
Unten: Kleine Dusche unter den Spaßfontänen

Infos und Adressen

SEHENSWÜRDIGKEITEN

Staatlicher Museumspark Peterhof. Peterhof, Sankt-Peterburgski Pr. 47, Tel. 812/450 52 87, www.peterhofmuseum.ru

Oberer Garten (Werchni sad). Tgl. 9–20 Uhr, zwischen Sankt-Peterburgski Prospekt und dem Palast.

Unterer Park (Nishni park). Tgl. 9–20 Uhr, im Winterhalbjahr kostenlos zugänglich; Fontänen Mai bis Mitte Okt. tgl. 10–18, Sa–So bis 19 Uhr; Große Kaskade und Samson-Brunnen ab 11 Uhr; Monplaisir, die Volieren und das Yacht-Museum sind erst ab Ende Mai zugänglich, Haupteingang Dworzowaja Pl. (rechts vom Palast).

Die Samson-Fontäne im runden Brunnenbecken ist das Herz des Peterhofer Parks.

Aus dem Unteren Park besteht Zugang zu:

Großer Palast (Bolschoi dworez). Für ausländische Individualbesucher nur Di–So 10.30–12 und 14.30–16.15 Uhr außer letzter Di im Monat.

Palastkirche (Zerkowny korpus). Unter den fünf goldenen Kuppeln verbirgt sich ein bis 2011 rekonstruiertes Meisterwerk von Rastrelli. Di–So 10.30–18 Uhr außer letzter Di im Monat.

Brunnenbaumuseum (Musej fontannogo dela). Multimediaausstellung im Ostflügel des Palasts. Di–So 10.30–18 Uhr.

Besondere Schatzkammer (Osobaja kladowaja). Tgl. 10.30–18 Uhr außer letzter Mi im Monat, im Westflügel des Palasts.

Grotten der Großen Kaskade (Groty bolschogo kaskada). In den Kunsthöhlen sind auch die Rohrsysteme der Kaskade zu sehen. Tgl. 11–18, Sa/So bis 19 Uhr.

Eremitage (Ermitash). Mi–Mo 10.30–18 Uhr (nur bei trockenem Wetter), Hubtisch-Vorführung 13, 14 und 15 Uhr.

Marly (Marli). Di–So 10.30–18 Uhr.

Katharinenflügel (Jekaterininski korpus). Tgl. 10.30–18 Uhr außer letzter Do im Monat.

Bäderflügel (Banny korpus). Do–Di 10.30–18 Uhr (nur bei trockenem Wetter).

Volieren (voljery). Do–Di 10.30–18 Uhr.

Museum »Kaiserliche Yachten« (Musej »Imperatorskije jachty«). Tgl. 10.30–18 Uhr.

Museen außerhalb des Parks:

Die Kurzweil der Herrscher (Gosudarewy potechi). Multimedia-Ausstellung zu Hoftheater, Feuerwerk, Landleben – und den Fahrrädern der Romanows. Di–So 10.30–17 Uhr, Peterhof, Ul. Prawlenskaja 1.

Museum der Familie Benois (Musej semi Benois). Ausstellung zum Leben und Werk einer russischen Künstlerdynastie. Di–So 12.30–17 Uhr, Peterhof, Dworzowaja Pl. 8.

Museum der Sammler (Musej kollekzionerow). Zwei große Privatkollektionen u.a. mit Meißener Porzellan. Di–So 12.30–17 Uhr, Peterhof, Ul. Prawlenskaja 11.

Palast Peters I. (Dworez Petra I). Des Zaren erste hölzerne Residenz (1716) in Strelna diente später als Zwischenstation auf dem Weg nach Peterhof. Di–So 10.30–18 Uhr, Strelna, Bolnitschnaja gorka 2.

ESSEN UND TRINKEN

Park. Im Park gibt es gute Selbstbedienungscafeterien mit Freiluftplätzen am Bootsanleger und im westlichen Parkteil. Wegen seiner stimmungsvollen Außenplätze empfehlenswert ist auch das Restaurant in der Großen Orangerie im östlichen Parkteil unweit des Palastes.

Café Vienna. Gutbürgerlich und gemütlich. Tgl. 11–23 Uhr, Peterhof, Sankt-Peterburgski Pr. 30, Tel. 812/427 94 47.

CoffeeLove. Mischung aus Diner im US-Stil und gediegenem Speisecafé – und ein klein wenig abseits des Touristenstroms. Tgl. 10–23, Fr/Sa bis 1 Uhr, Peterhof, Sankt-Peterburgski Pr. 41, Tel. 812/450 60 93.

ÜBERNACHTEN

Baltijskaja Swesda. Das Fünfsternehotel liegt ziemlich einsam neben dem Konstantin-Palast. Wer es sich leisten mag, kann auch eine der 20 Präsidentenvillen (je 1200 Quadratmeter!) anmieten. Strelna, Berjosowaja Alleja 3, Tel. 812/438 57 00, www.balticstar.ru

Der Schlosspark ist weitläufig – wie gut, dass es viele Bänke gibt!

Nowy Peterhof. Das in sechs Pavillons gegliederte moderne Luxushotel zwischen Palast und See verfügt über ein Schwimmbad und Spa-Bereich. Sein Pub »Duck & Drake« (tgl. 9–23 Uhr) bietet anspruchsvolle Küche. Peterhof, Sankt-Peterburgski Pr. 34, Tel. 812/319 10 10, www.new-peterhof.com

Samson. Solide saniertes Mittelklassehotel in einem stilvollen Altbau direkt gegenüber dem Schloss. Das hauseigene Kellerrestaurant hat auch Sitzplätze im Freien. Peterhof, Sankt-Peterburgski Pr. 44, Tel. 812/334 71 55, www.samson-hotel.ru

AKTIVITÄTEN

Fahrradverleih. Mo–Fr 11–21 Uhr, Sa/So 10–22 Uhr, Peterhof, Ul. Swerinskaja 6, Tel. 812/974 74 31, www.velorodeo.ru

INFORMATION

Anfahrt nach Peterhof mit dem Tragflügelboot. Mit nur 30 Minuten Dauer ist in den Sommermonaten die Anreise per Tragflügelboot die schnellste und komfortabelste. Abfahrt alle 15–30 Minuten von 10–17 Uhr, Rückfahrt bis 18 Uhr, zwei Anleger vor dem Winterpalast bzw. der Admiralität, Lemark-Marine bzw. Peterhof Express, www.boattrip.ru. Da die Boote direkt im Park anlegen, kommt man, ohne Eintritt zu bezahlen, nicht weiter!

Anfahrt nach Peterhof auf dem Landweg. Man startet am besten an der Metrostation Awtowo (Linie 1) mit den Bussen 200, 210, K-224, K-300 und K-424, die direkt vor dem Palast (Haltestelle Fontany) halten. Zur Rückfahrt kann man weitere Buslinien nutzen, die andere Metrostationen ansteuern. Die Anreise per Vorortzug vom Baltischen Bahnhof (Metro 1: Baltijskaja) bis zur Station Nowy Peterhof dauert etwa 45 Minuten. Von dort sind es noch 2,5 Kilometer zu Fuß, die man auch mit dem Bus (344, 351, 352, 355, 356) zurücklegen kann.

Oben: Der Chinesische Palast heißt nur so. Eigentlich ist er ein Rokoko-Refugium.
Unten: Ursprünglich war Oranienbaum der Landsitz von Fürst Menschikow.

43 Oranienbaum

Katharinas Datscha

Die stadtfernste der Zarenresidenzen an der Ostseeküste erstrahlt erst seit wenigen Jahren wieder in neuem Glanz – lange Zeit lag das Schloss von Oranienbaum halb verfallen im Schatten von Peterhof, Pawlowsk und Zarskoje Selo. Die eigentliche Attraktion des Schlossparks im Vorort Lomonossow ist allerdings der für Katharina II. (1729–1796) errichtete Chinesische Palast.

Im Gegensatz zu den anderen Zarenresidenzen im Petersburger Umland hatte Oranienbaum die Blockade Leningrads fast unbeschadet überstanden. Es lag im von den Sowjets gehaltenen »Brückenkopf von Oranienbaum«. Doch verfielen Palast und Park nach dem Zweiten Weltkrieg zusehends und bekamen ihre nötige Generalsanierung erst zum 300. Gründungsjahr St. Peterburgs im Jahr 2011.

Menschikow-Palast

Begründer von Oranienbaum war Fürst Alexander Menschikow (1673–1729). Für den Generalgouverneur von St. Petersburg lag dieser Platz für eine Landresidenz strategisch günstig: Er befand sich im näheren Umfeld der Zarenresidenz Peterhof, doch zugleich konnte Menschikow von hier leicht (nämlich per Fernglas) den ihm anvertrauten Bau der Festungsanlagen von Kronstadt auf der Insel Kotlin beobachten.

1720 war der Palast mit über 200 Metern Spannweite schon fertig – und wie in der Stadt war Menschikows Residenz zunächst prächtiger geraten als die des Zaren. Allerdings wurde vor dem

Palast keine Kaskade angelegt, sondern nur ein geometrisch gestalteter Park.

Das Drama um Peter III.

Zwei Jahrzehnte später wird das Schloss zum Schauplatz eines geschichtsträchtigen Ehedramas: Hier zieht der »junge Hof« ein – zwei 1745 im Stil der Zeit zwangsverheiratete junge Adelige aus Deutschland: Karl Peter Ullrich von Schleswig-Holstein-Gottorp, der spätere russische Kaiser Peter III. (1728–1762) und Sophie Auguste Friederike von Anhalt-Zerbst, die spätere Kaiserin Katharina II. (1729–1796). Der linkische, das Preußentum vergötternde Thronfolger und seine intellektuelle, bald bei Hofe gut vernetzte Gattin können sich jedoch nicht ausstehen und leben nebeneinander her. 1762 wird Peter III. zum Zaren gekrönt, aber nach nur einem halben Jahr durch eine Verschwörung gestürzt. Einige Tage später kommt er unter ungeklärten Umständen ums Leben, und seine Ehefrau wird an seiner statt für drei Jahrzehnte Herrscherin.

An Peters kurze Regentschaft erinnern keine Baudenkmäler – mit einer Ausnahme: Im Westteil des Schlossparks steht der kleine Palast Peters III. (1759–62). Zusammen mit einem Torturm ist er das einzige Relikt der Mini-Festung Peterstadt, die

AUTORENTIPP!

SEELUFT SCHNUPPERN

St. Petersburg liegt zwar am Meer – aber eine gemütliche maritime Atmosphäre findet man in der Stadt nicht. Wer gern am Pier sitzend auf alte Segler und Fischkutter schauen und den Möwen nachträumen will, muss deshalb bis in den Vorort Lomonossow hinausfahren. Im dortigen alten Hafen, gleich hinter dem Bahnhof, kann man sogar wohnen. Das »Häuschen am Anleger« ist ein günstiges 34-Zimmer-Hotel, wochenends zwar beliebt bei Hochzeitsgesellschaften, aber ansonsten ein stiller Ort. Die Außentische des Restaurants mit bodenständiger, fleischhaltiger Küche stehen faktisch auf der Mole. Ein wilder Sandstrand liegt gleich hinterm Haus – aber zum gepflegten Schlosspark von Oranienbaum sind es auch nur 15 Minuten zu Fuß.

Domik u pritschala. Lomonossow, Nab. Sidorowskogo kanala 3, Tel. 812/422 07 07, www.pierhouse.ru

Oben: Mit geschlossenen Fensterläden harrt der Chinesische Palast auf neue Besucher.
Mitte: Zum Lustwandeln gehört Erbauung an klassischen Skulpturen.
Unten: Im Park von Oranienbaum gibt es auch dschungelhaft verwachsene Bereiche.

sich der Thronfolger nach allen Regeln der Festungsbaukunst zum Kriegsspiel mit einem echten Holsteiner Regiment hatte anlegen lassen. Im Innern befindet sich eine Ausstellung zum kurzen Leben des Hausherrn.

Chinesischer Palast

Architekt Antonio Rinaldi (1710–1794) zeichnete auch für zwei weitere sehenswerte Gebäude verantwortlich, die errichtet wurden, als der Park anschließend zur »Eigenen Datscha« von Katharina der Großen avancierte. Der ursprünglich nur einstöckige Chinesische Palast (1762–68) ist bau- und kunstgeschichtlich einmalig – wegen seiner unschätzbar wertvollen Originalinterieurs und weil er das einzige komplett erhaltene Zeugnis des Rokoko in Russland ist.

Seinen Namen erhielt er wegen eines im chinesischen Stil gehaltenen Kabinetts. Doch auch die anderen Zimmer und Säle betören geradezu durch die Pracht ihrer Parkettböden, Stuckelemente und Deckengemälde. Weltweit einzigartig ist das Glasperlenkabinett. Seine Wandbespannungen sind mit farbigen Glasperlen dekoriert, die auf Wollfäden aufgezogen sind und dabei fantastisch glänzende Blumen- und Vogelmotive ergeben.

Die Rutschbahn

Originell ist auch der nicht zugängliche Rutschbahn-Pavillon (1762-74) von Rinaldi: Er war einst der Beginn einer hölzernen Berg-und-Tal-Bahn mit einer Ausgangshöhe von 20 Metern. Mit kleinen Wägelchen im Stil pompöser Kutschen, Gondeln oder gesattelter Tiere rauschte die höfische Gesellschaft von hier 500 Meter weit jauchzend durch den Park. Eine Schneise markiert den Verlauf der Bahn bis heute.

Infos und Adressen

SEHENSWÜRDIGKEITEN

Park Oranienbaum. Alle Paläste sind vom Park aus zugänglich. Fahrräder sind nur im Parkbereich unterhalb des Schlosses nicht erlaubt, Fahrradverleih am nordöstlichen Parkeingang, Bootsverleih am Teich. Tgl. 9–20 Uhr, ab 17 Uhr freier Eintritt, Lomonossow, Dworzowy Pr. 44, Tel. 812/450 52 87, www.peterhofmuseum.ru

Großer Menschikow-Palast (Bolschoi Menschikowski dworez). Nur Führungen, für Individualbesucher Mi–Mo 12.30–14.30 und 16.15–16.45 Uhr.

Chinesischer Palast (Kitaiski dworez). Nur Führungen, für Individualbesucher Mi–Mo 12–14.30, 16.15–16.45 Uhr.

Palast Peters III. (Dworez Petra III). Nur Führungen, für Individualbesucher Mi–Mo 10.30–12, 14.30–16.15 Uhr.

Steinerner Saal (Kamennoje salo). Der Mitte des 18. Jahrhunderts errichtete Konzertsaal wird für Sonderausstellungen genutzt. Mi–Mo 10.30–18 Uhr.

ESSEN UND TRINKEN

Ochota. Das im Jagdstil dekorierte Restaurant mit Gartenplätzen liegt direkt gegenüber dem Eingang zum Schlosspark. Tgl. 12–24 Uhr, Lomonossow, Dworzowy Pr. 65 a, Tel. 812/422 06 92.

Krasnaja Worona. Uriger Steampunk-Pub mit großen Essensportionen. Tgl. 12–2 Uhr, Lomonossow, Dworzowy Pr. 16, Tel. 812/422 54 80.

INFORMATION

Vom Baltischen Bahnhof (Metro 1: Baltijskaja) fahren Vorortzüge zur Station Oranienbaum I, von dort bleiben 500 Meter Fußweg bis zum Parkeingang. Alternativ kann man die Busse 200, K-300 oder K 424-a (ab Metro 1: Awtowo) nach Lomonossow nehmen. Bus 175 fährt vom Stadtzentrum in Kronstadt über den Flutschutzdamm nach Lomonossow.

Der Rutschbahn-Pavillon diente zu Katharinas Zeiten als Startrampe ins Vergnügen.

Barocke Pracht in Perfektion: der Katharinenpalast in Zarskoje Selo

44 Zarskoje Selo
Prunkschloss mit Bernsteinzimmer

Der Katharinenpalast ist die Zarenresidenz par excellence. Er ist der Mittelpunkt eines ganzen »Zarendorfes« im Süden vor den Toren St. Petersburgs – und die prunkvollste aller Schlossanlagen Russlands. Der größte Publikumsmagnet in diesem Komplex ist das mythenumrankte – weil spurlos verschwundene – Bernsteinzimmer, dessen erstaunliche Rekonstruktion seit 2003 im Palast zu bestaunen ist.

Der Katharinenpalast ist eng mit der Herrschaft dreier Zarinnen des 18. Jahrhunderts verbunden. Benannt wurde er nach Katharina I. (1684–1727). Für die Gattin und Nachfolgerin von Peter dem Großen (1672–1725) war auf dem Gelände eines ehemaligen schwedischen Gutes ab 1718 ein kleines, zweistöckiges Landschloss errichtet worden. Zu seinen Füßen wurde auf Geländestufen ein

MAL EHRLICH

KITSCH LASS NACH

Petersburger Souvenirstände sind eine harte Prüfung für Ästheten: Aus einem Meer von Matrioschkas und Kühlschrankmagneten ragen monströs geformte Kaffeebecher und Plastik-Fabergé-Eier hervor. Doch im Katharinenpalast wird ein Kontrapunkt gesetzt: Im Laden der Bernsteinwerkstatt stehen Werke von Profihand zum Verkauf. Viele kosten ein Vermögen, aber es gibt auch dünne Kettchen. Amber collection, Mi–Mo 10–17 Uhr, Puschkin, Sadowaja Ul. 7 (unter der Kirche), www.amberroom.ru

Park mit zwei Teichen angelegt – anders als das Schloss ist er im Prinzip noch erhalten.

Rastrelli und Cameron

Denn Peters und Katharinas Tochter Elisabeth (1709–1762) war dieses Ensemble zu unrepräsentativ. Nach ihrer Thronbesteigung 1742 ließ die bauwütige Herrscherin den Palast abreißen und einen neuen bauen. Doch keine zehn Jahre später war auch dieser nicht mehr gut genug. Zwischen 1752 und 1756 errichtete ihr viel beschäftigter Hofarchitekt Bartolomeo Rastrelli (1700–1771) auf seiner Basis einen Prunkbau mit einer 308 Meter langen Fassade.

Und schließlich schätzte auch die große Zarin Katharina II. (1729–1796) die Residenz in der Vorstadt Zarskoje Selo (die seit 1937 den Namen Puschkin trägt): Ihr schottischer Lieblingsarchitekt Charles Cameron (ca. 1743–1812) gestaltete nicht nur zahlreiche Innenräume im nunmehr modernen klassizistischen Stil, er schuf mit den Kalten Bädern und der Cameron-Galerie (1787) auch jenen tempelartigen Flügel, der sich als hocheleganter Riegel zwischen den alten regulären Park und den im Westen angrenzenden jüngeren Landschaftspark schiebt.

Im Krieg zerstört

An- und Umbauten gab es auch noch in späterer Zeit, aber im Prinzip ist das Meisterwerk Rastrellis und Camerons seither unangetastet geblieben – rein stilistisch, denn der Katharinenpalast wurde im Zweiten Weltkrieg durch Feuer und Beschuss verwüstet und von den deutschen Besatzern planmäßig ausgeplündert. In jahrzehntelanger Feinarbeit haben Restauratoren seither anhand von alten Bildern, Plänen und wenigen geretteten

AUTORENTIPP!

SCHLAFEN BEI ZARENS

Das »Jekaterina« ist ein dezentes Hotel garni ohne herausragende Merkmale: freundliche Rezeption, 28 gewöhnliche Zimmer und jeden Tag das gleiche monotone Frühstück. Aber das ist alles zweitrangig – denn die Lage ist einmalig. Das Hotel befindet sich in einem der beiden einstöckigen Nebenflügel, die bogenförmig die Rückseite des Katharinenpalasts umschließen. Wer Glück hat, schaut von der Bettkante auf die nachts illuminierte Fassade des Palasts, wer nicht, muss mit dem Blick auf den Parkplatz vorliebnehmen. Aber in jedem Fall ist dies die einzige Möglichkeit in St. Petersburg, in einem Zarenschloss zu wohnen. Und der Katharinen- wie auch der Alexanderpark beginnen vor dem Hoteleingang – ruhige Abendspaziergänge sind also garantiert.

Hotel Jekaterina. Puschkin, Ul.Sadowaja 5, Tel. 812/466 80 42, www.hotelekaterina.ru

AUTORENTIPP!

KATHARINAS LUXUS-APARTMENT

2013 eröffneten die aufwendig restaurierten Achatzimmer wieder ihre Pforten. In dem aus sieben Zimmern bestehenden Obergeschoss der Kalten Bäder hatte sich Katharina II. von ihrem Lieblingsarchitekten Charles Cameron in den 1780er-Jahren luxuriöse Wohnräume einrichten lassen. Der Hochadel begeisterte sich damals für die Antike wie auch für die Welt der Mineralien: Neben viel Marmor wurden 25 Tonnen verschiedener Schmucksteine – vor allem aus dem Ural – verbaut. Dunkelroter Achat schmückt zwar nur in zwei Kabinetten die Wände, gab aber den ganzen Gemächern ihre Namen. An Pracht und Exotik stehen sie dem Bernsteinzimmer in nichts nach.

Achatzimmer (Agatowyje komnaty). Ende Mai – Sept. Fr–Mi 10–19 Uhr, nur bei trockenem Wetter, Einlass alle 20 Minuten für Gruppen von 15 Personen, Kartenvorverkauf links vor dem Palast.

Bruchstücken fast alle der einmalig schönen Interieurs wieder rekonstruiert.

Großer Saal

Über eine erst 1860 überreich in Stuck und Marmor gefasste, strahlend weiße Paradetreppe betreten die Schlossbesucher das Obergeschoss, in dem sich die Festsäle und kaiserlichen Gemächer befinden. Nach zwei kleinen Ausstellungsräumen überwältigt sie dann der feierliche Große Saal. Die großen Fenster, die vielen Spiegel und die Komplett-Vergoldung des hochkomplexen barocken Schnitzwerks an den Wänden machen dieses Meisterwerk Rastrellis zu einem atemberaubenden Architekturerlebnis. Dazu trägt auch das 860 Quadratmeter große Deckengemälde »Triumph Russlands« (1753) bei. Aus der Saalmitte betrachtet erhöht es den Raum perspektivisch um ein weiteres Stockwerk.

Hinter dem Großen Saal schließen sich drei ebenfalls üppig in Gold ausgestattete Vorzimmer an. Zu Zeiten von Kaiserin Elisabeth betraten Gäste den Palast durch ein nicht mehr erhaltenes Treppenhaus im Südteil des Palasts – und gelangten erst nach Durchschreiten fünf derartiger Vorzimmer in den Großen Saal. An der Stelle des vierten Vorzimmers befindet sich jetzt der erst 2005 rekonstruierte Arabeskensaal. Er war der erste Raum der von Cameron ab 1780 hier und im angrenzenden Subow-Flügel eingerichteten Privatgemächer Katharinas II.

Goldene Enfilade

Gleichzeitig ist der in Türkis und Gold gehaltene Arabeskensaal der Beginn der Goldenen Enfilade, Rastrellis Schlüsselidee bei der Konzeption des Palasts: Die Durchgänge von einem Raum in den anderen sind auf der Hofseite des Palastes akkurat auf Linie gebracht. So ergeben die reich mit Gold-

Lustwandeln im Katharinenpark

Der Rundgang durch den Schlosspark klammert den französischen Park aus, führt aber durch die schönsten Teile des ab 1770 angelegten englischen Parks.

A An der Südwestseite des Palasts liegt der ab 1865 angelegte *Eigene Garten* mit einer lauschigen Galerie.

B Von hier geht es zum *Knarzenden Pavillon* (um 1780), so benannt wegen der Geräusche seiner Wetterfahne. Er ist im damals modischen chinesischen Stil gehalten – wie auch das nahe, aber jenseits der Parkgrenze liegende Chinesische Dorf.

C Vorbei an der *Ruinen-Küche* (gebaut unter Verwendung antiker Trümmer) gelangt man zum Konzertsaal (1780er-Jahre). Seinen Fußboden schmückt ein um das Jahr 200 n.Chr. in Rom angefertigtes Mosaik (Juni–Sept. Mi–So 11–18 Uhr).

D Von einer Granitterrasse (um 1850) öffnet sich ein Paradeblick auf den *Großen Teich*. Etwas tiefer versteckt sich rechts in einem Hain die Symbolfigur des Parks: Das angesichts seines zerbrochenen Krugs trauernde »Milchmädchen« (1816)

E Die *Marmorbrücke* wurde im Ural gefertigt und 1774 zerlegt nach Zarksoje Selo gebracht. Dahinter folgt eine Steinpyramide (1772), an der Katharina II. ihre Lieblingshunde bestatten ließ.

F Die *Türkische Banja* (1852), ein Badehaus im Stil einer Moschee, ist der jüngste Pavillon des Parks (Juni–Sept. Do–Di 11–19 Uhr).

G An einen Sieg über die türkische Flotte 1770 erinnert die 22 Meter hohe *Cesme-Säule* (1776). Sie steht frei im See, ist aber an den Saal auf der Insel angebunden (Fähre Mitte Mai – Sept. tgl. 11–19 Uhr).

H Die im holländischen Stil gehaltene Admiralität (1777) war ursprünglich ein Bootshaus.

AUTORENTIPP!

EIN PARK FÜR ENTDECKER
Die Gräber der Lieblingspferde der Zaren, ein seit dem Zweiten Weltkrieg in Ruinen liegendes Hoftheater, einen ehemaligen Stall für Lamas, den Turm einer Ritterburg und jenen einer verfallenen gotischen Kathedrale, von chinesischen Drachen bewachte Brücken und einen völlig zugewachsenen Aussichtsberg – lauter solche Absonderlichkeiten lassen sich im Alexanderpark entdecken. Anders als der Katharinenpark auf der anderen Seite des Palastes ist er frei zugänglich. Und selbst an Hochsaison-Wochenenden wirkt der sich über 1,5 Quadratkilometer erstreckende Park nie überfüllt. Fahrräder sind erlaubt – und angesichts der Weite des Geländes als Expeditionsfahrzeuge auch hilfreich.

Alexanderpark. Eingänge oberhalb des Lyzeums sowie gegenüber des Goldenen Tors auf der Rückseite des Katharinenpalastes

dekor und Putten umrahmten Türen dieser aus 22 Räumen bestehenden Zimmerflucht einen sich in der Ferne verlierenden goldschimmernden Gang.

Jenseits des Großen Saals führt die Enfilade zunächst durch mehrere nach Rastrellis Entwürfen gestaltete Räume aus der Zeit Elisabeths. Im Porträtsaal hängen Bilder der drei Kaiserinnen, die diesen Palast prägten. Danach folgt jener Raum, den manche (frühere wie heutige) Zeitgenossen trotz seiner überschaubaren Größe von nur 96 Quadratmetern in den Rang eines Weltwunders erhoben haben: das legendäre Bernsteinzimmer.

Bernsteinzimmer

Eine halbe Million passgenau auf Wandpaneele geklebte Plättchen aus Bernstein umgeben den Betrachter. Die Details sind von einer geradezu verstörenden Vielfalt und Kunstfertigkeit: Bilderrahmen und Ornamente, Figuren und Miniaturreliefs. Selbst filigrane Gravuren wurden in das halbtransparente erstarrte Harz geritzt, das in Farbtönungen von Gelb über Gold bis Rot Verwendung fand.

1979 hatte die sowjetische Regierung beschlossen, das im Krieg verschollene Bernsteinzimmer wieder aufleben zu lassen. Die Arbeiten gingen aber nur zäh voran, da es in den 1980er- und 1990er-Jahren an Geld und Material fehlte. 1999 sorgte die Ruhrgas AG dann mit einer Spende von 3,5 Millionen Dollar dafür, dass das Zimmer zum 300. Stadtgeburtstag 2003 fertiggestellt werden konnte.

1717 hatte Preußens Friedrich Wilhelm I. (1688–1740) Peter dem Großen das Bernsteinzimmer geschenkt. Der »Soldatenkönig« bekam im Gegenzug aus Russland 55 »lange Kerls« geliefert. 1755 wurde es zur Ausgestaltung des neuen Katharinenpalastes aus dem Winterpalast nach Zarskoje Selo überstellt. Da die Berliner Paneele nicht ausreichten, wurden die Sockel bis 1770 vor Ort in der gleichen Technik ergänzt. 1941 kam es dann zum wohl verhängnisvollsten Kunstraub der Geschichte: Die deutschen Besatzer demontierten das Wunderwerk, dessen Spuren sich 1945 in Königsberg verlieren.

Als zusätzlicher Schmuck der Bernsteinpracht dienen vier integrierte florentinische Mosaike aus der Zeit um 1750: Die aus farbigen Steinen zusammengesetzten Bilder sind allegorische Darstellungen der fünf Sinne Sehen, Hören, Schmecken sowie Fühlen und Riechen. Letzteres Mosaik ist als Einziges im Original erhalten: 1996 war das private Beutestück eines Landsers in Deutschland auf dem Kunstmarkt aufgetaucht. Zusammen mit einer ebenfalls originalen Kommode wurde es 2000 an Russland zurückgegeben. Die Bernsteinwerkstatt hatte zu diesem Zeitpunkt aber schon ihre Rekonstruktion des Bildes angefertigt – wie gut sie getroffen ist, kann man nun im Vergleich beider Mosaike selbst überprüfen.

Nach der auf das Bernsteinzimmer folgenden Bildergalerie wird die Raumflucht dann klassizistisch: Sie beherbergt Wohn- und Arbeitsräume von Katharinas Sohn, dem späteren Kaiser Paul I. (1754 bis 1801) sowie von Alexander I. (1777–1825).

Parkpavillons

Rastrellis Palastkirche ist noch nicht zugänglich. Dafür entschädigen im Park vor dem Schloss zwei Pavillons in dessen typischem Blau-Weiß-Stil: Die im Innern umgestaltete Grotte (1761) am See dient heute als Konzertsaal, während die luxuriöse Eremitage (1754) ein typischer Hightech-Ballsaal dieser Epoche ist: Wie in Peterhof gibt es auch hier Tische mit Hebemechanik für die den erlauchten Herrschaften servierten Speisen.

Oben: 24 Jahre Arbeit und viel Geld stecken in der Rekonstruktion des Bernsteinzimmers.
Mitte: Die Paradetreppe ist mit Rocaille-Ornamenten verziert.
Unten: 22 prachtvolle Palasträume säumen die Goldene Enfilade des Katharinenpalastes.

Infos und Adressen

SEHENSWÜRDIGKEITEN

Museumspark (Zarskoje selo). Puschkin, Sadowaja Ul. 7, Tel. 812/465 76 67, www.tzar.ru

Katharinenpark (Jekaterinski park). Tgl. 7–21, Kassen Apr.–Okt. 9–18 Uhr, ansonsten freier Zugang. An den Spiegelteichen vor dem Schloss beginnen im Sommer Mi–So 12.30–17 Uhr Rundfahrten mit Kutschen (7 bzw. 25 Minuten). An der Admiralität werden einstündige Rundfahrten mit Elektromobilen in Begleitung eines russischen Guides angeboten (tgl. 11–18, Juni–Aug. 12–19 Uhr), die auch die abgelegenen Winkel des Parks erschließen. Fremdsprachige Audioguides sind in Vorbereitung.

Glanz-Orgie dank Gold, vielen Spiegeln und Fenstern: der Große Saal

Aus dem Katharinenpark besteht Zugang zu:

Katharinenpalast (Jekaterinski dworez). Mi–So 10–18 Uhr, Mo 10–21 Uhr, Juni–Aug. für Individualbesucher 12–20 Uhr, letzter Mo im Monat geschlossen, deutscher Audioguide erhältlich. Nur für Palastbesucher besteht Zugang zu den Dauerausstellungen »Die Romanow-Dynastie in Zarskoje Selo« und »Zimmer im Gedenken an Alexander I.«

Pavillon Unteres Bad (Nishnaja wanna). Liebevoll gemachte Ausstellung zur Badekultur im 19. Jahrhundert. Ende Mai – Sept. Fr–Mi 11–19 Uhr.

Pavillon Oberes Bad (Werchnajaja wanna). Ende Mai – Sept. Do–Di 11–19 Uhr.

Pavillon Eremitage (Ermitash). Juni–Sept. Di–So 11–19 Uhr, nur bei trockenem Wetter, Vorführungen der Hubtische 12, 12.30, 15, 15.30 Uhr.

Pavillon Konzertsaal (Konzertny sal). Juni–Sept. Mi–So 11–18 Uhr.

Außerhalb des Katharinenparks:

Alexanderpalast (Alexandrowski dworez). Die Sommerresidenz des letzten russischen Zaren Nikolaus II. (1868–1918). Von hier schickten die Revolutionäre ihn und seine Familie in die Verbannung – und in den Tod. Mi–Mo 10–18 Uhr, letzter Mi im Monat geschlossen, Puschkin, Ul. Dworzowaja (etwa 500 Meter nördlich des Katharinenpalasts).

Ausstellung »Höfische Kutschen des 18. bis frühen 20. Jahrhunderts« (Pridworny ekipash). Do–Di 10–18 Uhr, letzter Di im Monat geschlossen, Puschkin, Sadowaja Ul. 8 (im Gebäude der Dienststallungen gegenüber dem Haupteingang des Parks).

Fjodor-Städtchen (Fjodorowski gorodok). Die zwischen 1913 und 1918 im Stil des Rostower Kremls (16. Jahrhundert) gebaute pittoreske Anlage liegt noch partiell in Ruinen. Sie befindet sich im Besitz der Kirche. Hier sollen eine Patriarchenresidenz und ein Museum eingerichtet werden. Nebenan steht die bereits sanierte Fjodor-Kathedrale (1912). Puschkin, Akademitscheski Pr. (etwa 500 Meter nördlich des Alexanderpalasts).

Lyzeum (Lizej). Zu den ersten Schülern des 1811 von Zar Alexander I. (1777–1825) begründeten Zarskoselsker Lyzeums für adlige Söhne gehörte auch der junge Alexander Puschkin (1799–1837). Hier machte er bereits mit kunstvollen Oden Furore. Im obersten Stock sind die spartanischen Kammern rekonstruiert, in denen die Eliteschüler lebten. Mi–Mo 10.30–18 Uhr, letzter Fr im Monat geschlossen, Puschkin, Sadowaja Ul. 2 (gelber Anbau des Katharinenpalasts), Tel. 812/476 64 11, www.museumpushkin.ru

Ratnaja Palata. In dem Gebäude im Stil Alt-Nowgoroder Architektur wird ein Museum zum Ersten Weltkrieg eingerichtet. Bei Redaktionsschluss noch nicht eröffnet. Puschkin, Fermskaja doroga (am Nordrand des Alexanderparks).

ESSEN UND TRINKEN

Bakenbardy. Rustikales Lokal in alten Mauern, nur einen Steinwurf vom Palast entfernt. Tgl. 10 bis 20 Uhr, Puschkin, Lizejski Per. 1, Tel. 812/996 02 35, www.bakenbardy.ru

Grand-Kafe Flora. Zum Teil in einem Wintergarten gelegenes Speisecafé mit der für russische Restaurants üblichen Riesenauswahl. Tgl. 12–6 Uhr, Puschkin, Oransherejnaja Ul. 2, Tel. 812/466 61 13, www.floracafe.spb.ru

Sotschi. 2014 eröffnete Cafeteria im entstehenden Gastro-Komplex »Gute Zeit«. Selbiger befindet sich in einem alten Wasserturm neben dem Palast – es soll auch eine Panoramabar geben. Tgl. 11 bis 23 Uhr, Lizejski Per. 7 (im Hof), Tel. 812/901 08 08, www.gutsait.ru

Zarskoselski Present. Schlosseigenes Selbstbedienungsrestaurant links des Goldenen Tors an der Rückseite des Palastes mit freiem Blick über den Paradeplatz. Es betreibt auch ein Museumscafé am Palasteingang sowie das Sommercafé vor dem Palast. Mi–Mo 10–18 Uhr, Tel. 812/451 92 22, www.palace-rest.ru

Ein Ständchen verkürzt den Palastbesuchern die Wartezeit.

Die Bernsteinwerkstatt des Schlosses fertigt heute hochwertigen Schmuck.

ÜBERNACHTEN

Natalie. Zehn Minuten Fußweg trennen dieses sympathische Neubauhotel vom Katharinenpalast. Die 47 Zimmer bieten Drei-Sterne-Komfort – wobei das Wohlbefinden durch einen Besuch des Spa-Bereichs mit Bassin, Whirlpool und türkischer wie finnischer Sauna gesteigert werden kann. Puschkin, Ul. Malaja 56, Tel. 812/466 27 68, www.hotelnatali.ru

INFORMATION

Zum Katharinenpalast in Puschkin kommt man am besten mit den Bussen K-342 oder K-545 von der Metrostation Moskowskaja (Linie 2), alternativ bietet sich der Bus 186 von der Metrostation Kuptschino (Linie 2) an. Man kann aber auch per Vorortzug vom Witebsker Bahnhof (35 Minuten) oder der Metrostation Kuptschino (15 Minuten) bis zum Bahnhof Zarskoje Selo fahren. Von dort sind es aber nochmals 2,5 Kilometer durch das Städtchen zu Fuß zum Palast – sofern man nicht in einen Bus (371, 377, 382) steigt.

Oben: Der Griechische Saal ist der prächtigste Raum der Zarenresidenz Pawlowsk.
Unten: Pompös, aber nicht ohne Gemütlichkeit: das Galaschlafzimmer der Zarin

45 Pawlowsk
Stilsichere Parkresidenz

Das Zarenschloss von Pawlowsk wirkt geradezu zierlich im Vergleich zum pompösen Katharinenpalast im nahen Zarskoje Selo. Doch verstecken muss es sich nicht, denn die Residenz von Paul I. (1754–1801) ist ein Höhepunkt kunstsinniger Architektur. Gestalterischer Feingeist verwandelte auch den angrenzenden Park in eine idyllische Landschaft – und dies auf rekordverdächtigen 5,5 Quadratkilometern Fläche.

»Zum Blätterrascheln nach Pawlowsk fahren« ist ein traditionelles Vergnügen der Petersburger an Herbstwochenenden. Schließlich ist der Park der Zarenresidenz an den Ufern des Flüsschens Slawijanka nicht nur eine riesige Frischluftoase, sondern auch ein Großkunstwerk der Gartenarchitektur.

Walzerklänge im Bahnhof

Und auch die Fahrtstrecke als solche hat Tradition: Das 27 Kilometer lange Gleis vom Witebsker

MAL EHRLICH

INS POSTHORN GEJAGT

Will man sich in Russland die Urlaubslaune verderben, muss man nur versuchen, eine Postkarte zu verschicken. Nach ihrem Erwerb geht schon der Ärger los: Wo gibt es Briefmarken? Nur in Postämtern. Wer weiß, wie viel das Porto kostet? Niemand – außer den Postbediensteten. Also heißt es Schlange stehen, was gut und gerne ein Stündchen kosten kann. Endlich an der Reihe, erfährt man, dass man sich am falschen Schalter angestellt hat. Oder dass er jetzt eine halbe Stunde »technologische Pause« hat.

Bahnhof nach Pawlowsk ist die älteste Bahnstrecke Russlands, eröffnet 1837. Der am Rand des Parks gelegene Pawlowsker Bahnhof war damals zugleich ein mondäner Tanz- und Konzertsaal, in dem zehn Saisons lang der Wiener Walzerkönig Johann Strauß (1825–1899) dirigierte.

Der Parkbereich namens »Großer Stern« und das Slawijanka-Tal wurden von Charles Cameron (ca. 1743–1812) zeitgleich mit dem Palast (1782–84) angelegt. Während das Hauptgebäude Elemente einer Renaissancevilla im Stil Palladios trägt – Cameron war schließlich Spezialist für italienische Architektur – gestaltete er das Umfeld wie einen der damals in seiner Heimat populär gewordenen englischen Landschaftspark, garniert mit Pavillons im römischen Stil.

Inspirierte Innenarchitektur

Zur gleichen Zeit war der Bauherr, der spätere Kaiser Paul I., mit seiner Gattin auf Europa-Reise und kaufte en gros Gemälde, Skulpturen, Möbel, feine Stoffe und Porzellan ein. Die eintreffenden Einkäufe und Gastgeschenke der europäischen Höfe inspirierten wiederum die Innenarchitekten, die Räume der Sommerresidenz passend auszugestalten. Pawlowsk hebt sich deshalb von anderen Zarenschlössern durch seine außerordentlich stilsichere Synthese des künstlerischen Dekors mit dem Interieur ab. Nach der Ermordung Pauls I. residierte dessen Witwe Maria Fjodorowna, geborene Sophia Dorothee von Württemberg (1759–1828), ständig in Pawlowsk und perfektionierte das Design des Palasts.

Den Palast betritt man durch das Ägyptische Vestibül, in dem zwölf pseudoägyptische Wandstatuen, allegorische Darstellungen der Monate, zunächst die Besucher etwas einschüchtern. Über eine heitere Galatreppe geht es dann hinauf in die

AUTORENTIPP!

PER RAD ZUM ZARENPARK
Sightseeing per Fahrrad ist angesichts der Verkehrslawinen in St. Petersburg keine gute Idee. Richtig Sinn machen Mieträder aber für einen Ausflug nach Pawlowsk. Denn mit den am Witebsker Bahnhof in die »Elektritschka« verladenen Bikes lässt sich der weitläufige Schlosspark viel besser erkunden als zu Fuß. So ist auch bald das »Ende der Welt« erreicht, eine Säule, die aber nur die Grenze des mit allerlei Bauwerken dicht gespickten – und deshalb von Spaziergängern stark frequentierten – Parkteils markiert. Die weitläufige Osthälfte beginnt dort erst und verzaubert mit langen, stillen Wegen durch eine von Bühnenbildner Pietro Gonzaga (1751–1831) kunstvoll arrangierte Auenlandschaft. Wer Sportsgeist beweisen will, kann via Puschkin über einen der wenigen Radwege entlang der Autobahn in die Stadt zurückfahren.

Oben: Eine ideale Landschaft – von Menschenhand gemacht: der Schlosspark von Pawlowsk
Unten: Aus einem Guss: Mobiliar und Dekor harmonieren in diesem Schloss besonders gut.

Beletage, wo sich die vornehmsten Säle befinden. Ein erster Höhepunkt ist der runde Italienische Saal genau im Zentrum des Palasts, der nur durch das Oberlicht in der Kuppel beleuchtet wird – angesichts des braun-rosa Kunstmarmors an den Wänden glaubt man, eine mit Blattgold reich dekorierte Torte von innen zu betrachten.

Prunkräume und Privatsphäre

Daran schließt der repräsentativste Raum des Schlosses an, der von einer Galerie aus 16 in antikem Grün gehaltenen korinthischen Säulen flankierte Griechische Saal. Auf dieser Etage sind noch über 20 weitere perfekt ausgestaltete Räume zu besichtigen. Eine geradezu verstörende Kombination aus Leichtigkeit und Pomp bietet das Galaschlafzimmer, mit dem Paul I. seinem Zeitgenossen, dem französischen König Ludwig XVI., nacheiferte.

Unter dem Gesichtspunkt der Interieurgestaltung äußerst sehenswert sind zudem zwei Palastteile, für die nochmals Eintrittsgeld erhoben wird: Im linken Flügel des Erdgeschosses sind dies die Privatgemächer von Maria Fjodorowna, ein besonders schlüssiges Ensemble aus sieben Räumen. Höhepunkt ist das sogenannte Laternenkabinett, das traumhaft schöne, lichtdurchflutete Arbeitszimmer der Zarenmutter mit Blick in deren Eigenen Garten.

Stilkunde alter Möbel

In den niedrigen Diensträumen in der obersten Etage gibt es zudem eine Ausstellung, in der 16 großbürgerlich-aristokratische Wohnräume aus der Epoche von 1800 bis 1900 nachgebildet wurden – jeweils in der Möbelmode eines Jahrzehnts, von Empire über Neugotik bis hin zum Jugendstil: Dies ist ein begehbares Stillehrbuch für Antiquitätenliebhaber!

Infos und Adressen

SEHENSWÜRDIGKEITEN

Schlosspark Pawlowsk. Tgl. 10–18 Uhr; Rosenpavillon, Tempel der Freundschaft, Eigener Garten mit Pavillon der drei Grazien sind nur von Mai bis Sept. geöffnet.

Schloss Pawlowsk. Tgl. 10–18 Uhr, Mitte Sept. bis Mitte Mai Fr und erster Mo im Monat geschlossen; Ausstellungen im Palast: Kleidungsmuseum, Russisches Wohninterieur 19. bis Anfang 20. Jahrhundert, Wohnräume von Kaiserin Maria Fjodorowna, »Welt der Frauen«, Pawlowsk, Sadowaja Ul. 20, Tel. 812/452 15 36, www.pavlovskmuseum.ru

ESSEN UND TRINKEN

Podworje. Einkehr im Bilderbuchrussland: Das große folkloristische Märchenschloss aus Holz bietet deftige russische Küche auf gehobenem Niveau. Pawlowsk, Filtrowskoje Chaussee 16 (500 Meter vom Bahnhof entfernt am Rande des Parks), Tel. 812/466 85 44, www.podvorye.ru

ÜBERNACHTEN

BIP. In der kleinen, romantischen und piccobello renovierten Festung »BIP« (Bastion des Imperators Paul I.) befindet sich ein piekfeines Schlosshotel samt Restaurant. Pawlowsk, Ul. Mariinskaja 4, Tel. 812/244 28 28, www.bip-hotel.ru

Im Pawlowsker Schlosspark tummeln sich auch allerlei Sagenwesen.

INFORMATION

Pawlowsk erreicht man mit dem Vorortzug ab Witebsker Bahnhof (Metro 1: Puschkinskaja) oder Kuptschino (Metrolinie 2) in 40 bzw. 25 Minuten. Vom Bahnhof sind es 1,5 Kilometer Fußweg durch den Park zum Palast – oder man nimmt einen Bus der Linien 370, 372, 375a, 383 oder 493. Alternativ gibt es den Bus K-299, der von der Metrostation Moskowskaja (Linie 2) direkt zum Palast fährt.

Museumsbesuch mit Stil: kleines Hauskonzert für das geneigte Publikum

46 Penaten

Repins Refugium am Strand

St. Petersburg hat auch eine Riviera! Zugegeben, Badewetter ist nur im Hochsommer, aber die Sandstrände zwischen den Vororten Sestrorezk und Selenogorsk bieten kühles Nass, mondäne Beach-Bars – und viel frische Luft. Den dicht bewaldeten Landstrich am Ufer der Ostsee schätzte schon der etwas kauzige Maler-Star Ilja Repin (1844–1930), der hier in einer hochoriginellen Ateliervilla logierte.

»Die Penaten« ist ein ungewöhnlicher Name für einen Landsitz. Als sich der Maler Ilja Repin, damals auch Präsident der Petersburger Kunstakademie, 1903 im verträumten finnischen Küstenort Kuokkala (heute: Repino) nach eigenen Entwürfen eine Villa errichtete, benannte er sie nach den römischen Hausgöttern.

Repin war damals ein für seine Werke wie auch sein soziales Engagement gefeierter Künstler und wollte sich einen stadtnahen Rückzugsort zum Malen und Leben schaffen. Seine mehrfach um Veranden und Atelierräume mit spitzen Glasdächern erweiterte Villa erscheint heute wie ein verschrobenes Märchenschloss – während das von Repin mit Inbrunst gepflegte Zwei-Hektar-Grundstück voller Bächlein, Brückchen und Pavillons mittlerweile ein verwunschen-verwucherter Park ist. Hier befindet sich auch das Grab des Meisters.

Oben: Das Malergenie Ilja Repin war ebenso verschroben wie seine Villa.
Unten: Kiefernhaine säumen die Küste des Finnischen Meerbusens bei Repino.

Ankunft mit Gong

Bis zur Revolution 1917 (danach lag Kuokkala im unabhängig gewordenen Finnland) waren die Penaten ein Wallfahrtsort für Petersburger Dichter und Künstler, die die Gesellschaft des prominenten Hausherrn suchten. Der Vegetarier Repin war allerdings ein ungewöhnlicher Gastgeber: Dienstboten lehnte er ab, schon am Eingang der Villa hing ein Schild, man möge Mantel und Galoschen selbst ausziehen und sein Kommen mittels Gong-Schlägen mitteilen. Auch bei Tische herrschte Selbstbedienung: Man nahm die Speisen von einem Rondell in der Mitte und stellte sie wieder zurück – wer gegen die Tischordnung verstieß, musste zur Strafe von einer Kanzel eine launige Rede halten.

Repins Refugium ist allerdings eine Rekonstruktion: 1944 waren die Penaten im Krieg abgebrannt. Da jedoch zuvor viel Inventar nach Leningrad evakuiert worden war und es genug Fotografien gab, konnte das von Repin an die Kunstakademie vermachte Anwesen detailgetreu rekonstruiert werden. Seit 1962 ist es als Museum zugänglich. Besucher können Repins Ateliers, zahlreiche Werke und einige Wohnräume besichtigen – und auch die Veranda, wo das verschrobene Genie sogar im Winter nächtigte.

Sandstrand satt

Auf der gegenüberliegenden Seite der Küstenstraße führen Trampelpfade durch die von Kiefern bewachsenen Dünen zu einem wildromantischen Sandstrand. Wer allerdings aktives Strandleben mit Volleyballfeldern, Bars und Surfern sucht, sollte besser im stadtnäheren Nachbarort Solnetschnoje aus dem Bus oder dem Zug steigen: Der Laskowy-Strand ist der breiteste und belebteste Abschnitt der gut 20 Kilometer langen Küste der »Nördlichen Riviera«. Parallel zur Primorsker Chaussee verläuft zwischen Sestrorezk und Selenogorsk auch ein schöner Radweg – und für das leibliche Wohl ist bestens gesorgt: Es gibt zahlreiche Ausflugslokale, vom schlichten Schaschlikgrill bis zu High-Society-Strandklubs im elitären Vorort Komarowo.

Infos und Adressen

SEHENSWÜRDIGKEITEN

Die Penaten (Penaty). Mi–So 10.30–18, im Winter – 17 Uhr, Park 10.30–20 Uhr, deutscher Audioguide erhältlich, Repino, Primorskoje Chaussee 411, Tel. 812/432 08 28, www.nimrah.ru

ESSEN UND TRINKEN

Le Gran Village. Elegantes Landrestaurant mit großer Terrasse. Tgl. 11 bis 1 Uhr, Solnetschnoje, Primorskoje Chaussee 371, Tel. 812/432 92 20.

ÜBERNACHTEN

Repino Cronwell Park Hotel. Gepflegtes Ferienhotel mit Schwimmbad, Bowling und Strand vor der Tür. Nur Halbpension. Repino, Primorskoje Chaussee 394 b, Tel. 812/702 28 50, www.hotel-repino.ru

AKTIVITÄTEN

Laskowy. Strand in Solnetschnoje, etwa 700 Meter südlich der Küstenstraße.

INFORMATION

Anfahrt: Über die Primorskoje Chaussee bis Selonogorsk verkehrt Bus 211 (ab Metrostation Tschjornaja Retschka, Linie 2). Sa/So bei Badewetter nimmt man besser Vorortzüge in Richtung Wyborg ab dem Finnländischen Bahnhof (Metrolinie 1: Ploschtschad Lenina) oder Metrostation Udelnaja (Linie 2). Fahrtzeit etwa 40 Minuten.

Oben: Jahrzehntelang war sie zweckentfremdet: die Nikolaus-Marine-Kathedrale von Kronstadt. **Unten:** Der byzantinische Prachtbau strahlt wieder im Glanz der späten Zarenzeit.

47 Kronstadt

Inselfestung in der Ostsee

Kronstadt ist der ungewöhnlichste Stadtteil von St. Petersburg: 43 000 Menschen leben auf der Insel Kotlin mitten im Finnischen Meerbusen – und zwar in einer Festungsanlage, die ebenso alt ist wie St. Petersburg. Besuchermagnet in dem stillen Städtchen ist die Nikolaus-Marine-Kathedrale, die erst 2013 nach einer Generalsanierung wieder zugänglich wurde. Wie ein Berg überragt sie die flache Insel.

Die Anfahrt nach Kronstadt ist ungewöhnlich: 14 Kilometer hinter der Stadtgrenze fährt der Bus aufs Meer hinaus. Weitere 14 Kilometer geht es nun auf der Ringautobahn über den erst 2011 eingeweihten Flutschutzdamm, der sich insgesamt über eine Länge von 25 Kilometern zieht und St. Petersburg seither vor Sturmfluten schützt.

Inselfestungen

Während der Fahrt sieht man entlang des Damms Reste eines anderen Bollwerks, das einst die seichte Bucht abriegelte: Mit einer Kette schwer bewaffneter Forts wurde St. Petersburg von der Seeseite her gegen Angriffe feindlicher Flotten geschützt. Die wichtigste Festung in dieser Reihe war Kronstadt selbst. Schon 1704 wurde hier das Fort Kronschlot angelegt, dessen Geschütze nunmehr das einzige Fahrwasser beherrschten – und die Schweden auf Distanz hielten.

Die nach Westen, Norden und Süden befestigte Stadt war nicht nur Russlands wichtigster Kriegshafen, sondern lange Zeit auch der größte Handelshafen des Landes. Die Newa-Bucht war für große Schiffe zu seicht, sodass ihre Fracht in Kronstadt auf kleinere Boote umgeladen werden musste. Die Ausbaggerung der Fahrrinne um 1880 beendete diese Blütezeit – in der Kronstadt doppelt so viel Einwohner hatte wie heute! Deshalb erscheint das von breiten Prospekten und soliden Amtsgebäuden aus dem 19. Jahrhundert geprägte Stadtzentrum rund um die – teils in Ruinen liegende – Admiralität jetzt besonders ruhig. Im Vergleich zum hektischen St. Petersburg erweckt Kronstadt selbst werktags den Eindruck einer abgeschiedenen, stillen Provinzstadt.

Hagia Sophia der Ostsee

Doch zumindest der Tagestourismus hat sich spürbar belebt, denn seit Kurzem gibt es eine Sehenswürdigkeit, die auch viele Petersburger zum ersten Mal in Augenschein nehmen: Die 70 Meter hohe Nikolaus-Marine-Kathedrale (1913) wurde 2013 nach einer gründlichen Sanierung wieder als Gotteshaus eröffnet – nach Jahrzehnten des Verfalls und der Zweckentfremdung durch das Militär. Der Kuppelbau, stilistisch der Hagia Sophia von Konstantinopol nachgebildet, bietet durch seinen Marmormosaikboden, die riesigen Buntglasfenster und Leuchter eine atemberaubend feierliche Atmosphäre.

Kronstädter Pegel

Bei einem Spaziergang zum Hafen sollte man den Kronstädter Pegel aufsuchen – erkennbar an einem kleinen gelben Pavillon. 1840 bestimmte ein russischer Hydrograf hier das Niveau des mittleren Meeresspiegels – diese Stelle bildet bis heute das Normalnull für alle Höhenangaben auf dem Gebiet der Ex-Sowjetunion und vieler osteuropäischer Staaten. Aufgrund der im Ostseeraum herrschenden Windverhältnisse liegt der Meeresspiegel 14 Zentimeter höher als am Pegel von Amsterdam!

Infos und Adressen

SEHENSWÜRDIGKEITEN

Nikolaus-Marine-Kathedrale. Mi–Fr 11–18 Uhr, Sa 11–19 Uhr, So 9.30 bis 18 Uhr, Gottesdienste Sa 17–18.30, So 9.30–11 Uhr, Jakornaja Pl. 1.

Museum der Geschichte Kronstadts. Do–Di 11–18 Uhr, Ul. Leningradskaja 2 a, Tel. 812/435 08 73, www.kronstadt.ru/museum

ESSEN UND TRINKEN

Austeria. Russische Küche, gut und günstig. Tgl. 12–24 Uhr, Sowjetskaja Ul. 43, Tel. 812/236 05 32

Bolschaja Tscherepacha. Edel gemachtes Lokal mit Bar. Tgl. 11–24 Uhr, Ul. Karla Liebknechta 29, Tel. 812/311 47 77.

ÜBERNACHTEN

Fort Konstantin. Das schwimmende Mini-Hotel im Jachthafen ist originell – aber zwei Kilometer von der nächsten Bushaltestelle entfernt. Fort Konstantin, Tel. 812/406 81 21, www.forthotel.ru

INFORMATION

Anfahrt: Per Linienbus 101 von der Metrostation Staraja Derewnja (Linie 5) oder (etwas teurer, dafür schneller) per »Marschrutka« K-405 ab Tschornaja Retschka (Metro 2). Von Süden: Bus 175 vom Bahnhof Oranienbaum

Oben: Unnahbar: Die Festung Schlüsselburg ist nur per Boot zu erreichen.
Unten: Die Kirchenruine im Burghof ist heute eine Gedenkstätte zum Zweiten Weltkrieg.

48 Schlüsselburg

Die harte Nuss am Newa-Beginn

40 Kilometer östlich von St. Petersburg liegt der größte See Europas: Der Ladoga ist 33-mal größer als der Bodensee! Einziger Ausfluss dieses Süßwassermeeres ist die Newa – und wie ein Stöpsel sitzt dort auf einem winzigen Eiland die 700 Jahre alte Festung Oreschek. Zwei Jahrhunderte diente das Kastell den Zaren als Hochsicherheitstrakt für politische Gefangene: Russlands Alcatraz!

Die Überfahrt geht rasend schnell, der Fährmann drückt in seinem üppig motorisierten offenen Blechkahn nur einmal kräftig aufs Gas. Zwei Minuten später landet ein knappes Dutzend zerzauster Touristen am Anleger der Festungsinsel. Im Vergleich zum jungen, nur gut 300 Jahre alten St. Petersburg steht man hier auf altem historischem Boden. Schon um das Jahr 1300 errichteten auf dem Eiland zunächst die Schweden eine Holzfestung. Kurz darauf wurde diese von den Nowgorodern erobert. Nach der offiziellen Geschichtsschreibung war es jedoch der russische Großfürst Juri I. Daniilowitsch (1281–1325), ein Enkel Alexander Newskis, der hier 1323 die Festung Oreschek begründete. Der Name ist von der Insel Orechowy (»orech« bedeutet Nuss) abgeleitet, die mit Haselnüssen bewachsen war –, und erwies sich als treffend: In seiner weiteren Geschichte sollte sich das Bollwerk mehrfach als »harte Nuss« für Eroberer erweisen.

Mal schwedisch, mal russisch

1323 schlossen hier Russen und Schweden erstmals einen Friedensvertrag, bei dem auch eine Grenze festgelegt wurde. Ein zweisprachiger Gedenkstein im Burghof erinnert heute daran. 1352 begann die Befestigung der Anlage in Stein. Die Reste eines Tores dieser ersten, viel kleineren Burg wurden von Archäologen freigelegt und sind heute unter einem Schutzdach im Hof zu besichtigen. Im 16. Jahrhundert entstanden dann die meisten der heute noch vorhandenen Mauern und Türme.

1612 eroberten die Schweden dennoch die Festung. Sie nannten die Anlage Noteburg, was ebenfalls »Nussburg« bedeutet. Geknackt wurde sie 1702 von Peter dem Großen (1672–1725) im Verlauf des Großen Nordischen Krieges – und da dies für ihn der Schlüssel zum sehnlichst erstrebten Ostseezugang war, gab er der Festung den deutschen Namen Schlüsselburg. Auch gründete er am Festland ein Städtchen gleichen Namens.

Bollwerk gegen innere Feinde

Mit der Gründung von St. Petersburg hatte die Insel jedoch ihren strategischen Wert verloren. Für 200 Jahre diente sie als Kerker für politische Gefangene. Zwei museal hergerichtete Gefängnistrakte lassen diese Zeit auf bedrückende Weise wieder aufleben: Besucher blicken in die Zellen von Dekabristen oder Lenins Bruder Alexander Uljanow (1866–1887), der hier am Galgen starb. Erst 1917 wurde das Gefängnis aufgelöst.

Umkämpft war die Burg dann nur noch einmal. Im Zweiten Weltkrieg verschanzte sich in ihr 500 Tage lang eine kleine Truppe der Roten Armee, während nebenan in der Stadt die deutschen Belagerer saßen. An dieses Kapitel erinnert eine als Gedenkstätte dienende Kirchenruine. Zu viel Leid, zu viel Gewalt? Ein abschließender Blick vom Nordufer der Insel auf die bis zum Horizont reichende friedliche Wasserfläche des Ladogasees mag einen da wieder etwas zur Ruhe kommen lassen.

Infos und Adressen

SEHENSWÜRDIGKEITEN

Festung Oreschek. 1. Mai – 31. Okt. tgl. 10–17 Uhr, Insel Orechowy, 1 km vor Schlüsselburg, Tel. 812/230 64 31, www.spbmuseum.ru

ESSEN UND TRINKEN

Kin-Grust. Einfaches Café mit Spezialisierung auf Piroggen, auch mit Fisch- und Fleischfüllung. Ul. Shuka 3, Tel. 812/932 21 39.

ÜBERNACHTEN

Starhouse. Gemütliches Mini-Hotel mit Gartenpool. Ul. Tschekalowa 14, Tel. 921/964 33 11, www.star-club.ru

INFORMATION

Nach Schlüsselburg gelangt man mit dem Bus 575 ab Metrostation Uliza Dybenko (Linie 4) oder dem Bus 440 ab Rybazkoje (Linie 3). Von der Endhaltestelle geht es über die Kanalbrücke und dann nach links zum Fähranleger. Die Fähre steuert die Festung auch vom anderen Newa-Ufer an. Dorthin gelangt man per Vorortzug (70 Minuten vom Finnländischen Bahnhof in Richtung Newskaja Dubrowka bis Haltepunkt Petrokrepost).

Oben: Und rundum ist nur Wasser: die einstige Einsiedelei auf der Insel Walaam.
Unten: Mönche stellen den Großteil der Bevölkerung des autofreien Ladoga-Eilands.

49 Walaam
Klosteridylle im Ladogasee

Walaam ist ein Naturparadies wie aus einer anderen Zeit: Tiefe Buchten, stille Wälder und Granitfelsen, gekrönt von kleinen Kapellen – und rundum erstreckt sich der endlos scheinende Ladogasee. Herz des einsamen Eilands ist eine große orthodoxe Klosteranlage mit einer langen, wechselvollen Geschichte. Die meisten Besucher kommen hierher im Rahmen von Kreuzfahrten, doch ist auch eine Exkursion an einem Tag möglich.

Das Gründungsdatum des Klosters verliert sich im Dunst der Geschichte – vermutlich ließen sich hier schon im 12. Jahrhundert orthodoxe Eremiten nieder. Eine andere Chronik nennt das Jahr 1407. Für Jahrhunderte war Walaam ein Vorposten der orthodoxen Kirche gegenüber den Heiden im Norden und den Katholiken, später Lutheranern im Westen. Immer wieder einmal wurde das Kloster von den Schweden gebrandschatzt. 1715 verfügte Zar Peter I. (1672–1725) dann den Wiederaufbau, die Heiland-Verklärungskirche wurde 1774 geweiht. Das Karree der Klostergebäude und der 72 Meter hohe Glockenturm entstanden im 19. Jahrhundert.

20 Jahre finnisch

Von 1919 bis 1940 gehörte Walaam zu Finnland, und die Mönche gingen dazu über, ihre Liturgien auf Finnisch zu halten. Nach Ausbruch des Sowjetisch-Finnischen Winterkriegs flüchteten sie und gründeten in Finnland das Kloster Neu-Walaam. Auf der Insel verkümmerte nach dem Zweiten Weltkrieg das Klosterleben, die Gebäude wurden als Invalidenheim genutzt. 1981 starb der letzte hier lebende Mönch. Doch 1989 kehrten im Rahmen einer Renaissance des Glaubens die ersten russisch-orthodoxen Geistlichen auf die Insel zurück und machten sich an den Wiederaufbau der völlig heruntergekommenen Anlage.

Walaam auf eigene Faust zu besuchen, ist fast unmöglich. Die Insel ist ein geschützter Naturpark, die einzige Siedlung (von einem Militärposten abgesehen) darauf das Kloster. Ihm gehören auch die Touristenunterkünfte und Schiffe, die sommers täglich zwischen Priosersk auf dem Festland und der Insel pendeln.

Kreuzfahrt oder Tagestour

Von den jährlich 100 000 Besuchern sind aber nur etwa zehn Prozent Pilger. Die große Masse sind Binnenkreuzfahrttouristen, die im Sommer meist von St. Petersburg mit zwei Übernachtungen an Bord über den Ladogasee anreisen. Mit einer kombinierten Bus- und Tragflügelbootfahrt des Pilgerdienstes ist aber auch ein Tagesbesuch möglich. Auf dem gleichen Weg kann man zu einem drei- oder viertägigen Aufenthalt anreisen, der genug Zeit für lange Spaziergänge über die asphalt- und alkoholfreie Insel mit ihrer harschen nordischen Natur lässt.

Inzwischen ist das von über 200 Geistlichen und einigen Dutzend Arbeitskräften bewohnte Kloster geradezu ein Prestigeobjekt der Kirche: Die Hauptkirche ist innen wie außen restauriert. Auch wurden die zahlreichen Kapellen auf der 28 Quadratkilometer großen Insel wieder hergestellt. Besonders geballt stehen sie unweit des Anlegers für die Kreuzfahrtschiffe im Westen. Bis zum Kloster an der Nordküste sind es von hier aber fünf Kilometer Fußweg, weshalb üblicherweise Bootstransfers angeboten werden.

Infos und Adressen

ÜBERNACHTEN

Hotel Simnjaja. Die 22 Zimmer im ehemaligen Pilgerheim des Klosters verfügen zum Teil über eigene Bäder. Hauseigenes Café.

Hotel Igumenskaja. Die 20 ehemaligen Mönchszellen haben nur gemeinschaftliche Sanitäranlagen. Tel. 921/629 33 11 (für beide Unterkünfte).

AKTIVITÄTEN

Tagestour St. Petersburg-Walaam. Dreistündige Busfahrt ab Metrostation Oserki (Linie 2) bis Priosersk, Überfahrt mit dem Tragflügelboot nach Walaam (60 Kilometer), Besichtigung des Klosters mit geistlichem Konzert und Mittagessen, Spaziergang zur Nikolski-Kapelle, Rückfahrt auf dem gleichen Weg. 8–22.30 Uhr, Buchung unter Tel. 812/902 86 15.

Kreuzfahrt. Unter www.vp.valaam.ru/Poisk_cruisov gibt es eine Suchmaschine für Kreuzfahrtvarianten.

INFORMATION

Pilgerdienst (Palomnitscheskaja slushba) des Klosters Walaam.
Mo–Fr 10–12, 14–19 Uhr,
Mai–Aug. Sa 10–18 Uhr,
Sinopskaja Nab. 34/36,
Tel. 812/902 86 11,
www.vp.valaam.ru

Oben: Kein Turm, sondern eine Glockenwand läutet für Nowgorods Sophienkathedrale.
Unten: Das riesige 1000-Jahre-Denkmal im Kreml ist ein Geschichtsbilderbogen.

50 Weliki Nowgorod
Die Wiege Russlands

St. Petersburg mit seinen gerade einmal drei Jahrhunderten ist eine junge Stadt. Wer richtig alte Zeugnisse russischer Geschichte sucht, sollte für einen Tag nach Weliki Nowgorod fahren: Bis zu tausend Jahre alte, freskengeschmückte Steinkirchen stehen hier dicht an dicht. Im Mittelalter war Russlands erste und älteste Metropole mit ihrem imposanten Kreml eine mächtige und gebildete Handelsrepublik.

Auf das Jahr 859 datiert die erste urkundliche Erwähnung der »Neuen Stadt« (was Nowgorod wörtlich bedeutet) am Ausfluss des Wolchow aus dem Ilmensee. Schon kurz darauf wurde Nowgorod zu nichts weniger als dem Geburtsort des russischen Staats: 862 haben die hier lebenden slawischen und finno-ugrischen Stämme einen Fürsten namens Rurik gebeten, bei ihnen für Ordnung zu sorgen. Rurik war ein Waräger (vermutlich ein dänischer Wikinger) vom Stamm der Rusy und übernahm mit seinen Mannen die Macht am Wolchow. Der Fluss war Teil eines Flussfernhandelswegs »von den Warägern zu den Griechen«: Über die Newa und den Ladogasee führt er von hier ins Waldai-Hochland – wo Dnjepr und Wolga entspringen und zum Schwarzen und Kaspischen Meer fließen.

20 Jahre später machten die Rurikiden dann Kiew zur neuen Hauptstadt der »Rus« und nahmen 988 das Christentum an. Ihre alte Basis Nowgorod, von 1136 bis 1478 eine von einer Volksversammlung beherrschte Republik mit Wahlfürstentum, blühte weiter auf: »Herr Groß-Nowgorod« beherrschte ein Gebiet von der Ostsee bis zum Ural. Man pflegte Handelsbeziehungen in den Orient wie

auch zur Hanse, deren Kaufleute eine Niederlassung in der Stadt hatten.

Sophienkathedrale im Kreml

Der Mittelpunkt Nowgorods ist der »Detinez« genannte Kreml, der im 14. Jahrhundert Steinmauern erhielt. Wiederum in der Mitte der ovalen Festung von 565 Metern Länge steht das 1862 aufgestellte Monumentaldenkmal »Tausendjähriges Russland« mit 128 Figuren. Das Herz des Kremls ist jedoch die zwischen 1045 und 1050 errichtete Sophienkathedrale, die älteste Kirche Russlands. Nach ihrem Vorbild haben die meisten russisch-orthodoxen Gotteshäuser fünf Kuppeln. Eine Nowgoroder Eigenheit ist allerdings die Metalltaube auf dem höchsten Kuppelkreuz. Der Legende zufolge soll sie dort 1570 angesichts eines Massakers der Moskowiter an den Nowgorodern erstarrt sein.

Ein Kleinod mittelalterlicher Handwerkskunst stellt das Bronzetor in der Westwand der Kirche dar: Es wurde 1154 in Magdeburg gefertigt, gelangte aber auf unbekanntem Weg nach Nowgorod. Bei einem Umbau wurde es um weitere Figuren und kyrillische Inschriften ergänzt. In der Hauptkuppel sind einige Fresken von 1109 erhalten, die restliche Ausmalung stammt aus dem Jahr 1900. Der die Sophienkathedrale wie eine Wand teilende Ikonostas trägt hingegen Ikonen aus dem 14. bis 16. Jahrhundert.

Ikonen und Ausgrabungen

Die Ikonenmalerei war eine in Nowgorod besonders kultivierte Kunst. Dies beweist eine großartige Ausstellung im Hauptmuseum des Kremls: 250 zum Teil großformatige Ikonen vom 11. bis zum 20. Jahrhundert werden gezeigt, darunter komplette Sätze aus Nowgoroder Kirchen. Als Einzige der meist auf

AUTORENTIPP!

GESCHICHTSTRÄCHTIGE SCHIFFFAHRT

Der Weg von den Warägern zu den Griechen ist weit – aber wenigstens ein Stück kann man ihn befahren. Die vor dem Kreml ankernden Ausflugsschiffe preisen unüberhörbar einstündige Fahrten Wolchow-aufwärts an. Der Blick zurück auf den Kreml ist faszinierend: Nach der ersten Biegung duckt sich die moderne Stadt hinter dichten Bäumen weg – nur die majestätischen Mauern und Türme des Kremls strahlen dann über dem breiten Fluss mit seinen Auen und sandigen Ufern. Im Mittelalter wird »Herr Groß-Nowgorod« auf Reisende nicht minder Eindruck gemacht haben. Vorbei am Hügel des Rurik-Städtchens, an dem uralten Jurew-Kloster, an Kapellen und Kirchenruinen geht es bis zum Ilmensee, dessen Wasserfläche einem Meer gleicht.

Ausflugsschiffe zum Ilmensee. Im Sommer tgl. 12–20 Uhr, Abfahrten beiderseits der Fußgängerbrücke am Kreml

Oben: Die Wolchow-Auen und der Ilmensee sind Russlands kulturelle Wiege.
Mitte: Die Sophienkathedrale im Kreml
Unten: Witoslawlizy: Eigentlich war Holz der traditionelle Baustoff im alten Russland.

Holz gemalten Bildnisse hängt eine Darstellung der Apostel Peter und Paul hinter Glas: Sie wurde 1050 angefertigt – und ist die älteste Ikone Russlands.

Eine Etage tiefer dokumentiert das Museum mit einer Vielzahl archäologischer Fundstücke die Geschichte Nowgorods. Gezeigt werden auch Beweise, dass ein typischer Nowgoroder schon im Mittelalter lesen und schreiben konnte. Man schickte sich in Streifen aus Birkenrinde geritzte Nachrichten. Über 1000 dieser »Urkunden« hat man inzwischen im Lehmboden gefunden – einige zeigen gar die Schreib- und Zeichenübungen eines kleinen Jungen namens Onfim, der um 1260 lebte.

Die Handelsseite

Eine hohe Fußgängerbrücke führt vom Kreml hinüber auf die »Handelsseite« am anderen Wolchow-Ufer: Am Rande des »torg« genannten einstigen Markts stehen auf engstem Raum nochmals acht Kirchen vom 12. bis 17. Jahrhundert, viele enthalten alte Fresken!

Witoslawlizy

Einen schönen Kontrapunkt zur Steinarchitektur bildet das Freiluftmuseum Witoslawlizy vor den Toren der Stadt. Hier wurden in den letzten 50 Jahren zahlreiche alte Holzkirchen und Bauernhäuser aus der Umgebung wieder aufgebaut.

Infos und Adressen

SEHENSWÜRDIGKEITEN

Alle Museen sind Filialen des Staatlichen Nowgoroder Museumsparks. Tel. 81 62/77 36 08, www.novgorodmuseum.ru

Kreml. Tgl. 6–24 Uhr.

Sophienkathedrale. Tgl. 8–20, Gottesdienste 10, 18 Uhr, Kreml.

Museum im Amtsgebäude (Musej, Sdanije prisutstwenych mest). Mi–Mo 10–18 Uhr, Mai bis Sept. Fr–So bis 19 Uhr, letzter Do im Monat geschlossen, Kreml, hinter dem 1000-Jahre-Russland-Denkmal.

Erzbischöflicher Palast (Granowitaja palata). Ausstellung alter Juwelierarbeiten und Kirchenschätze. Di–So 10–18 Uhr, erster Mi im Monat geschlossen, Kreml, links hinter der Sophienkathedrale.

Witoslawlizy. Tgl. Mai–Sept. 10–20 Uhr, Häuser bis 18 Uhr, Okt.–Apr. 10–17 Uhr, Häuser bis 16 Uhr, Jurewskoje Chaussee (etwa fünf Kilometer südlich der Stadtmitte), Bus 7, 7a.

Einst das Machtzentrum von ganz Nordrussland: der »Detinez« genannte Kreml

Nur ein Mauerrest blieb von Nowgorods Gostiny Dwor auf der Handelsseite.

ESSEN UND TRINKEN

Choroschije ljudi. Schicke, am Kreml-Zugang gelegene Brasserie. Tgl. 12–24 Uhr, Ul. Merezkowa-Wolossowa 1, Tel. 81 62/73 08 79.

Kortschma. Günstiges rustikales Kellerlokal gleich neben dem alten Markt. Tgl. 11–23 Uhr, Ul. Dworzowaja 5, Tel. 81 62/92 95 61.

ÜBERNACHTEN

Wolchow. Gepflegtes großes Hotel genau zwischen Bahnhof und Kreml. Ul. Predtetschenskaja 24, Tel. 81 62/22 55 05, www.hotel-volkhov.ru

INFORMATION

Anfahrt per Bus in 3,5 Stunden mehrmals täglich vom Busbahnhof (Obwodny Kanal 36, Metro 5: Obwodny Kanal), besser jedoch mit dem Schnellzug »Lastotschka« ab Moskauer Bahnhof in knapp drei Stunden. Abfahrt um 7.13 Uhr, Rückfahrt um 18.45 Uhr. Vom Nowgoroder Bahnhof bzw. Busbahnhof sind es 1,5 Kilometer Fußweg geradeaus durchs Stadtzentrum zum Kreml.

REISEINFOS

St. Petersburg von A bis Z

Anreise mit dem Flugzeug

Seit Frühjahr 2014 werden alle Flüge nach und aus St. Petersburg im neuen Terminal des Flughafens Pulkovo abgefertigt. Der Flughafen befindet sich am südlichen Stadtrand. Einzige Anbindung sind die Busse 39, 39A (ohne Zwischenstopps) und K39 (schnellere Kleinbusse, aber ohne Platz für großes Gepäck) von 5.30 bis 1.30 Uhr zwischen der Metrostation Moskowskaja (Linie 2) und dem Flughafen. Fahrtzeit 15–35 Min. Bis zur Fußball-WM 2018 will die Stadt einen besseren Anschluss schaffen.

Ein Taxi sollte man sich an einer der Theken von Taxi Pulkovo (Tel. 812/900 00 000) reservieren und nicht auf die Angebote der herumstehenden Fahrer eingehen. Es gelten günstige Fixpreise gemäß eines Zonenplans (Innenstadt ca. 1000 Rubel für 20 km Fahrt). Mit einem Reservierungscoupon, auf dem die Nummer des Taxis steht, geht man dann zum Taxistand.

Anreise mit der Bahn

Aus dem deutschen Sprachraum gibt es keine direkten Züge oder Kurswagen. Umsteigeverbindungen sind zeitraubend und erfordern bei einer Fahrt durch **Weißrussland** zusätzlich ein Transitvisum! Viermal täglich verkehren »Allegro«-Expresszüge zwischen Helsinki und St. Petersburg. Die Fahrtdauer beträgt nur 3,5 Stunden. In Verbindung mit einer Fährpassage nach Finnland ist dies eine komfortable Anreisemöglichkeit.

Anreise mit dem Bus

Die Anreise per Fernbus dauert ab Berlin mindestens 30 Stunden und ist mit Umsteigen in War-

Vorangehende Doppelseite: Newa-Strand an der Peter-und-Paul-Festung
Oben: Aeroflot-Romantik im Post- und Fernmeldemuseum
Unten: Vom Witebsker Bahnhof fahren Züge in Richtung Baltikum und Ukraine.

schau und/oder dem Baltikum verbunden. www.eurolines.de, www.luxexpress.eu

Anreise mit dem Auto

Von Berlin sind es 1800 Kilometer ohne lange Autobahnabschnitte, von Helsinki 400 Kilometer über gut ausgebaute Straßen. Die Einreise per Auto muss vorab im Visum vermerkt sein.

Anreise mit dem Schiff

Fährschiffe der russischen St. Peter Linie (www.stpeterline.com) verkehren alle zwei Tage zwischen St. Petersburg und Helsinki sowie alle vier Tage auf der Route St. Petersburg–Helsinki–Stockholm–Tallinn–St. Petersburg. Finnlines (www.finnlines.com) verbindet einmal pro Woche Lübeck mit St. Petersburg, wobei die Fähren auf Gütertransporte ausgelegt sind. Sie bieten mitreisenden Passagieren während der drei Nächte dauernden Fahrt aber viel Ruhe, Platz und Vollpension.

Einreisebestimmungen

Ohne Visum geht nichts – außer Landgänge von Kreuzfahrtpassagieren. Bedingung für den Erhalt eines max. 30 Tage gültigen Touristenvisums ist eine Buchungsbestätigung der Unterkunft oder des Reiseveranstalters (der sogenannte Voucher), eine Krankenversicherung und ein Verdienstnachweis. Der Reisepass muss noch sechs Monate nach Reiseende gültig sein. Wer nicht am Standort eines russischen Konsulats wohnt, kann den Visumantrag über einen Visa-Service (z. B. www.romanova-reisen.de) einreichen. Weitere Auskünfte erteilt die Botschaft über Tel. 030/22 65 11 84 und www.russisches-konsulat.de. Dauert ein Aufenthalt länger als sieben Werktage, muss man sich bei der Migrationsbehörde (FMS) registrieren. Die Registrierung

Oben: Kreuzfahrtschiffe sind im Sommer in St. Petersburg ein häufiger Anblick.
Mitte: Russische Marinesoldaten auf dem Schlossplatz.
Unten: Auf russischen Provinzstraßen wäre hingegen mehr Bodenfreiheit angeraten.

Oben: Die Distanzen in St. Petersburg werden oft unterschätzt.
Mitte: Mit feinem Konfekt als Geschenk zu Feiertagen liegt man immer richtig.
Unten: Nicht nur Puschkin: Im »Literaturnoje Kafe« hat auch Gogol einen Platz.

übernimmt in der Regel das Hotel, man kann den Vorgang auch zusammen mit dem Gastgeber auf jedem Postamt erledigen. Bei Buchungen über einen Visa-Service ist darauf zu achten, dass die Registrierung vor Ort gewährleistet ist!

Diplomatische Vertretungen

Deutsches Generalkonsulat. Ul. Furschtatskaja 39, Tel. 812/320 24 00, für Notfälle außerhalb der Dienstzeiten Tel. 921/964 55 48
Schweizer Generalkonsulat. Pr. Tschernyschewskogo 17, Tel. 812/327 08 17
Österreichische Botschaft. Moskau, Starokonjuschenny Per. 1, Tel. 495/780 60 66

Feiertage

1.–8. Jan.: Neujahrsferien, 7. Jan.: Weihnachten, 23. Febr.: Tag der Vaterlandsverteidiger (Männertag), 8. März: Internationaler Frauentag, 1. Mai: Tag des Frühlings und der Arbeit, 9. Mai: Tag des Sieges, 12. Juni: Tag Russlands (Nationalfeiertag), 4. Nov.: Tag der nationalen Einheit

Fremdenverkehrsamt

Städtische Touristen-Information. Mo–Fr 10–19 Uhr, Sa 12–18 Uhr, Ul. Sadowaja 14, Metro 3: Gostiny Dwor, Tel. 812/310 22 31, www.visit-petersburg.com Filialen (zumeist Glaspavillons) befinden sich auf dem Schlossplatz, dem Heuplatz und dem Platz des Aufstands, an der Isaak- und Smolny-Kathedrale, vor der Peter-und-Paul-Festung sowie am Flughafen und Fährterminal.

Gästekarte

Die Petersburg-Card für zwei, drei oder fünf Tage beinhaltet kostenlosen Eintritt zu etwa 40 Museen, eine Stadtrundfahrt, eine Tragflügelboot-Passage nach Peterhof, ein kleines Guthaben für ÖPNV-Fahrten sowie Preisnachlässe bei weiteren Angeboten. Erhältlich u. a. bei Hotelservice STN, im Moskauer Bahnhof gegenüber Gleis 6/7, tgl. 10–22 Uhr oder in der Ticket-Kasse vor der Peter-und-Paul-Kathedrale, tgl. 10–17 Uhr, Tel. 812/604 00 42, www.petersburgcard.com

Geld

Die Landeswährung ist der Russische Rubel (unterteilt in 100 Kopeken). Ein Bezahlen in anderen Währungen ist nicht erlaubt und nicht üblich. Münzen gibt es bis 10 Rubel, Geldscheine von 10 bis 5000 Rubel. 1 Euro entspricht ca. 49 Rubel (Stand September 2014).

Gewechselt werden kann in Banken und Wechselstuben, erkennbar an den Kurstafeln für Dollar und Euro. Einfacher und meist auch etwas günstiger ist die Bargeldbeschaffung mit der Maestro- oder Kreditkarte an den weitverbreiteten Geldautomaten. Gängige Kreditkarten werden in größeren Geschäften und Lokalen akzeptiert.

Gesundheit

Apotheken sind zahlreich, gut sortiert und oft rund um die Uhr geöffnet. Viele Medikamente, die in Deutschland rezeptpflichtig sind, werden frei verkauft. Allerdings kommt es vor, dass sie unter anderen Handelsnamen angeboten werden.
Wird ein Arztbesuch nötig, kann man zunächst die Stellen kontaktieren, die in der zur Visumerteilung obligatorischen Reisekrankenversicherung angegeben sind. Falls freie Arztwahl besteht oder die genannten Stellen kein Vertrauen erregen, empfiehlt sich der Besuch einer Poliklinik, die auch über Zahnärzte verfügt.

Oben: Mögen sie ewig halten! Hochzeitsschlösser an einer Moika-Brücke
Mitte: Gute Bernsteinarbeiten als Souvenir sind nicht billig, aber ihr Geld wert.
Unten: In Hotels nimmt man ohne Probleme auch Kreditkarten zur Zahlung an.

Oben: Petersburgs Schlemmerparadies: das Feinkostgeschäft Jelissejew
Mitte: Mit der Metro geht es schnell und ohne Stauprobleme durch die Stadt.
Unten: Matrioschkas sind das klassische Russland-Souvenir.

American Medical Clinic. Nab. reki Moiki 78, Metro 5: Admiraltejskaja, Tel. 812/740 20 90, www.amclinic.ru

Klinik Skandinavia. Litejny Pr. 55 a, Metro 3: Majakowskaja, Tel. 812/600 77 77, www.avaclinic.ru
Poliklinik der Admiralitätswerft. Sadowaja Ul. 126, Metro 5: Sadowaja, Tel. 812/714 80 80, www.verficlinic.ru

SMT. Moskowski Pr. 22, Metro 1,2: Technologitscheski Institut, Tel. 812/777 97 77, www.clinic-complex.ru

Braucht es einen Notarzt, kann man statt der nicht immer schnellen städtischen Krankenwagen (Tel. 03) einen privaten, gut ausgestatteten Rettungswagen alarmieren. Derartige Dienste bieten EMC (Tel. 812/777 77 03) oder Coris (Tel. 812/327 13 13). Coris betreibt auch eine 24-Stunden-Ambulanz. Tschugunnaja Ul. 46, Metro 1: Wyborgskaja, www.coris-spb.ru

Internet

Das drahtlose Internet WLAN wird in Russland Wi-Fi genannt. In den meisten Hotels ist es inzwischen Standard. Auch viele Cafés bieten kostenlosen Internetzugang an. Zudem ist ein Netz kostenlosen Internetzugangs unter dem Namen »SPB Free WiFi« im Aufbau. In zahlreichen Metrostationen, Parks, am Zentralabschnitt des Newski Prospekts sowie in der Peter-und-Paul-Festung ist es bereits in Betrieb.

Lokale Internetzeitungen

Sankt-Petersburger Herold (deutsch), www.spzeitung.ru
St. Petersburg Times (englisch), www.sptimes.ru
Fontanka.ru (russisch), www.fontanka.ru

Klima/Reisezeit

Die Tageslänge beträgt im Winter weniger als 6, im Sommer 19 Stunden – dann wird es überhaupt nicht richtig dunkel: Sechs Wochen lang gibt es »Weiße Nächte«.

Das Wetter ist vorherrschend feucht und wechselhaft, am trockensten sind die Monate Februar bis April. Eine Garantie auf einen richtigen »russischen Winter« mit Schneedecke und stabilem Frost gibt es nicht mehr, auch wenn im Januar und Februar die Temperaturen durchschnittlich bei –6 Grad liegen. Im Juli sind es 19 Grad. Kälter als –20 Grad wird es im Winter nur sehr selten – wie auch mehr als 30 Grad im Sommer ungewöhnlich sind.

Die beste Reisezeit ist von Mitte Mai bis Mitte September, wobei während der »Weißen Nächte« von Mitte Juni bis Mitte Juli die Übernachtungspreise ihre Höchstwerte erreichen. Mitte Januar bis Mitte April sind fast keine Touristen in der Stadt. Wer mit grauem, oft auch matschigem Winterwetter keine Probleme hat, wird durch wenig Andrang auf die Museen und Bühnen entschädigt.

Nahverkehr

Das Rückgrat des St. Petersburger Verkehrssystems ist die Metro. Die U-Bahn verfügt über fünf Linien und ist täglich von ca. 5.40 bis 0.30 Uhr in Betrieb. Um 0.15 Uhr werden aber bereits die Umsteigemöglichkeiten blockiert. Dafür ist die Taktfrequenz mit 1,5 bis 5 Min. sehr hoch. Wer nur wenig die Metro benutzt, erwirbt am besten einige Metro-Jetons (28 Rbl.) auf Vorrat. Nach Passieren der Drehkreuze kann man beliebig lange und weit im Netz unterwegs sein. Vielfahrer können auch Mehrfahrten-Tickets erwerben.

Oben: Mit etwas frischem Schnee wird Petersburg auch im Winter anmutig.
Unten: Ein unterirdischer Palast: die Metrostation Awtowo

Oben: Der Schlosspark von Peterhof ist der größte Besuchermagnet der Stadt.
Mitte: In Zarskoje Selo wird Touristen der Marsch geblasen.

In den meisten kommunalen Bussen sowie den O-Bussen und Straßenbahnen fährt eine Schaffnerin mit, die Einzelfahrscheine (25 Rbl.) verkauft. Die Fahrpläne sind an den Haltestellen nur in Form einer Angabe des zur jeweiligen Tageszeit angestrebten Intervalls zwischen den Fahrzeugen vorhanden. In kommerziellen Buslinien, den an K-Nummern erkennbaren »marschrutki«, wird beim Fahrer bezahlt, auf manchen Linien nach dem Einsteigen, auf anderen erst beim Aussteigen. Kleinbusse auf K-Linien halten auf Wunsch an jeder geeigneten Stelle entlang der Route an und können auch per Handzeichen gestoppt werden. Wer viel unterwegs ist, sollte sich im Buchhandel einen Taschenstadtplan mit dem gesamten Liniennetz kaufen.

Notrufnummern

Feuerwehr/Katastrophenschutz: 01 (von Mobiltelefonen 112, auch ohne SIM-Karte möglich)
Polizei: 02
Notarzt: 03
bei Gasgeruch: 04

Öffnungszeiten

Es gibt keine gesetzlichen Regelungen außer einer: Die angeschriebenen Öffnungszeiten sind einzuhalten. Banken haben auch samstags und fast alle Geschäfte sonntags geöffnet, nur meist etwas kürzer. Je nach Profil und Lage öffnen Geschäfte zwischen 8 und 11 Uhr und schließen zwischen 19 und 23 Uhr. Mittagspausen sind unüblich. Manche Lebensmittelgeschäfte, Supermärkte und Apotheken haben rund um die Uhr geöffnet. Alkohol darf nur zwischen 11 und 22 Uhr verkauft werden. Museumskassen schließen in der Regel eine Stunde vor Ende der Öffnungszeiten.

Sicherheit

Faktisch die einzige, dafür aber permanente Gefahr für Touristen sind Taschendiebe. Sie greifen bevorzugt im Gedränge der Metro, aber auch in Gaststätten zu und arbeiten sehr trickreich, oft im Team. Hier ist höchste Vorsicht geboten – während selbst nächtliche Spaziergänge auf einigermaßen belebten und hellen Straßen als sicher gelten können. Nicht europäisch aussehende Personen sollten hingegen vorsichtiger sein: Rassistische Übergriffe kommen leider öfter vor. Aufgrund der stark homophoben Stimmung in »patriotischen« Kreisen ist es nicht angeraten, eine gleichgeschlechtliche Orientierung öffentlich zu demonstrieren. Von Demonstrationen sollte man sich besser fernhalten, es sei denn, sie sind amtlich genehmigt.

Sprache

Auch wenn wenigstens eine Fremdsprache (meist Englisch, früher oft auch Deutsch) im Schulprogramm Standard ist, verfügen Russen mangels Praxis kaum über Fremdsprachenkenntnisse, die für eine Konversation ausreichen. Dem stehen in einer Bildungsmetropole wie St. Petersburg unerwartet viele Personen gegenüber, die eine Fremdsprache perfekt beherrschen. Im touristischen Service-Bereich tätige Personen haben in der Regel wenigstens rudimentäre Englischkenntnisse.

Stadtführungen

Individuelle deutsche Stadtführungen auf hohem Niveau bieten Juliana (guide@infoburg.info) und Sergej (www.petersburg-hautnah.com) an. Peterswalk veranstaltet von Mitte Apr. bis Ende Okt. tgl. eine 4–5 Stunden dauernde Stadtführung auf Englisch mit Insider-Einblicken. Treffpunkt 10.30 Uhr, Hostel Life, Wladimirski Pr. 1, Metro 3: Majakowskaja, www.peterswalk.com

Oben: Abseits vom City-Trubel: ein Spaziergang am Kanal Gribojedowa
Mitte: Frei nach Dostojewski: »Idiot« ist keine Beleidigung, sondern ein schönes Café.
Unten: Die Aufseherinnen in der Eremitage helfen bei Orientierungsverlust gern weiter.

Oben: Auf der »Terrassa« gibt es fürwahr gehobene Gastronomie.
Mitte: Perfekt präsentiert: Säfte beim Sonntags-Brunch im Grand Hotel Europe
Unten: Trinkgeld ist angemessen: Service-Team in der Cocktail-Bar »Barrel«.

Taxi

An strategisch günstigen Stellen (vor Hotels, nach Konzerten) wartende Taxifahrer haben meist unangebracht hohe Preisvorstellungen. Man kann Taxis (oder auch einen Nebenverdienst suchende Autofahrer) per Handzeichen (ausgestreckter Arm) vom Straßenrand aus anhalten. Verlässlicher ist jedoch eine telefonische Bestellung bei einem der großen Taxi-Dienstleister (z.B. Tel. 812/777 17 77, 812/777 70 00, 812/600 00 00, 812/330 00 00) – wofür allerdings Russischkenntnisse nötig sind. Die Fahrpreise sind günstig und werden bereits am Telefon genannt.

Trinkgeld

Trinkgelder sind nur in der Gastronomie üblich. Man hinterlässt nach dem Bezahlen einen Betrag von 5 bis 10 Prozent der Rechnungssumme auf dem Tisch oder in der Mappe mit der Rechnung. Im Hotel, bei Garderobenpersonal, Taxifahrern oder Fremdenführern kann man sich mit einem Rubelschein bedanken, wenn der Service wirklich freundlich war. Erwartet wird dies aber nicht.

Veranstaltungen

Die in vielen Hotels und Restaurants kostenlos ausliegende, englischsprachige *St. Petersburg Times* bietet jede Woche einen Konzert- und Veranstaltungskalender sowie einen guten Überblick über laufende Sonderausstellungen. Online gibt es Veranstaltungsinformationen auf www.afisha.ru/spb, www.bileter.ru oder www.timeout.ru (alle auf Russisch). Offline hilft ein Besuch der zentralen Theaterkasse, um sich anhand von Spielplänen, Flyern und Plakaten zu informieren. Mo–Fr 10–21 Uhr, Sa/So 10–20 Uhr, Newski Pr. 42, Metro 2/3: Newski Prospekt/Gostiny Dwor

Neujahr. In der Regel gibt es nächtliche Open-Air-Konzerte und Straßenfeste auf dem Newski Prospekt, dem Schlossplatz und der Strelka. Während der Neujahrsferien haben Museen und Geschäfte geöffnet (partiell mit Ausnahme des 1. Januars), ansonsten ist es aber sehr ruhig in der Stadt.

Ende Febr./Anfang März. Während der »masleniza« (Butterwoche) vor der Fastenzeit gibt es traditionelle Volksvergnügen – und viele Pfannkuchen zu essen. Richtig groß gefeiert wird z.B. auf den Wiesen hinter der Peter-und-Paul-Festung, aber meist nur am letzten Tag, wenn mit dem Verbrennen einer großen Strohpuppe symbolisch der Winter ausgetrieben und ein fruchtbares Jahr beschworen wird.

27. Mai. Der Stadtgeburtstag wird mit Straßenfesten und einem Feuerwerk begangen – allerdings erst am Wochenende darauf. In Peterhof werden mit großem Brimborium offiziell die Fontänen angedreht – faktisch geschieht dies aber schon im Laufe des Mai.

Ende Juni. »Alyje parusa« (Rote Segel) heißt eine aufwendig inszenierte stadtweite Abiturienten-party auf dem Schlossplatz mit einer Licht- und Feuerwerksshow über der nächtlichen Newa zum Abschluss. Während der »Weißen Nächte« läuft auch das Jazzfestival »Swing of the White Nights« und das Kinofestival »Festival of Festivals« (www.filmfest.ru).

Letzter Julisonntag. Auf der Newa liegen Kriegsschiffe vor Anker. Teils können sie auch besichtigt werden, denn die russische Flotte begeht den »Tag der Kriegsmarine«. Ein abendliches Feuerwerk gehört dazu.

August: »Open Cinema« ist ein Festival für Kurz- und Zeichentrickfilme. Dabei gibt es einen Kino-Marathon auf einer Open-Air-Bühne am Strand der Peter-und-Paul-Festung.
www.opencinemafest.ru

Oben: Auf der Landseite von Schloss Peterhof sind die Fontänen deutlich bescheidener.
Mitte: Vater-Sohn-Kahnpartie bei der Jelagin-Insel.
Unten: In den Schlossparks arbeiten Kostümträger als professionelle Fotomodelle.

St. Petersburg für Kinder und Jugendliche

AQUAPARK

Piterland. Petersburgs größter und modernster Badepark unter einer himmelhohen Holz- und Glaskuppel liegt direkt am Finnischen Meerbusen. Die fünf bis zu 200 Meter langen Wasserrutschen sind erst ab zehn Jahren freigegeben. Für kleinere Kinder gibt es einen großen Wasserspielplatz. Erwachsene können es sich derweil in zwölf verschiedenen Saunen gut gehen lassen. Tgl. 10 bis 22.30 Uhr, Mo ab 15 Uhr, Primorski Pr. 72, Metro 5: Staraja Derewnja, dann Bus K-232, Tel. 812/777 15 55, www.piterland.ru

Auf der Jelagin-Insel kann man Rollschuhe mieten – und winters Schlittschuhe.

MODELLEISENBAHN

Grand Maket. Russland ist bekanntlich groß, doch hier ist seine Vielfalt zwischen Kaliningrad und Kamtschatka eingedampft auf die Fläche der zweitgrößten Modelleisenbahn der Welt. Ob Petersburgs Pracht oder Sotschis Olympiapisten, eine U-Boot-Basis, das Ufer des Baikalsees oder polare Ölfelder – auf 800 Quadratmetern ist alles penibel, aber auch mit einigem Witz nachgebildet! Tgl. 10–20 Uhr, Zwetotschnaja Ul. 16, Metro 2: Moskowskije Worota, Tel. 812/495 54 65, www.grandmaket.ru

SPIELPLÄTZE

Spielplätze sind dicht gesät und meist gut besucht, durch eine besonders originelle Gestaltung zeichnen sie sich aber leider nicht aus. Im Stadtzentrum sind sie schwer zu finden, da in Innenhöfen versteckt. Für eine Spielpause in Eremitage-Nähe empfiehlt sich der Hof hinter Haus 18 am Moika-Ufer, der auch von der Rückseite (Bolschaja Konjuschennaja Ul. 9) erreichbar ist. Einen großen Spielplatz gibt es am Newski Prospekt zwischen den Häusern 90 und 92. Innerstädtische Spielplätze im Grünen befinden sich in der Grünanlage hinter dem Ehernen Reiter sowie im Taurischen Garten. Im Alexander-Park zwischen der Metrostation Gorkowskaja und dem Eingang zum Zoo stehen im Sommer mehrere Hüpfburgen. Auch können Kinder hier eine Runde mit Elektroautos oder auf einem Pony drehen.

OZEANARIUM

Planeta Neptun. Von Rochen bis zu Robben, von den Tropen bis zur Arktis – das 2006 eröffnete Ozeanarium präsentiert in 41 Aquarien die Wasserwelten des ganzen Globus. Zentrales Element ist ein 35 Meter langer Glaskorridor durch das Hauptaquarium, in dem sich 20 Haie tummeln. Di–So um 19 Uhr steigen Taucher ins Becken, um bei einer Fütterung mit den erstaunlich zahmen Räubern der Meere zu spielen. Die Robben zeigen ihre Tricks bei einer Show Di–So um 11.30 und um 16 Uhr. Und ob sich auch Rochen dressieren lassen, erfährt man tgl. um 13 Uhr. Im gleichen Gebäudekomplex befinden sich mit den »Ushasy Peterburga« eine an Petersburger literarischen Szenen orientierte Horror-Show, verteilt auf 13 Räume (ab 12 Jahren), ein »Dino-Park« für Kleinkinder mit animierten Sauriermodellen und ein 7D-Kino für das totale Multimedia-Erlebnis. Ozeanarium tgl. 10–20, Mai–Aug. bis 22 Uhr, Ul. Marata 86, Metro 5: Swenigorodskaja, Tel. 812/448 00 77, www.planeta-neptun.ru/ocean

TRAMPOLIN

Jump. Eine ganze Halle voller Trampolins – ein Kindertraum! Und wer es fertigbringt, kann mit einem Salto in ein Becken mit Schaumstoffwürfeln tauchen. Für Kleinkinder gibt es ein großes Kletterlabyrinth mit Bällebad sowie allerlei witzige Roller- und Dreirad-Derivate. Die Anlage ist sicher gestaltet, Eltern können derweil im Café entspannen. Tgl. 11–22 Uhr, Pr. Slawy 32, Metro 5: Meshdunarodnaja, dann Straßenbahn 25, 43, 45, 49, Tel. 812/360 10 50, www.jumpjump.ru

VERGNÜGUNGSPARK

Diwo Ostrow. Vorlauten Teenagern die Sprache verschlagen? Jungen Museumsmuffeln doch noch ein unvergessliches Erlebnis verschaffen? Dann führt kein Weg an dieser Anlage vorbei, wo Fahrgeschäfte dicht an dicht stehen – von harmlosen Kleinkindvergnügen bis hin zum extremen Katapult, der mutige Insassen auf 75 Meter Höhe schnalzt. Geboten werden auch zwei Achterbahnen, Karusselle von bodennah bis abgehoben und diverse Kopfsteh- und Wirbelmaschinen. Der Park ist frei zugänglich, man bezahlt nur die Fahrten. Vier Gastronomiebetriebe füllen den Magen – sofern das noch nötig und möglich sein sollte. Im Hochsommer Mo–Fr 12–23 Uhr, Sa/So 11–24 Uhr, im Frühjahr und Herbst verkürzte Öffnungszeiten. Im Winter ruht der Fahrbetrieb, das Areal mit einem schönen Kinderspielplatz bleibt aber tagsüber zugänglich. Krestowski Pr. 21, Metro 5: Krestowski Ostrow, Tel. 812/323 97 07, www.divo-ostrov.ru

ZIRKUS

Zirk. Wegen einer schon lange überfälligen Generalsanierung ist Petersburgs altehrwürdiger Zirkus seit Sommer 2014 geschlossen. Wann der 1877 mitten im Stadtzentrum errichtete Rundbau wieder eröffnet, ist unklar. Die Bauzeit will das hochkarätige Ensemble mit einem Zirkuszelt überbrücken, dessen Standort und Programm bei Redaktionsschluss aber noch nicht feststand. Nab. reki Fontanki 3, Metro 3: Gostiny Dwor, www.circus-spb.ru

Das große Russland im Kleinformat fasziniert nicht nur Kinder: Grand Maket.

Kleiner Sprachführer

DAS KYRILLISCHE ALPHABET

А а a
Б б b
В в w
Г г g
Д д d
Е е e/je
Ё ё jo
Ж ж sh (wie in »Journal«)
З з s (stimmhaft)
И и i
Й й j
К к k
Л л l
М м m
Н н n
О о o
П п p
Р р r
С с s (stimmlos)
Т т t
У у u
Ф ф f
Х х ch
Ц ц z
Ч ч tsch
Ш ш sch
Щ щ schtsch
Ъ harte Aussprache
ь weiche Aussprache
Э э e/ä
Ю ю ju
Я я ja

AUSSPRACHE

Auf den fettgedruckten Vokalen liegt die Betonung des Worts.

ALLGEMEINES

Guten Tag. Sdras`twujte!
Hallo! Priwjet!
Auf Wiedersehen. Doswidanija!
ja da
nein net
Bitte Pashal`sta
danke spassiba
Entschuldigung, ... Iswinitje, ...
Ich verstehe (nicht). Ja (ne) panimaju.
Ich spreche kein Russisch. Ja ne gawarju parusski.
Wie heißen Sie? Kak wass sawut?
Ich heiße ... Menja sawut ...
gut charascho
schlecht plocha
viel mnoga
wenig mala

UNTERWEGS

links nalewa
rechts naprawa
geradeaus prjama
nah bliska
fern daleko
Gibt es in der Nähe ...? est pablisos´ti ...?
geöffnet atkryt
geschlossen sakryt
Bahnhof woksal
U-Bahn metro
Straßenbahn tramwaj
O-Bus trallejbuss
Omnibus awtobuss
Haltestelle astanowka
Flughafen a-eroport
Museum musej
Kirche zerkof
Kathedrale sabor
Hotel gastiniza
Hilfe! ! Pamagitje!
Achtung! ! Wnimanje!
Polizei polizija

Arzt wratsch
Krankenwagen skoraja pomoschsch
Medikament lekarstwa

ÜBERNACHTEN

Ich habe ein Zimmer reserviert. U menja sabranirowan nomer.
Haben Sie ein freies Zimmer? U wass jest swabodny nomer?
Einzelzimmer adnamestny nomer
Doppelzimmer dwuchmestny nomer
mit Bad s wannoj
mit Frühstück s sawtrakm
für eine Nacht na adnu notsch
Gepäck bagasch

ESSEN UND TRINKEN

Restaurant restaran
Café/Kneipe kafeh
Cafeteria stalowaja
Ist dieser Tisch/Stuhl frei? Ätat stolik/stul swaboden?
Herr Ober! Afizjant!
Fräulein Dehwuschka!
Speisekarte menju
Ich möchte ... Ja chatschu ...
Gibt es ...? Jest u wass ...?
Ich bin Vegetarier/Allergiker. Ja wegetarjanez/allergik.
Guten Appetit! Prijatnawa appetita!
Rechnung schtschjot
Tagesmenü bisnes lantsch
Mittagessen abed
Abendessen uschin
Vorspeise sakuska
erster Gang perwoje
Hauptgericht ftaroje
Beilage garnir
Nachspeise dessert
Glas stakan
Flasche butylka
Tasse tschaschka
Mineralwasser mineralka
mit/ohne Kohlensäure sgasom/bes gasa
Saft sok
Bier piwa
Rotwein/Weißwein krasnoje/beloje wino

EINKAUFEN

Geschäft magasin
Markt rynok
Apotheke aptjeka
Ich suche ... Ja ischtschu ...
Wie viel kostet das? Skolka äta stojit?
Das gefällt mir (nicht). Äta mne (ne) nrawitsja.
Ich nehme das. Ja äto wasmu.
teuer doroga
billig djoschewa
Größe rasmer
bezahlen platitj
Geld djengi
Kreditkarte kreditnaja kartotschka
Geldautomat bankomat

ZAHLEN

1 adin
2 dwa
3 tri
4 tschetyrj
5 pjat
6 schest
7 sjem
8 wosem
9 djewit
10 djesit
11 adinnadzet
12 dwenadzet
100 s`to
1000 tysitscha

Produktmanagement: Ulrich Jahn
Lektorat: Dr. Barbara Münch-Kienast, Andechs
Korrektorat: Anke Höhne, München
Layout: STUBE text&design, Berlin
Repro: Repro Ludwig, Zell am See
Kartografie: Kartographie Huber, Heike Block, München
Herstellung: Bettina Schippel
Printed in Slovenia by Korotan, Ljubljana

★★★★★

Sind Sie mit diesem Titel zufrieden? Dann würden wir uns über Ihre Weiterempfehlung freuen.

Erzählen Sie es im Freundeskreis, berichten Sie Ihrem Buchhändler, oder bewerten Sie bei Onlinekauf.

Und wenn Sie Kritik, Korrekturen, Aktualisierungen haben, freuen wir uns über Ihre Nachricht an
Bruckmann Verlag
Postfach 40 02 09
D-80702 München
oder per E-Mail an
lektorat@verlagshaus.de.

Unser komplettes Programm finden Sie unter

www.bruckmann.de

Alle Angaben dieses Werkes wurden von den Autoren sorgfältig recherchiert und auf den neuesten Stand gebracht sowie vom Verlag geprüft. Für die Richtigkeit der Angaben kann jedoch keine Haftung übernommen werden.

Alle Bilder des Umschlags und des Innenteils stammen von Olaf Meinhardt außer folgende Abbildungen: Lothar Deeg: 142,224,225; Finnlines S. 217

Umschlagvorderseite:
Hauptmotiv: Ermitage und Isaakskathedrale an der Newa
Streifen: Ausstellungsräume in der Ermitage
Porträt: Junger Mann mit sowjetischer Tätowierung
Detail: Holz der Violine (bioraven/shutterstock.com)
Umschlagrückseite:
Links: Kleid von Katharina der Großen in Zarskoje Selo
Rechts: Blick vom Restaurants Terassa über die Dächer mit Blick auf die Kasaner Kathedrale

Die Deutsche Nationalbibliothek verzeichnet diese Publikation in der Deutschen Nationalbibliografie; detaillierte bibliografische Daten sind im Internet über http://dnb.d-nb.de abrufbar.

ISBN 978-3-7654-6194-1